21世纪高职高专财经类规划教材

21SHIJI GAOZHIGAOZHUAN CAIJINGLEI GUIHUA JIAOCAI

会计综合实训

Kuaiji zonghe shixun

甄立敏 张亚兵 ◎ 主编

许现晖 马喜珍 杨洪涛 陈志龙 ◎ 副主编

刘巧茹 ◎ 主审

人 民 邮 电 出 版 社

北 京

图书在版编目（CIP）数据

会计综合实训 / 甄立敏，张亚兵主编. -- 北京 : 人民邮电出版社，2011.9（2014.1 重印）
21世纪高职高专财经类规划教材
ISBN 978-7-115-26146-5

Ⅰ. ①会… Ⅱ. ①甄… ②张… Ⅲ. ①会计学－高等职业教育－教材 Ⅳ. ①F230

中国版本图书馆CIP数据核字(2011)第167726号

内 容 提 要

本书是“会计综合实训”教学解决方案中的一部分，除本书外，本方案提供有课件、教案、手工会计处理参考答案、计算机会计处理备份文件、纳税申报纸质资料和电子报税系统备份等配套教学资源。

本书是校企合作开发的仿真会计实训教材，采用仿真的凭证和会计岗位必做工作任务组织教材内容，突出仿真性和操作性，实现了工学结合。

本书共分三部分，第一部分是手工会计综合实训；第二部分是计算机会计综合实训；第三部分是企业纳税申报综合实训。三项实训均以阳光公司的经济业务为基础进行，并附有仿真原始凭证、纳税申报表等，供学生实训操作时裁剪使用。

本书可作为高职高专院校经济、管理类专业的技能课程教材，也可作为财会人员的培训教材及会计从业人员的自学参考书。

21 世纪高职高专财经类规划教材

会计综合实训

◆ 主　　编　甄立敏　张亚兵
副 主 编　许现晖　马喜珍　杨洪涛　陈志龙
主　　审　刘巧茹
责任编辑　李育民
执行编辑　万国清

◆ 人民邮电出版社出版发行　北京市丰台区成寿寺路 11 号
邮编　100164　电子邮件　315@ptpress.com.cn
网址　http://www.ptpress.com.cn
北京隆昌伟业印刷有限公司印刷

◆ 开本：700×1000　1/16
印张：8.75　2011 年 9 月第 1 版
字数：348 千字　2014 年 1 月北京第 5 次印刷

ISBN 978-7-115-26146-5

定价：36.00 元

读者服务热线：(010) 81055256　印装质量热线：(010) 81055316
反盗版热线：(010) 81055315
广告经营许可证：京崇工商广字第 0021 号

21 世纪高职高专财经类规划教材·财务会计系列

丛书序

本丛书根据高职高专的教学需求设计并编写，丛书涉及的书目包含财经专业基础课教材和财政金融、财务会计、经济贸易三个专业课系列教材。

众所周知教材质量的核心是内容质量，为了将本丛书打造成为优秀教材，由众多教育一线的专家学者组建成的丛书编委会为本套丛书审纲、审稿。可以说丛书中每种教材均凝结了众多编委的心血。我们相信通过大家共同的努力，本套丛书将有希望涌现出几种堪称优秀的、能适应高职高专教学需求的、高质量的立体化教材。

为满足社会对人才的需求，高职高专教学改革持续进行，不少教学改革已经取得令人瞩目的成果。当前，高校教师对教学改革配套教材的需求呼声很高，但我们考虑教材出版周期较长和教书育人的特性使其只适合作为已成熟教改方案的载体，未经过较长时间检验的教学改革成果直接体现在教材上并不合适。

本丛书的教材无论是基于何种教学思路编写，均已经过作者多年的教学实践检验，从内容到形式上均已有一定的成熟度。

教材虽然是传播教学改革成果的最佳工具之一，但仅靠教材本身很难全面地将教改思想贯彻到位，需要有与教材配套的教案及其他辅助资料。为此我们将本丛书打造成主教材与配套电子资料包相结合的立体化教材，提高教材的应用性和实用性。

本丛书每种教材所配的电子资料包均含作者精心制作的电子课件、电子教案、习题答案，有些教材还提供了案例分析、学习指导等更为丰富的教学素材或学习素材。

尽管我们力图为高校提供高质量的、立体化的、符合未来两三年教改趋势及教学需求的优秀教材，但正如一位国家级教学名师所说："教材不是编出来的，是教出来的，来回反复修改，来回'磨'出来的。"我们这套丛书还未经过"打磨"，再加上我们的水平有限，尚存在已知的和未知的一些不足，我们有决心持续地"打磨"这套教材，也希望读者给予反馈以资我们修正，使本套教材尽早达到"优秀"的水准（编委会联系方式 wanguoqingljw@163.com 或 goodbook2010@tom.com）。

丛书编委会

2010 年 6 月

前言

"会计综合实训"课程主要面向企业会计部门工作的全过程，为学生提供了会计工作场景再现，他们可以扮演会计部门的各种角色，亲自动手处理会计实务，体会会计工作中的酸甜苦辣，从而提高自身的会计核算能力、计算机会计处理能力、纳税申报能力和会计职业判断能力，实现对会计工作知识从感性认识到深入理解，形成核心竞争力。

一、编写感想

寒来暑往，时光飞逝。编者经过将近一年的企业走访，收集案例资料，工作之余又利用近一年的时间进行编写，并经过多次修改后，此书终于成稿。在会计综合实训教学过程中，学生们流露出浓厚的学习兴趣，同时也表现出对未来的迷茫和自身能力的担忧。由于会计工作的特殊性，他们批量到企业财务部门实习是不可能的。怎样让他们在校期间就能真正融入工作环境，是编者教学改革的动力，也是本套教学解决方案编写的初衷。

二、创新点

众所周知，工学结合的实践性教学是高职教学的一个重要组成部分，能够使学生将所学的理论知识与实践技能水平得到验证。

在多年的教学生涯中，编者每年均从新出版教材中寻找最适合高职层次、最贴近企业实践的教材应用于教学，这些教材给学生提供了实战平台，对学生由学校走向工作岗位起到了指导作用。但由于各种原因，编者总感觉在本课程教学中仍存在一些缺憾。

如何弥补本课程教学中的缺憾是编者多年来一直思考的问题，由于本课程难以大规模进行企业实训，因此，编者试图编写一本在以下几方面有所创新的教学解决方案。

（1）将会计处理和纳税申报相结合。编者根据多年的会计工作实践和近年来对企业进行的走访，认为纳税申报工作是企业会计工作的重中之重，但此部分内容在现有教材中较少受到重视。当然，不少教材的企业经济业务中也包含一些涉税业务，但基本上仅限于购进、销售所涉及的一些增值税和业务发生当月的预缴企业所得税。按照相关法律规定，企业应按时、正确地进行纳税申报，故而本教学解决方案增加了纳税部分的内容。

（2）增加职工个人权益业务。随着我国用工制度逐渐规范化，职工个人权益的保护越来越受到管理部门、企事业单位、职工个人的重视，故而本教学解决方案增加了涉及职工个人利益的事项。

（3）提出"教材+电子资料"的立体化教学解决方案。任何一个教学解决方案都不可能由教科书单独完成，如果将会计处理结果放在教材内，既会加重学生负担，也不利于实训的开展。本教学解决方案以教科书为中心，提供动态更新的电子教学资源。整理动态电子教学资源是一件费时费力的工作，但却最有益于学生实训和教师教学。之所以说是“动态”，是因为本书不仅提供课件、教案、手工会计处理参考答案、计算机会计处理备份文件（使用 V8.50 版本用友软件 ERP-U8 进行会计处理完毕的账套备份）、纳税申报纸质资料和电子报税系统备份等配套资源，而且这些资源还会根据国家财经法规的政策变化随时进行修改、调整（本书配套电子资源的索取方式参见本书末页的“配套资料索取说明”）。

三、本教学解决方案的特点

本教学解决方案根据 2006 年财政部颁布的《企业会计准则》及其应用指南、2008 年修订的《中华人民共和国增值税暂行条例》及其实施细则、《中华人民共和国消费税暂行条例》及其实施细则、《中华人民共和国营业税暂行条例》及其实施细则、2007 年颁布的《中华人民共和国企业所得税法》及其实施条例以及最新政策编写。编者在编写过程中力图体现以下特点。

（1）校企合作共同开发，体现工学结合。本教学解决方案由校企合作共同开发，由会计、税务行业专家、会计工作人员和会计专业的教师共同编写，实训素材仿真性强。在模拟一个真实的公司时，会精选其各方面经济活动所涉及的典型经济业务，尽量让读者见到各种类型的原始凭证，并将它们浓缩在一个月（即 12 月）内发生，以提高学员的实训效率和会计工作的整体认知。

（2）根据企业实际确定实训项目，内容新颖。本教学解决方案以企业会计的日常工作为主要实训项目，涵盖了三部分工作内容：一是手工会计综合实训；二是计算机会计综合实训；三是企业纳税申报综合实训。三项实训均以阳光公司经济业务为基础进行，书后附有仿真原始凭证和纳税申报材料，供学生实训操作时裁剪使用。

（3）根据会计工作实际确定实训内容，工作适应性强。凡需要由单位相应会计岗位填制的自制原始凭证，都需要由会计人员（实训中为学生）自行填制或加盖相关印章，这样就增加了会计岗位处理业务的真实感。实训将手工账与电算化账充分结合，以企业常见的业务为主线，同时设计了现实工作中最新而又与会计工作、会计人员关联最为密切的业务，如“五险一金”业务的处理。

（4）重构实训项目体系，便于学生实训操作。本教学解决方案主要适用于高职层次的学生进行会计综合实训，也可供自学者使用。实训要求学生在真实的凭证、账簿和报表中独立完成各项工作任务，最终提交一套完整的会计档案和企业报税资料，并按照我国税收法律法规进行纳税申报。实训项目设计了“知识链接”、“实训指导”等板块，对学生进行指导和实训内容分析，这对于进行实训的学生或自学者是极大的帮助，可以提高实训的准确性和速度。

（5）工作任务连续、完整，实训具有验证性。对企业发生的经济业务，先要求实训者进行手工操作，然后进行电算化操作，最后填制需要上交税务机关的纳税申报资料。实训者通过手工和电算化的会计处理结果对比、会计处理和纳税申报资料比对，可以验证会计处理结果的正确性。

本书由河北软件职业技术学院甄立敏教授和张亚兵任主编。具体分工如下：甄立敏负责收集实训资料、拟定编写提纲、修改全书，同时编写项目一、项目三、附录二、附录三及参考答案；张亚兵编写项目二及参考答案及原始凭证的修改；杨洪涛（保定市财政局）负责参考答案，陈志龙（某外资制造企业财务经理）负责收集实训资料、审阅原始凭证，许现晖、马喜珍负责附录一项目一经济业务原始凭证的编制。最后由甄立敏总纂成书。

本书由河北软件职业技术学院刘巧茹教授审稿，在审定过程中提出了许多宝贵意见。在编写过程中，得到了汪丽萍和刘松颖老师的帮助，也得到了河北软件职业技术学院各位领导的大力支持，在此表示衷心的感谢。

书中难免有错误和不当之处，敬请广大读者批评指正。

编 者

2011 年 5 月

目录

上　　册

下 册

项目一 手工会计综合实训

活动 1　明确手工会计实训目的

本实训为会计手工综合实训，模拟了河北阳光啤酒有限公司 2010 年 12 月份的全部业务，为学生提供了会计工作场景再现，使学生毕业后能尽快上岗工作。通过对这套仿真实训的操作，学生能够比较系统地练习并掌握工业企业会计核算的基本程序和基本方法，从而对工业企业会计核算的全过程有一个比较系统、完整的认知，将所学的会计专业理论与实践操作融会贯通，提高解决会计问题和办理企业纳税事宜的能力。

活动 2　了解手工会计实训要求

（1）完全按照实际会计部门工作组织会计核算的程序、方法和所使用的账、证、表来组织会计实训。

（2）必须按照会计制度规定用蓝或黑墨水填制凭证、登记账簿和编制报表，不得随意用红笔记录。

（3）会计数字书写要符合要求，如发现错误，必须用正确的方法予以纠正。

（4）记账凭证按序号整理，科目汇总表放入其中，加上封面、封底，分别装订成册。装订人员需注明单位名称、年度、月份、起讫日期和编号，并签名、盖章。

（5）每位学生需撰写实训报告，总结实训体会。实训报告必须独立完成，写出真情实感。

手工会计实训提示

1. 仔细阅读会计主体设计，了解企业概况，掌握企业会计制度

2. 仔细阅读操作程序设计，按操作程序对河北阳光啤酒集团有限公司 2010 年 12 月份发生的经济业务进行相应的账务处理。

活动3　确定实训形式

形式一：实训开始后，组织每个学生独立完成此项实训，包括空白原始凭证的填写、记账凭证的编制、账簿的登记（含总账、明细账、日记账）、会计报表的编制。

形式二：实训开始后，按照会计岗位进行分岗位实训，使学生熟悉会计处理的流程和各岗位的主要职责与标准，培养团队合作意识和严谨的工作作风。

活动4　配齐手工会计实训用品

（1）通用记账凭证135张。

（2）明细账页：三栏式明细账1本（约80张），多栏式30张，数量金额式16张，增值税专用多栏账页4张。

（3）总分类账簿1本，见附录一附表1.3～附表1.62。

（4）库存现金日记账1本（或1张），见附录一附表1.1，银行存款日记账1本（或2张），见附录一附表1.2。

（5）科目汇总表4张，见附录一附表1.63～附表1.66。

（6）资产负债表1份，见附录二附表2.2；利润表1份，见附录二附表2.1。

（7）记账凭证封皮3套。

另外准备记账用笔（黑色及红色）、胶水、账夹、口取纸、账绳、夹子、曲别针、装订机等。

活动5　明确手工会计操作流程

（1）根据河北阳光啤酒集团有限公司2010年12月份各分类账及明细账的余额，练习建账，并将期初余额逐笔登记到各日记账、明细账、总账中，并认真进行核对。

（2）对收到的外来原始凭证和部分已填写好的自制原始凭证进行审核，并将空白原始凭证或原始凭证汇总表填写完整。

（3）根据审核无误的原始凭证及原始凭证汇总表，填制记账凭证。

（4）对已填写的记账凭证进行审核。

（5）根据审核无误的记账凭证和原始凭证，逐笔登记现金日记账、银行存款日记账和其他明细分类账。

（6）根据记账凭证编制科目汇总表。

（7）根据科目汇总表登记有关的总分类账。

（8）采用“账结法”计算每月利润总额和净利润，年终对全年利润总额进行分配，并结清除了“利润分配——未分配利润”以外的其他“利润分配”的明细账户。

（9）对账和结账，并根据有关资料编制资产负债表、利润表。

（10）整理和装订会计资料。

活动 6　熟悉会计主体情况

一、企业概况

河北阳光啤酒集团有限公司（以下简称阳光公司）拥有阳光啤酒商标，是一家以啤酒业为主体，以啤酒配套和相关产业为辅助的大型现代化啤酒企业。采用先进技术生产高品质的啤酒产品，满足了广大消费者的需求，创造了良好的社会效益和经济效益。

阳光公司设有酿造部和包装部两个生产车间，工程部一个辅助生产车间。公司以麦芽、大米等为原料、以啤酒花为辅料生产阳光纯生啤酒和阳光普通啤酒两种产品。销售的产品通过第三方物流公司运送给客户，运费卖方负担。出于环保的原因，公司管理和产品生产用水直接从自来水公司购买，生产和管理用电直接从供电公司购买。

1. 公司机构设置和重点人员配置

公司机构设置和重点人员配置见表 1.1。

表 1.1　公司机构设置和重点人员配置明细表

序号	部门	职　务	职工	序号	部门	职　务	职工
1	董事会	董事长	赵立强	7	销售部	经理兼南方区客户经理	赵建
2	经理层	总经理	钱二国			华东区客户经理	赵海
3	财务部	经理	孙丽丽			华北区客户经理	郑伟林
		出纳	李芳芳	8	物流部	经理	李东
		会计	郑祥林			采购	李勤
		主管会计	周宏伟			库管员	周丽影
4	酿造部	经理	李强	9	行政部	经理	孙兵
		领料员	李红			职员	孙梅
		报账员	李刚			职员	孙巧巧
5	包装部	经理	周立强	10	工程部	车队负责人	孙亮
		领料员	李莉			经理	钱刚强
		报账员	周芳芳			报账员	钱美丽
6	品控部	经理	赵涛				
		检验员	石晓光				
		报账员	赵丽				

2. 企业其他基本信息

法定代表人：赵立强

企业类型：股份有限公司

成立日期：1996 年

经营期限：1996 年 1 月 3 日至 2036 年 1 月 3 日

经营范围：从事啤酒的生产和销售

经营地址：河北省万春市春江路 8008 号

联系电话：89798969

开户银行：中国农业银行万春市支行

账号：0145252834342333022

税务登记号：130620041011029

计算机代码：08778865

主管税务局：万春市国家税务局、万春市地方税务局

二、企业会计制度设置情况

公司执行新会计准则，会计核算健全。

（1）记账方法：借贷记账法

（2）会计科目：使用财政部统一规定的科目名称

（3）库存现金限额：36 000 元

（4）坏账损失采用备抵法转销，坏账准备采用“应收账款余额百分比法”，提取比率为 3‰。

（5）存货（原材料、周转材料、库存商品）按实际成本核算。啤酒花出库单价采用先进先出法计算，其他原材料、库存商品出库单价按加权平均法计算。塑料周转箱价值按五五摊销法摊销，其他周转材料价值采用一次摊销法摊销。购进存货时发生运输等费用一般由供应商承担，同时因供应商比较固定，每年年初签订购货合同，年内定价大多稳定不变，次年根据市场情况双方协商作调整。销售产品时发生运输等费用由本公司承担。

（6）辅助生产车间发生的费用在“辅助生产成本”账户的借方归集，并按工程部设置明细账，按受益对象耗用工时直接分配。

（7）生产车间为组织和管理生产所发生的各项费用在“制造费用”账户的借方归集，并按生产车间设置明细账。制造费用按生产工时在本车间不同产品之间进行分配。

（8）产品成本计算采用品种法，生产费用在完工产品与在产品之间的分配采用约当产量比例法，为便利操作，在 12 月产量情况、生产成本计算单内已给出在产品的约当产量。

（9）固定资产折旧采用年限平均法。

（10）无形资产摊销采用直线法。

（11）工会经费按工资总额 2%的比例计提并拨缴。

（12）长期股权投资，根据企业具体情况确定按成本法或权益法核算。

（13）企业负担的五险一金分别按应付工资总额的以下比例缴存：养老保险缴存比例20%；失业保险缴存比例 2%；工伤保险缴存比例 1%；医疗保险缴存比例 7.50%；生育保险缴存比例 0.60%；住房公积金缴存比例 10%。职工工资中个人负担的五险一金比例分别为养老保险缴存比例 8%；失业保险缴存比例 1%；医疗保险缴存比例 2%；住房公积金缴存比例 8%。

（14）利润分配：法定盈余公积金，按当年税后净利润的 10%计提；向投资者分配利润，对当年计提公积金后所剩利润的 60%，按照投资者出资比例分配。

（15）财务报销制度。原始凭证由企业相关负责人签字后，到财务处报销。其中车票、住宿实报实销，饮食、交通、通信等杂费每天 100 元包干。

三、企业适用的主要税收政策情况

公司执行现行税收政策，为增值税一般纳税人，流转税确定为查账征收。

（1）公司不享受增值税税收优惠政策，增值税税率 17%，经主管税务机关核定，增值税纳税期限为 1 个月。

（2）公司不享受消费税税收优惠政策，采用定额计征消费税办法。每吨出厂价（含包装物及包装物押金，但不包括供重复使用的塑料周转箱的押金）在 3000 元（含 3000 元，不含增值税）以上的，消费税率 250 元/吨；每吨出厂价（含包装物及包装物押金，但不包括供重复使用的塑料周转箱的押金）在 3000 元以下的，消费税率 220 元/吨。经主管税务机关核定，消费税纳税期限为 1 个月。

（3）公司不享受营业税税收优惠政策，服务业营业税税率为 5%，销售不动产营业税税率 5%，经主管税务机关核定，营业税纳税期限为 1 个月。

（4）城市维护建设税和教育费附加，分别按增值税额、消费税额和营业税额之和的 7%和 3%计算缴纳，纳税期限为 1 个月。

（5）公司不享受企业所得税税收优惠政策，适用企业所得税税率为 25%，采用按月预缴，年终汇算清缴的征收办法。

（6）根据我国《个人所得税法》及实施细则，对职工工资所得项目应纳的个人所得税进行代扣代缴。

（7）房产税、车船税、土地使用税等按年征收，一次缴纳。经主管税务机关核定，房产税、车船税、土地使用税的缴纳税款时间分别为每年的 5 月、6 月、7 月。

（8）年末，根据《企业所得税法》及实施细则，对企业会计利润进行纳税调整。

（9）12 月购买物资所取得的销货方开具的增值税专用发票均已通过税务机关认证，支付运输费用所取得的运费发票已经通过税务机关的比对。

四、账簿组织程序

（1）记账凭证组织。公司采用科目汇总表核算形式，其记账凭证组织采用通用记账凭证和科目汇总表等。凭证编号按会计分录数量编号，一笔会计分录如需填制多张记账凭证时，采用分数编号法。

（2）账簿组织。分别开设总账、日记账、明细账。存货类采用数量金额式明细账，增值税采用增值税专用多栏式明细账，生产成本采用成本专用格式的多栏式明细账（也可采用普通多栏式明细账），管理费用、制造费用、财务费用等采用多栏式明细账，其他科目明细账和总账、日记账等采用三栏式。

会计核算流程图，如图 1.1 所示。

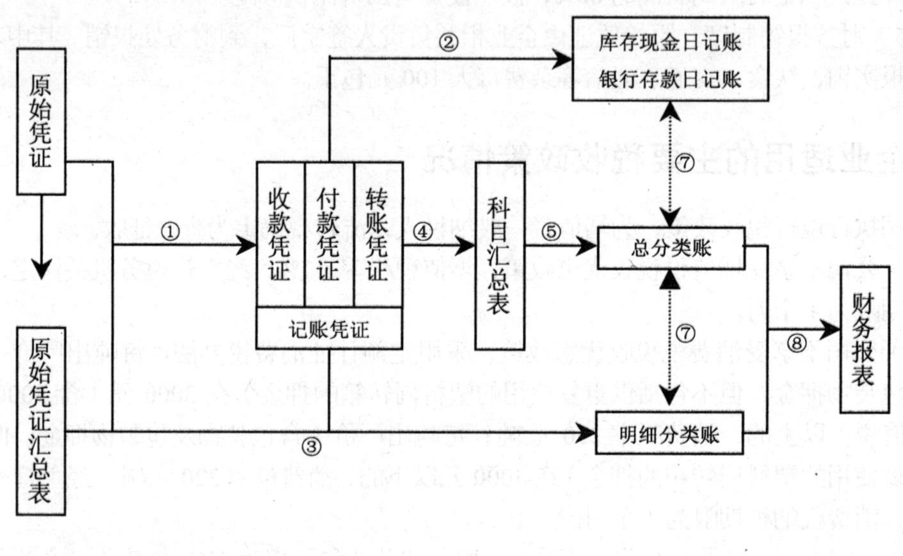

图 1.1 科目汇总表核算形式流程图

链接 1 实训期初资料

一、会计核算所需资料

（1）2010 年 12 月总账、明细账、日记账期初余额资料（如表 1.2 所示）。

表 1.2 阳光啤酒公司有关总账、明细账、日记账期初余额资料

2010 年 12 月 1 日

项目	总账科目	明细科目	三级明细	余额（元）	余额方向	备注
资产	库存现金			35 000.00	借	
	银行存款			36 642 690.52	借	
	其他货币资金	存出投资款		1 528 800.00	借	
		合　　计		1 528 800.00	借	

续表

项目	总账科目	明细科目	三级明细	余额（元）	余额方向	备注
资产	交易性金融资产	成本	黄河科技公司	1 000 000.00	借	
		成本	长江电力公司	1 500 000.00	借	
		合　计		2 500 000.00	借	
	应收票据	济南代理商		9 828.00	借	
	应收账款	广州代理商		1 000 000.00	借	
		上海代理商		1 000 000.00	借	
		天津代理商		421 200.00	借	
		北京代理商		280 800.00	借	
		合　计		2 702 000.00	借	
	坏账准备			8 106.00	贷	
	应收利息	国债利息		13 200.00	借	
	其他应收款	赵建		20 000.00	借	
		赵海		10 000.00	借	
		李勤		10 000.00	借	
		李东		5 000.00	借	
		合　计		45 000.00	借	
	原材料	原料及主要材料	麦芽	1 800 000.00	借	400吨
			大米	420 000.00	借	200吨
			小　计	2 220 000.00		
		辅助材料	啤酒花	200 000.00	借	4吨
			小　计	200 000.00		
		合　计		2 420 000.00		
	周转材料	包装物	纸质包装箱	100 000.00	借	50 000个
			纯生啤酒瓶	270 000.00	借	300 000个
			普通啤酒瓶	560 000.00	借	800 000个
			啤酒盖	33 000.00	借	1 100 000个
			商标标签	55 000.00	借	1 100 000个
			胶带	10 000.00	借	5 000卷
			塑料周转箱	350 000.00	借	10 000个
			小　计	1 378 000.00	借	
		低值易耗品	润滑油	320.00	借	40千克
			工作服	10 000.00	借	100套
			工作鞋	7 500.00	借	50双
			手套	400.00	借	200双
			小　计	18 220.00	借	
		合　计		1 396 220.00		

续表

项目	总账科目	明细科目	三级明细	余额（元）	余额方向	备注
资产	库存商品	纯生瓶装啤酒		3 200 000.00	借	1 000 吨
		普通瓶装啤酒		4 560 000.00	借	3 000 吨
		合　计		7 760 000.00	借	
	生产成本	纯生瓶装啤酒		6 400 000.00	借	
		普通瓶装啤酒		3 040 000.00	借	
		合　计		9 440 000.00	借	
	持有至到期投资	国债		200 000.00	借	
	长期股权投资	成本	海河公司	4 500 000.00	借	成本法
		合　计		4 500 000.00	借	
	投资性房地产	房屋		1 500 000.00	借	
	投资性房地产累计折旧			395 675.00	贷	
	固定资产	房屋、建筑物	办公楼	100 000 000.00	借	
			厂房	246 190 000.00	借	
			仓库	36 005 000.00	借	
			小　计	382 195 000.00	借	
		生产经营用机器设备	主要生产设备	210 036 000.00	借	
			其他生产设备	7 800 000.00	借	
			小　计	217 836 000.00	借	
		运输设备	叉车	3 000 000.00	借	
			轿车	3 000 000.00	借	
			小　计	6 000 000.00	借	
		办公设备	笔记本电脑	150 000.00	借	
			台式电脑	750 000.00	借	
			小　计	900 000.00	借	
		家具	文件柜	32 000.00	借	
			办公桌	400 000.00	借	
			办公椅	50 000.00	借	
			小　计	482 000.00	借	
		合　计		607 413 000.00	借	
	累计折旧			278 281 848.61	贷	
	无形资产	土地使用权		240 000 000.00	借	
		商标权		3 600 000.00	借	
		专利权		1 020 000.00	借	
		合　计		244 620 000.00	借	
	累计摊销	土地使用权		42 800 000.00	贷	
		阳光啤酒商标		3 210 000.00	贷	

续表

<table>
<tr><th>项目</th><th>总账科目</th><th>明细科目</th><th>三级明细</th><th>余额（元）</th><th>余额方向</th><th>备注</th></tr>
<tr><td rowspan="3">资
产</td><td rowspan="2">累计摊销</td><td>专利权</td><td></td><td>909 500.00</td><td>贷</td><td></td></tr>
<tr><td colspan="2">合　计</td><td>46 919 500.00</td><td>贷</td><td></td></tr>
<tr><td colspan="3">资产合计</td><td>597 120 608.91</td><td></td><td></td></tr>
<tr><td rowspan="35">负
债</td><td>短期借款</td><td>流动资金借款</td><td></td><td>1 200 000.00</td><td>贷</td><td>农业银行</td></tr>
<tr><td rowspan="7">应付账款</td><td>济南广发麦芽厂</td><td></td><td>3 600 000.00</td><td>贷</td><td></td></tr>
<tr><td>北京利发啤酒物资供应公司</td><td></td><td>6 400 000.00</td><td>贷</td><td></td></tr>
<tr><td>济南纸箱厂</td><td></td><td>100 000.00</td><td>贷</td><td></td></tr>
<tr><td>自来水公司</td><td></td><td>436 800.00</td><td>贷</td><td></td></tr>
<tr><td>供电公司</td><td></td><td>612 000.00</td><td>贷</td><td></td></tr>
<tr><td colspan="2">合　计</td><td>11 148 800.00</td><td>贷</td><td></td></tr>
<tr><td rowspan="5">其他应付款</td><td rowspan="5">社会保险费</td><td>养老保险</td><td>168 000</td><td>贷</td><td></td></tr>
<tr><td>失业保险</td><td>21 000</td><td>贷</td><td></td></tr>
<tr><td>医疗保险</td><td>42 000</td><td>贷</td><td></td></tr>
<tr><td>公积金</td><td>168 000</td><td>贷</td><td></td></tr>
<tr><td>小　计</td><td>399 000</td><td>贷</td><td></td></tr>
<tr><td rowspan="3">应付利息</td><td>短期借款利息</td><td></td><td>10 000.00</td><td>贷</td><td>农业银行</td></tr>
<tr><td>长期借款利息</td><td></td><td>55 000.00</td><td>贷</td><td></td></tr>
<tr><td colspan="2">合　计</td><td>65 000.00</td><td>贷</td><td></td></tr>
<tr><td rowspan="10">应付职工薪酬</td><td>工资</td><td></td><td>2 100 000.00</td><td>贷</td><td></td></tr>
<tr><td>养老保险</td><td></td><td>420 000.00</td><td>贷</td><td></td></tr>
<tr><td>失业保险</td><td></td><td>42 000.00</td><td>贷</td><td></td></tr>
<tr><td>工伤保险</td><td></td><td>21 000.00</td><td>贷</td><td></td></tr>
<tr><td>医疗保险</td><td></td><td>157 500.00</td><td>贷</td><td></td></tr>
<tr><td>生育保险</td><td></td><td>12 600.00</td><td>贷</td><td></td></tr>
<tr><td>公积金</td><td></td><td>210 000.00</td><td>贷</td><td></td></tr>
<tr><td>小　计</td><td></td><td>863100</td><td>贷</td><td></td></tr>
<tr><td>工会经费</td><td></td><td>42 000.00</td><td>贷</td><td></td></tr>
<tr><td colspan="2">合　计</td><td>3 005 100.00</td><td>贷</td><td></td></tr>
<tr><td rowspan="7">应交税费</td><td>未交增值税</td><td></td><td>1 000 000.00</td><td>贷</td><td></td></tr>
<tr><td>应交消费税</td><td></td><td>2 000 000.00</td><td>贷</td><td></td></tr>
<tr><td>应交城建税</td><td></td><td>210 000.00</td><td>贷</td><td></td></tr>
<tr><td>应交教育费附加</td><td></td><td>90 000.00</td><td>贷</td><td></td></tr>
<tr><td>应交企业所得税</td><td></td><td>3 200 000.00</td><td>贷</td><td></td></tr>
<tr><td>应交个人所得税</td><td></td><td>6 150.00</td><td>贷</td><td></td></tr>
<tr><td colspan="2">合　计</td><td>6 506 150.00</td><td>贷</td><td></td></tr>
<tr><td colspan="3">流动负债合计</td><td>22 269 050.00</td><td></td><td></td></tr>
<tr><td>长期借款</td><td></td><td></td><td>10 000 000.00</td><td>贷</td><td></td></tr>
<tr><td colspan="3">负债合计</td><td>32 324 050.00</td><td></td><td></td></tr>
<tr><td rowspan="5">所有者权益</td><td>股本</td><td></td><td></td><td>150 000 000.00</td><td>贷</td><td></td></tr>
<tr><td>盈余公积</td><td></td><td></td><td>47 400 000.00</td><td>贷</td><td></td></tr>
<tr><td>未分配利润</td><td></td><td></td><td>170 114 467.91</td><td>贷</td><td></td></tr>
<tr><td>本年利润</td><td></td><td></td><td>197 282 091.00</td><td>贷</td><td></td></tr>
<tr><td colspan="3">所有者权益合计</td><td>564 796 558.91</td><td></td><td></td></tr>
<tr><td colspan="4">负债和所有者权益合计</td><td>597 120 608.91</td><td></td><td></td></tr>
</table>

（2）月初产品成本（如表 1.3 所示）。

表 1.3 月初产成品单位成本

（单位：元/吨）

项　目	直接材料	直接人工	制造费用	其他直接支出	在产品成本
阳光牌纯生瓶装啤酒	4 300 000.00	300 000.00	1 600 000.00	200 000.00	6 400 000.00
阳光牌普通瓶装啤酒	2 480 000.00	200 000.00	200 000.00	160 000.00	3 040 000.00
合　计	6 780 000.00	500 000.00	1 800 000.00	360 000.00	9 440 000.00

（3）产品出厂价格（如表 1.4 所示）。

表 1.4 产品出厂价格表

产 品 名 称	出厂价格（不含增值税：元/吨）	出厂价格（不含增值税：元/箱）	出厂价格（不含增值税：元/500 毫升）
阳光牌纯生瓶装啤酒	6 000.00	36.00	3.00
阳光牌普通瓶装啤酒	2 800.00	16.80	1.40

注：为计算方便，啤酒按以下换算，1 吨为 2000 斤，1 斤为 500 毫升。1 瓶装啤酒 500 毫升，1 箱啤酒 12 瓶。

（4）12 月生产情况（如表 1.5 所示）。

表 1.5 12 月产量情况

（单位：吨）

产　品	本月完工	月末在产品约当产量（材料分配时）	月末在产品约当产量（其他成本项目分配时）
纯生啤酒	4 500	3 000	1 800
普通啤酒	12 400	3 200	1 800

（5）12 月生产工时（如表 1.6 所示）。

表 1.6 12 月生产工时明细表

（单位：生产工时）

产　品	酿造部	工程部	包装部	合计
纯生啤酒	2 160 000.00	5 200.00	18 000 000.00	20 165 200.00
普通啤酒	4 320 000.00	10 400.00	12 000 000.00	16 330 400.00
合计	6 480 000.00	15 600.00	30 000 000.00	36 495 600.00

二、2010 年 1～11 月纳税有关资料

（1）1～11 月损益类科目金额表（如表 1.7 所示）。

表 1.7　1～11 月损益类科目金额明细表

序号	项　　目	1～11 月金额	序号	项　　目	1～11 月金额
1	主营业务收入	493 769 380.00	1	主营业务成本	207 418 883.02
2	其他业务收入		2	其他业务成本	
3	投资收益	305 067.00	3	营业税金及附加	20 517 545.82
4	公允价值变动损益		4	财务费用	604 411.50
5	营业外收入		5	管理费用	12 377 997.43
6			6	销售费用	17 015 412.23
7			7	资产减值损失	8 106.00
8			8	营业外支出	3 650 000.00
				所得税费用	35 200 000.00
9	收入合计	494 074 447.00	9	支出合计	296 792 356.00
10	1～11 月利润（税后）	197 282 091.00	10	1～11 月利润（税前）	

（2）其他有关科目明细资料（如表 1.8、表 1.9 所示）。

表 1.8　投资收益明细表

序　号	收 入 项 目	1～11 月入账金额
1	获得海河公司（成本法）现金股利	300 000.00
2	购入黄河科技	−3 254.00
3	购入电力公司	−4 879.00
4	计提国债利息	13 200.00
	合计	305 067.00

表 1.9　部分支出项目及金额明细表

支　出	支出明细项目	1～11 月入账金额	支　出	支出明细项目	1～11 月入账金额
管理费用	招待费	450 000.00	营业外支出	公益捐赠	3 000 000.00
	研发费	2 000 000.00		非广告性质的赞助支出	375 000.00
销售费用	招待费	2 450 000.00		固定资产盘亏	275 000
	广告费	12 500 000.00	所得税费用		35 200 000.00

三、经济业务原始凭证

经济业务原始凭证见附录四（见下册）。

四、会计报表

会计报表见附录二。

链接2 实训指导

一、原始凭证处理的注意事项

1. 原始凭证填制

在实际的会计工作中，有一部分原始凭证是需要根据会计账簿记录进行整理编制的。如本书中空白的原始凭证，包括产品出库单、发料凭证汇总表、辅助生产成本分配表、制造费用分配表、产品成本计算单等。这些表一般由会计部门有关人员根据账簿记录结果计算编制。在本实训中，参加实训的学生需填写的原始凭证包括材料费用分配表、产品出库单、辅助生产成本分配表、制造费用分配表、生产成本计算单、增值税计算表、消费税计算表、营业税计算表、企业所得税计算表等。

“材料费用分配表”是企业在月末根据各种领料凭证，按照材料发生的不同地点和用途编制的。材料单价根据发出存货实际成本计价方法（在全月一次加权平均法、先进先出法、个别计价法中选取其中一种）计算确定。

“产品出库单”是产品出库的原始凭证。月末，企业按照已销商品数量，根据库存商品明细账的期初和本期借方发生额，按照发出存货实际成本计价方法（在全月一次加权平均法、先进先出法、个别计价法中选取其中一种）计算并填列单价。

“制造费用分配表”和“辅助生产成本分配表”：企业将制造费用、辅助生产费用计入生产成本时，依据“制造费用”、“辅助生产成本”账户本月借方发生额，并按已制定的分配标准进行计算填列，合理地将制造费用、辅助生产成本归集到生产成本中去。这种费用分配表提供的内容主要包括成本计算对象、分配标准和分配金额等项。

增值税计算表、消费税计算表、营业税计算表、企业所得税计算表，是纳税人根据账簿资料计算出应缴纳的增值税额、消费税额、营业税额、企业所得税额，并填写应纳税额计算过程或缴纳情况的纳税申报表，项目一的手工会计实训中的报表以纳税申报表的简表代替，项目三的纳税申报实训中的报表是我国目前使用的纳税申报表。

2. 增值税专用发票的抵扣联

增值税专用发票的抵扣联是增值税一般纳税人纳税抵扣的合法凭证。企业需要对其单独装订成册，定期到税务机关进行认证，认证通过后，购买货物的进项税额才允许抵扣。企业在生产经营过程中会收到很多外单位开具的原始凭证，多数原始凭证需要作为记账凭证的附件，和记账凭证放到一起装订。增值税专用发票的抵扣联具有专门的用途，不能作为记账凭证的附件。

目前，我国实行增值税电子信息采集，即对增值税专用发票抵扣联信息进行电子采集。企业电子信息采集方式是金税工程防伪认证子系统的重要组成部分。增值税专用发票抵扣联信息企业采集方式是由企业自行扫描、识别增值税专用发票抵扣联信息并生成电子数据，以磁盘或互联网方式报送税务机关，由税务机关完成认证比对，并将认证结果返回企业。

二、品种法的应用

1. 品种法基本知识

品种法的成本计算对象是各种产品。在采用品种法计算产品成本的企业或车间，如果只生产一种产品，在进行产品成本计算时，只需要为这一种产品开设产品成本明细账即可，账内按照产品的成本项目设立栏目，而不需要在各成本计算对象之间分配费用。在这种情况下，发生的生产费用都是直接费用，可以直接计入产品的成本明细账中。如果生产的产品是两种或两种以上，就需要按照各产品的品种分别开设成本明细账，对发生的直接费用直接计入产品成本明细账中，对间接费用则需要采用一定的分配方法，在各产品成本计算对象之间进行分配，然后分别计入各产品成本明细账中。

2. 品种法的计算程序

品种法是产品成本计算中最基本的方法，它的计算程序体现了产品成本计算的一般程序。归纳起来，其成本计算程序大致如下：

（1）按照产品品种设置产品成本明细账，在明细账内按照成本项目设置专栏。对于月初有在产品成本的产品，还应在产品成本明细账中登记月初在产品成本。

（2）根据生产过程中发生的各项费用的原始凭证和有关资料，编制各种费用分配表。根据各种费用分配表登记“基本生产成本明细账”、“辅助生产成本明细账”和“制造费用明细账”等。

（3）将“生产成本——辅助生产成本明细账”上所归集的费用，按照各种产品和其各单位的耗用量，编制“辅助生产费用分配表”，分配辅助生产费用。

（4）将“制造费用明细表”上所归集的费用，采用一定的方法，在各种产品之间进行分配，编制“制造费用分配表”，并登记到所设置的“生产成本——基本生产成本明细账”中。

（5）期末，将计入产品成本明细账中的各种生产费用汇总，计算累计生产费用。如果企业没有在产品，不需要计算在产品成本时，累计生产费用即为完工产品总成本；如果企业有在产品，则需采用适当的方法，把累计生产费用在完工产品和在产品之间进行分配，最终计算完工产品和月末在产品成本。

（6）根据各种产品成本明细账中计算出来的本月完工产品成本，汇总编制“完工产品成本汇总计算表”，并结转完工产品成本。

三、应用税收政策注意事项

（一）本实训涉及的部分增值税政策

1. 增值税的征税范围

增值税的征税范围为纳税人在我国境内销售货物或者提供加工、修理修配劳务和进口货物。单位或者个体工商户的下列行为视同销售货物：①将货物交付其他单位或者个人代销；②销售代销货物；③设有两个以上机构并实行统一核算的纳税人将货物从一个机构移送其他机构用于销售，但相关机构设在同一县（市）的除外；④将自产或者委托加工的货物用于非增值税应税项目；⑤将自产、委托加工的货物用于集体福利或者个人消费；⑥将自产、委托加工或者购进的货物作为投资，提供给其他单位或者个体工商户；⑦将自产、委托加工或者购进的货物分配给股东或者投资者；⑧将自产、委托加工或者购进的货物无偿赠送其他单位或者个人。

2. 纳税人的销售额

纳税人的销售额为纳税人销售货物或者提供应税劳务向购买方收取的全部价款和价外费用，但是不包括收取的销项税额。在实际工作中，常常会出现一般纳税人将销售货物或者应税劳务采用销售额和销项税额合并定价的方法，这样就会形成含税销售额。在编制记账凭证和计算应纳税额时，就需要将含税销售额换算成不含税销售额：

销售额＝含税销售额÷(1+税率)

3. 纳税人销售自己使用过的物品

纳税人销售自己使用过的物品包括固定资产和除固定资产以外的物品。一般纳税人销售自己使用过的除固定资产以外的物品应当按照适用税率征收增值税。一般纳税人销售自己使用过的固定资产则根据以下情况分别处理：

（1）一般纳税人销售自己使用过的属于不得抵扣且未抵扣进项税额的固定资产，按简易办法依4%征收率减半征收增值税。

（2）一般纳税人销售自己使用过的其他固定资产应区分不同情形征收增值税。对于销售自己使用过的2009年1月1日以后购进或者自制的固定资产，按照适用税率征收增值税；对于2008年12月31日以前未纳入扩大增值税抵扣范围试点的纳税人，销售自己使用过的2008年12月31日以前购进或者自制的固定资产，按照4%征收率减半征收增值税；对于2008年12月31日以前已纳入扩大增值税抵扣范围试点的纳税人，销售自己使用过的在本地区扩大增值税抵扣范围试点以前购进或者自制的固定资产，按照4%征收率减半征收增值税；对于销售自己使用过的在本地区扩大增值税抵扣范围试点以后购进或者自制的固定资产，按照适用税率征收增值税。此外，纳税人发生的固定资产视同销售行为，对已使用过的固定资产无法确定销售额的，以固定资产净值为销售额。

（二）本实训涉及的部分企业所得税政策

1. 企业所得税的计税依据

企业所得税的计税依据是年应纳税所得额。

在直接计算法下，企业每一纳税年度的收入总额减除不征税收入、免税收入、各项扣除以及允许弥补的以前年度亏损后的余额，为应纳税所得额。计算公式为

年应纳税所得额=收入总额−不征税收入−免税收入−各项扣除−允许弥补的以前年度亏损

不征税收入包括：①财政拨款，是指各级人民政府对纳入预算管理的事业单位、社会团体等组织拨付的财政资金，但国务院和国务院财政、税务主管部门另有规定的除外。②依法

收取并纳入财政管理的行政事业性收费、政府性基金。③国务院规定的其他不征税收入，是指企业取得的，由国务院财政、税务主管部门规定专项用途并经国务院批准的财政性资金。

免税收入包括：①国债利息收入，即企业持有国务院财政部门发行的国债取得的利息收入。②符合条件的居民企业之间的股息、红利等权益性投资收益，即居民企业直接投资于其他居民企业取得的投资收益。③在中国境内设立机构、场所的非居民企业从居民企业取得与该机构、场所有实际联系的股息、红利等权益性投资收益。④符合条件的非营利组织的收入，不包括非营利组织从事营利性活动取得的收入，但国务院财政、税务主管部门另有规定的除外。其中第②、③项的股息、红利等权益性投资收益，不包括连续持有居民企业公开发行并上市流通的股票不足12个月取得的投资收益。

2. 企业所得税纳税调整计算公式

计算应纳税所得额时，企业财务、会计处理办法与税收法律、行政法规的规定不一致的 应当依照税收法律、行政法规的规定计算。在间接计算法下，在会计利润总额的基础上加或减按照税法规定调整的项目金额后，即为应纳税所得额，计算公式为

应纳税所得额=会计利润总额±纳税调整项目金额

3. 企业所得税纳税调整增加的项目

实际会计工作中，各企业情况不同，需要进行企业所得税纳税调整的项目有很多，在本实训中大概有以下几项调整增加的项目。

（1）视同销售收入。指会计上不作为销售核算，而在税法上应作应税收入缴纳企业所得税的收入。

（2）业务招待费支出。企业发生的与生产经营活动有关的业务招待费支出，按照发生额的 60%扣除，但最高不得超过当年销售（营业）收入的 5‰。超过部分应调增应纳税所得额。

（3）职工福利费支出、工会经费支出。企业发生的职工福利费支出不超过合理工资薪金总额 14%的部分；企业拨缴的工会经费不超过合理工资薪金总额 2%的部分准予税前扣除。当按照国家统一会计制度计入成本费用的职工福利费、工会经费大于按照税法规定允许税前扣除的职工福利费、工会经费时，超过部分应调增应纳税所得额。

（4）职工教育经费。除国务院财政、税务主管部门另有规定外，企业发生的职工教育经费支出不超过合理工资薪金总额2.5%的部分准予扣除；超过部分准予在以后纳税年度结转扣除，但应调增本年度应纳税所得额。

（5）广告费和业务宣传费支出。企业发生的符合条件的广告费和业务宣传费支出，除国务院财政、税务主管部门另有规定外，不超过当年销售（营业）收入 15%的部分准予扣除，超过部分准予在以后纳税年度结转扣除，但应调增本年度应纳税所得额。

（6）利息支出。企业在生产经营活动中发生的合理的不需要资本化的借款费用准予扣除。纳税人按照国家统一会计制度实际发生的向非金融企业借款计入财务费用的利息支出的金额，超过按照税法规定允许税前扣除的利息支出金额的部分，应调增应纳税所得额。

（7）罚金、罚款和被没收财物的损失。指纳税人在纳税年度实际发生的罚金、罚款和被罚没财物的损失，不包括纳税人按照经济合同规定支付的违约金（包括银行罚息）、罚款和诉讼费。这些支出不允许税前扣除，应调增应纳税所得额。

（8）税收滞纳金。指纳税人在纳税年度因违反规定滞纳税款按税法规定须向税务部门实际缴纳的款项。这种滞纳金不允许税前扣除，应调增应纳税所得额。

（9）赞助支出。指纳税人在纳税年度实际发生的，且不符合税收规定的公益性捐赠范围的捐赠，包括直接向受赠人的捐赠、各种赞助支出，不包含广告性的赞助支出。赞助支出不允许税前扣除，应调增应纳税所得额。

（10）捐赠支出。捐赠支出分为公益性捐赠支出和非公益性捐赠支出。企业发生的公益性捐赠支出，在年度利润总额 12%以内的部分准予在计算应纳税所得额时扣除。超过部分和非公益性捐赠支出不允许税前扣除，应调增应纳税所得额。

（11）与取得收入无关的支出、不征税收入用于支出所形成的费用。纳税人在纳税年度实际发生的与取得收入无关的支出、与不征税收入相关的支出不允许税前扣除，应调增应纳税所得额。

4. 纳税调整减少的项目

在本实训中大概有以下几项有关企业所得税纳税调整减少的项目。

（1）按权益法核算长期股权投资对初始投资成本调整确认收益。纳税人在权益法核算下，初始投资成本小于取得投资时应享有被投资单位可辩认净资产公允价值份额的，两者之间的差额计入取得投资当期的营业外收入的金额。税法规定对这部分收入不征税，应调减应纳税所得额。

（2）不征税收入、免税收入、减计收入、减免税项目所得、抵扣应纳税所得额均调减应纳税所得额。

（3）视同销售成本。指纳税人会计上未核算而按税法规定应计算的与视同销售收入相对应的成本费用。每一笔确认为视同销售的经济事项，在确认应税收入的同时，均应确认相对应的应税成本。

5. 企业所得税调整视情况增加或减少的项目

在本实训中有关企业所得税纳税视情况增加或减少的项目有以下两项。

（1）公允价值变动净收益。指以公允价值计量且其变动计入当期损益的金融资产、金融负债以及投资性房地产的公允价值，其税法规定的计税基础与会计处理不一致形成的差异应进行的纳税调整的金额。按税法规定确定的收入金额扣减会计核算的账面金额后的余额为正，应调增应纳税所得额，反之，则调减应纳税所得额。

例如，企业持有一项交易性金融资产，在资产负债表日会将持有期间发生的公允价值变动损益反映出来，增加资产账面价值的同时，增加企业的当期损益。按税法规定，该公允价值变动损益并不计入应纳税所得额，因而其计税基础不变，仍为其历史成本。但其账面价值却是其历史成本加上公允价值变动损益后的余额，因而与其计税基础就出现了差异。

（2）按权益法核算的长期股权投资持有期间的投资损益。指按照财务会计规定核算的和税法规定确定的按权益法核算的长期股权投资持有期间的投资损益的差异金额。对于股权投资转让所得，会计确认的金额大于税法确认的金额时应调增应纳税所得，反之则调减应纳税所得额。对于股权投资转让损失，会计确认的金额大于税法确认的金额时应调减应纳税所得，反之则调增应纳税所得额。

（三）实训需注意的税收问题

租金应纳营业税和企业所得税。企业所得税法规定，租金收入按照合同约定的承租人应付租金的日期确认收入的实现。企业营业税法规定，提供租赁业劳务收到预收款项的，纳税义务发生时间为收到预收款的当天。

特许权使用费收入。企业所得税法规定，特许权使用费收入按照合同约定的特许权使用人应付特许权使用费的日期确认收入的实现。营业税法规定，转让无形资产的营业税的纳税义务发生时间为书面合同确定的付款日期的当天

取得长期股权投资。采用权益法核算时，对初始投资成本的调整产生的收益，不征企业所得税，应调减应纳税所得额。

四、记账凭证填制注意事项

记账凭证，是根据审核无误的原始凭证或原始凭证汇总表编制的、用来确定会计分录、作为记账依据的一种会计凭证。记账凭证的核心是会计分录。所谓会计分录（简称分录），是对标明经济业务发生后应记的账户名称、应借、应贷的方向及金额所做的记录。它是会计语言的表达方式。本实训中需要注意以下经济业务记账凭证的编制。

1. 将原来非投资性房地产转换为投资性房地产

企业将原本用于生产商品、提供劳务或经营管理的房地产或作为存货的房地产改为用于出租或资本增值，应于租赁期开始日，将相应的固定资产、无形资产或开发商品转换为投资性房地产。

后续计量采用成本模式的，将自用的建筑物等转换为投资性房地产的，应按其在转换日的原价、累计折旧、减值准备等，分别转入“投资性房地产”科目、“投资性房地产累计折旧（摊销）”、“投资性房地产减值准备”科目。会计分录为

借：投资性房地产（原始价值）
　　累计折旧（累计折旧）
　　贷：固定资产（原始价值）
　　　　投资性房地产累计折旧（累计折旧）

2. 取得、处置交易性金融资产

（1）取得交易性金融资产的，应当按照取得时的公允价值作为初始确认金额，相关的交易费用在发生时计入当期损益。支付的价款中包含已宣告但尚未发放的现金股利或已到付息期但尚未领取的债券利息，应当单独确认为应收项目。会计分录为

借：交易性金融资产——成本（公允价值）

投资收益（相关交易费用）

贷：银行存款（或其他货币资金——存出投资款）（实际支付款项）

（2）资产负债表日：

借：交易性金融资产（公允价值变动）

贷：公允价值变动损益（交易性金融资产的公允价值高于其账面余额的差额）

或：

借：公允价值变动损益（交易性金融资产的公允价值低于其账面余额的差额）

贷：交易性金融资产（公允价值变动）

（3）出售所持有的交易性金融资产

借：其他货币资金——存出投资款（实际收取款项）

贷：交易性金融资产——成本（银河科技股票）（取得成本）

借或贷：投资收益（投资收益）

3. 取得、处置持有至到期投资

（1）企业取得持有至到期投资：

借：持有至到期投资——成本（投资的面值）

应收利息（支付的价款中如果包含已到付息期但尚未领取的利息）

贷：银行存款（实际支付的金额）

借或贷：持有至到期投资——利息调整（差额）

（2）持有至到期投资利息。持有至到期投资为分期付息、一次还本债券投资的：

借：应收利息（资产负债表日按票面利率计算的应收未收利息）

贷：投资收益（按持有至到期投资摊余成本和实际利率计算确定的利息收入）

借或贷：持有至到期投资——利息调整（差额）

（3）出售持有至到期投资：

借：银行存款（按实际收到的金额）

贷：持有至到期投资——成本、利息调整、应计利息（账面余额）

贷或借：投资收益（差额）

本书为便利学生操作，不考虑实际利率，不使用“持有至到期投资——利息调整”科目。

4. 取得长期股权投资

采用权益法核算的长期股权投资。

（1）取得投资时对于初始投资成本大于投资时应享有被投资单位可辨认净资产公允价值份额的，该差额不要求调整初始投资成本：

借：长期股权投资——成本（投资时应享有被投资单位可辨认净资产公允价值）

贷：银行存款　　　　　　　（初始投资成本）

（2）对于初始投资成本小于投资时应享有被投资单位可辨认净资产公允价值份额的，

其差额应当计入当期损益（营业外收入），同时调整长期股权投资的成本。

借：长期股权投资——成本（投资时应享有被投资单位可辨认净资产公允价值）
　　贷：银行存款　　　　　　（初始投资成本）
　　　　营业外收入　　　　　（差额）

（3）根据被投资方盈亏情况，按投资比例确认实现的对外股权投资收益。被投资方赢利：

借：长期股权投资——损益调整
　　贷：投资收益

被投资方亏损：

借：投资收益
　　贷：长期股权投资——损益调整

（4）被投资方宣告发放现金股利时：

借：应收股利
　　贷：长期股权投资——损益调整

（5）收到被投资方宣告发放的现金股利：

借：银行存款
　　贷：应收股利

5. 取得固定资产

以银行存款购入与生产经营有关的固定资产时，根据增值税专用发票，编写会计分录：

借：固定资产（不含税价）
　　应交税费——应交增值税（进项税额）（增值税）
　　贷：银行存款（含税价）

6. 接受投资

借：银行存款（固定资产、无形资产等科目）（实收款或实物的公允价值）
　（应交税费——应交增值税（进项税额）允许抵扣的增值税）
　　贷：股本——永华集团（实收股本）
　　　　资本公积——股本溢价（差额）

7. 发放工资

借：应付职工薪酬——工资（应发工资总额）
　　贷：银行存款（实发工资）
　　　　应付职工薪酬——养老保险（个人负担）
　　　　　　　　　　——失业保险（个人负担）
　　　　　　　　　　——医疗保险（个人负担）
　　　　　　　　　　——住房公积金（个人负担）
　　　　应交税费——个人所得税

8. 自产货物用于职工福利和个人消费

自产货物用于发放给职工，为非货币性福利，视同销售货物。

借：应付职工薪酬——非货币性福利（含税价）

　　贷：主营业务收入（不含税价）

　　　　应交税费——应交增值税（销项税额）（增值税）

9. 固定资产清理

（1）转入清理时：

借：固定资产清理（固定资产净值）

　　累计折旧（固定资产折旧）

　　贷：固定资产（固定资产原值）

（2）发生清理费用：

借：固定资产清理

　　贷：银行存款或其他科目

（3）产生清理收入：

借：银行存款或其他科目

　　贷：固定资产清理

（4）结转清理净收益：

借：固定资产清理

　　贷：营业外收入

（5）结转清理净支出：

借：营业外支出

　　贷：固定资产清理

10. 出售自己使用过的固定资产

按照固定资产清理业务编制会计分录。如有出售收入：

借：银行存款（含税价）

　　贷：固定资产清理（不含税价+减征的增值税）

　　　　应交税费——应交增值税（销项税额）（减征后的增值税）

$$不含税价=含税收入\div(1+4\%)$$

出售 2008 年 12 月 31 日前自己使用过的固定资产，按 4%征收率减半征增值税：

$$应纳税额=不含税价\times 4\%$$

$$减征增值税=应纳税额\div 2$$

11. 购入存货发生非常损失

（1）发现外购原材料损失：

借：待处理财产损溢——待处理流动资产损溢（价税合计）

　　贷：原材料（成本）

应交税费——应交增值税（进项税额转出）（增值税）

（2）根据情况转入营业外支出等科目

借：营业外支出——流动资产盘亏损失

贷：待处理财产损溢——待处理流动资产损溢（价税合计）

12. **支付运费，取得合法扣税凭证**

借：销售费用——运费［运费×（1-7%）+杂费］

应交税费——应交增值税（进项税额）（运费×7%）

贷：银行存款（实际支付运杂费等）

13. **工资分配**

根据计算结果：

借：生产成本——某产品（直接人工）

制造费用——某车间（工资）

辅助生产成本（工资）

管理费用——工资

销售费用——工资

贷：应付职工薪酬——工资

计提职工福利、职工教育经费、工会经费的分录类似。

14. **计提单位负担的五险一金**

借：生产成本——某产品（直接人工）

制造费用——某车间（社会保险费）

辅助生产成本——（社会保险费）

管理费用——社会保险费

销售费用——社会保险费

贷：应付职工薪酬——养老保险（单位缴纳）

失业保险（单位缴纳）

工伤保险（单位缴纳）

医疗保险（单位缴纳）

生育保险（单位缴纳）

住房公积金（单位缴纳）

链接3　部分参考答案

一、12月各科目发生额和期末余额

12月各科目发生额和期末余额见表1.10。

表 1.10 12 月各科目发生额和期末余额明细表

（单位：元）

科 目 名 称	本期借方发生额	本期贷方发生额	期末余额	余额方向
库存现金	28 950.00	56 840.00	1 110.00	借
银行存款	53 429 328.00	43 765 607.00	46 306 411.52	借
其他货币资金	3 874 121.00	3 800 654.00	1 602 267.00	借
交易性金融资产	700 000.00	300 000.00	2 900 000.00	借
应收票据	10 764 000.00	9 828.00	10 764 000.00	借
应收账款	10 764 000.00	1 702 000.00	11 764 000.00	借
预付账款	150 000.00	150 000.00		借
应收股利	150 000.00	150 000.00		借
应收利息	1 200.00		14 400.00	借
其他应收款	4 000.00	45 000.00	4 000.00	借
坏账准备	0.00	27 186.00	35 292.00	贷
在途物资	3 240 000.00	3 240 000.00	0.00	借
原材料	8 071 300.00	9 377 257.00	1 114 043.00	借
库存商品	31 511 475.34	23 862 471.45	15 409 003.89	借
周转材料	17 336 000.00	17 822 596.00	909 624.00	借
持有至到期投资	0.00	0.00	200 000.00	借
长期股权投资	2 550 000.00	0.00	7 050 000.00	借
投资性房地产	1 500 000.00	0.00	3 000 000.00	借
固定资产	203 590.00	1 900 000.00	605 716 590.00	借
累计折旧	716 640.00	2 564 324.73	280 129 533.34	贷
在建工程	37 000 000.00	0.00	37 000 000.00	借
固定资产清理	102 000.00	102 000.00		
无形资产	0.00	0.00	244 620 000.00	借
累计摊销	0.00	438 500.00	47 358 000.00	贷
投资性房地产累计折旧（摊销）	0.00	404 005.00	799 680.00	贷
待处理财产损溢	2 383.00	2 383.00		
资产类合计	182 098 987.34	109 726 652.18	660 052 944.07	借
短期借款	1 200 000.00	1 000 000.00	1 000 000.00	贷
应付票据	0.00	2 340 000.00	2 340 000.00	贷
应付股利	0.00	100 983 560.46	100 983 560.46	贷
应付账款	12 197 600.00	14 395 400.00	13 346 600.00	贷
预收账款	0.00	600 000.00	600 000.00	贷
应付职工薪酬	3 548 200.72	3 548 200.72	3 404 100.00	贷
应交税费	20 223 530.20	41 109 159.97	27 391 779.77	贷
应付利息	65 000.00	55 000.00	55 000.00	

续表

科 目 名 称	本期借方发生额	本期贷方发生额	期末余额	余额方向
长期借款	0.00	0.00	10 000 000.00	贷
负债类合计	37 234 330.92	164 031 321.15	159 121 040.23	贷
实收资本（或股本）	0.00	50 000 000.00	200 000 000.00	贷
资本公积	0.00	9 290 000.00	9 290 000.00	贷
盈余公积	0.00	18 700 659.34	66 100 659.34	贷
本年利润	244 860 274.00	47 578 183.00		
利润分配	239 368 439.60	306 690 813.24	237 436 841.55	贷
所有者权益类合计	484 228 713.60	432 259 655.58	512 827 500.89	贷
生产成本	33 967 072.39	31 511 475.34	11 895 597.05	借
辅助生产成本	648 252.15	648 252.15		
制造费用	2 630 116.20	2 630 116.20		
成本类合计	37 245 440.74	34 789 843.69	11 895 597.05	借
主营业务收入	46 014 616.00	46 014 616.00		
其他业务收入	75 000.00	75 000.00		
投资收益	375 321.00	375 321.00		
营业外收入	713 900.00	713 900.00		
主营业务成本	23 862 471.45	23 862 471.45		
营业税金及附加	3 283 388.24	3 283 388.24		
其他业务成本	34 165.00	34 165.00		
销售费用	1 651 981.77	1 651 981.77		
管理费用	1 378 354.29	1 378 354.29		
财务费用	60 063.00	60 063.00		
营业外支出	510 373.00	510 373.00		
所得税费用	27 048 197.81	27 048 197.81		
资产减值损失	27 186.00	27 186.00		
公允价值变动损益	500 000.00	500 000.00		
损益类合计	105 535 017.56	105 535 017.56		
合计	846 342 490.16	846 342 490.16	997 818 104.16	

注：资产负债表金额为671948541.12。

二、部分业务期末详细数据

（1）2011年12月应交流转税情况见表1.11。

表1.11　12月应交流转税情况

（单位：元）

税 种	增 值 税	消 费 税	营 业 税	城 建 税	教育费附加
金额	−2 946 666.20	2 951 148.40	33 750.00	208 942.89	89 546.95

（2）2011年全年利润情况见表1.12。

表1.12 2011年全年利润情况

项　目	金　额	项　目	金　额
1～11月税后利润	197 282 091.00	2010年利润总额	249 254 791.25
1～11月所得税费用	35 200 000.00	2010年企业所得税	62 248 197.81
12月初本年利润（税前）	232 482 091.00	2010年税后利润	187 006 593.44
12月税前利润	16 772 700.25		

（3）2011年企业所得税情况见表1.13。

表1.13 2011全年企业所得税情况

（单位：元）

项　目	金　额	项　目	金　额
2010年会计利润	249 254 791.25	企业所得税税率	25%
纳税调整增加项目金额	2 347 000.00	应纳企业所得税额	62 248 197.81
纳税调整减少项目金额	2 609 000.00	已预缴交纳所得税	35 200 000.00
应纳税所得额	248 992 791.25	应补缴企业所得税	27 048 197.81

（4）2011年利润分配情况见表1.14。

表1.14 2011当年利润分配情况

（单位：元）

项　目	金　额	备　注
2010年度税后利润	187 006 593.44	
提取盈余公积金	18 700 659.34	本年税后利润的10%
2010年度利润可供投资者分配金额	168 305 934.10	本年税后利润的90%
留存利润	67 322 373.64	当年可供分配利润的40%
对外分配股利	100 983 560.46	当年可供分配利润的60%
长江公司（占比例80%）	80 786 848.37	按占股比例80%分配
黄河公司（占比例20%）	20 196 712.09	按占股比例20%分配
2010年12月初未分配利润	170 114 467.91	
2010年末累计未分配利润	237 436 841.55	

链接4　会计基础工作规范

会计基础工作规范

财会字〔1996〕19号

第一章　总　　则

第一条　为了加强会计基础工作，建立规范的会计工作秩序，提高会计工作水平，根据《中华人民共和国会计法》的有关规定，制定本规范。

第二条　国家机关、社会团体、企业、事业单位、个体工商户和其他组织的会计基础工作，应当符合本规范的规定。

第三条　各单位应当依据有关法律、法规和本规范的规定，加强会计基础工作，严格执行会计法规制度，保证会计工作依法有序地进行。

第四条　单位领导人对本单位的会计基础工作负有领导责任。

第五条　各省，自治区、直辖市财政厅（局）要加强对会计基础工作的管理和指导，通过政策引导、经验交流、监督检查等措施，促进基层单位加强会计基础工作，不断提高会计工作水平。国务院各业务主管部门根据职责权限管理本部门的会计基础工作。

第二章　会计机构和会计人员

第一节　会计机构设置和会计人员配备

第六条　各单位应当根据会计业务的需要设置会计机构；不具备单独设置会计机构条件的，应当在有关机构中配备人员。事业行政单位会计机构的设置和会计人员的配备，应当符合国家统一事业行政单位会计制度的规定。设置会计机构，应当配备会计机构负责人；在有关机构中配备专职会计人员，应当在专职会计人员中指定会计主管人员。会计机构负责人、会计主管人员的任免，应当符合《中华人民共和国会计法》和有关法律的规定。

第七条　会计机构负责人、会计主管人员应当具备下列基本条件：（一）坚持原则，廉洁奉公；（二）具有会计专业技术资格；（三）主管一个单位或者单位内一个重要方面的财务会计工作时间不少于2年；（四）熟悉国家财经法律、法规、规章和方针、政策，掌握本行业业务管理的有关知识；（五）有较强的组织能力；（六）身体状况能够适应本职工作的要求。

第八条　没有设置会计机构和配备会计人员的单位，应当根据《代理记账管理暂行办法》委托会计师事务所或者持有代理记账许可证书的其他代理记账机构进行代理记账。

第九条　大、中型企业、事业单位、业务主管部门应当根据法律和国家有关规定设置总会计师。总会计师由具有会计师以上专业技术资格的人员担任。总会计师行使《总会计师条例》规定的职责、权限。总会计师的任命（聘任）、免职（解聘）依照《总会计师条例》和有关法律的规定办理。

第十条　各单位应当根据会计业务需要配备持有会计证的会计人员。未取得会计证的人员，不得从事会计工作。

第十一条　各单位应当根据会计业务需要设置会计工作岗位。会计工作岗位一般可分为：会计机构负责人或者会计主管人员，出纳，财产物资核算，工资核算，成本费用核算；财务成果核算，资金核算，往来结算，总账报表，稽核，档案管理等。开展会计电算化和管理会计的单位，可以根据需要设置相应工作岗位，也可以与其他工作岗位相结合。

第十二条　会计工作岗位，可以一人一岗、一人多岗或者一岗多人。但出纳人员不得兼管审核、会计档案保管和收入、费用、债权债务账目的登记工作。

第十三条　会计人员的工作岗位应当有计划地进行轮换。

第十四条　会计人员应当具备必要的专业知识和专业技能，熟悉国家有关法律、法规，规章和国家统一会计制度，遵守职业道德。会计人员应当按照国家有关规定参加会计业务的培训。各单位应当合理安排会计人员的培训，保证会计人员每年有一定时间用于学习和参加培训。

第十五条　各单位领导人应当支持会计机构、会计人员依法行使职权；对忠于职守，坚持原则，做出显著成绩的会计机构、会计人员，应当给予精神的和物质的奖励。

第十六条　国家机关、国有企业、事业单位任用会计人员应当实行回避制度。单位领导人的直系亲属不得担任本单位的会计机构负责人、会计主管人员。会计机构负责人，会计主管人员的直系亲属不得在本单位会计机构中担任出纳工作。需要回避的直系亲属为：夫妻关系、直系血亲关系、三代以内旁系血亲以及配偶亲关系。

第二节　会计人员职业道德

第十七条　会计人员在会计工作中应当遵守职业道德，树立良好的职业品质、严谨的工作作风，严守工作纪律，努力提高工作效率和工作质量。

第十八条　会计人员应当热爱本职工作，努力钻研业务，使自己的知识和技能适应所从事工作的要求。

第十九条　会计人员应当熟悉财经法律、法规、规章和国家统一会计制度，并结合会计工作进行广泛宣传。

第二十条　会计人员应当按照会计法律、法规和国家统一会计制度规定的程序和要求进行会计工作，保证所提供的会计信息合法、真实、准确、及时、完整。

第二十一条　会计人员办理会计事务应当实事求是、客观公正。

第二十二条　会计人员应当熟悉本单位的生产经营和业务管理情况，运用掌握的会计信息和会计方法，为改善单位内部管理、提高经济效益服务。

第二十三条　会计人员应当保守本单位的商业秘密。除法律规定和单位领导人同意外，不能私自向外界提供或者泄露单位的会计信息。

第二十四条　财政部门、业务主管部门和各单位应当定期检查会计人员遵守职业道德的情况，并作为会计人员晋升、晋级、聘任专业职务、表彰奖励的重要考核依据。会计人员违反职业道德的，由所在单位进行处罚；情节严重的，由会计证发证机关吊销其会计证。

第三节　会计工作交接

第二十五条　会计人员工作调动或者因故离职，必须将本人所经管的会计工作全部移交给接替人员。没有办清交接手续的，不得调动或者离职。

第二十六条　接替人员应当认真接管移交工作，并继续办理移交的未了事项。

第二十七条　会计人员办理移交手续前，必须及时做好以下工作：（一）已经受理的经济业务尚未填制会计凭证的，应当填制完毕。（二）尚未登记的账目，应当登记完毕，并在最后一笔余额后加盖经办人员印章。（三）整理应该移交的各项资料，对未了事项写出书面材料。（四）编制移交清册，列明应当移交的会计凭证、会计账簿、会计报表、印章、现金、有价证券、支票簿、发票、文件、其他会计资料和物品等内容；实行会计电算化的单位，从事该项工作的移交人员还应当在移交清册中列明会计软件及密码、会计软件数据磁盘（磁带等）及有关资料、实物等内容。

第二十八条 会计人员办理交接手续，必须有监交人负责监交。一般会计人员交接，由单位会计机构负责人、会计主管人员负责监交；会计机构负责人、会计主管人员交接，由单位领导人负责监交，必要时可由上级主管部门派人会同监交。

第二十九条 移交人员在办理移交时，要按移交清册逐项移交；接替人员要逐项核对点收。（一）现金、有价证券要根据会计账簿有关记录进行点交。库存现金、有价证券必须与会计账簿记录保持一致。不一致时，移交人员必须限期查清。（二）会计凭证、会计账簿、会计报表和其他会计资料必须完整无缺。如有短缺，必须查清原因，并在移交清册中注明，由移交人员负责。（三）银行存款账户余额要与银行对账单核对，如不一致，应当编制银行存款余额调节表调节相符，各种财产物资和债权债务的明细账户余额要与总账有关账户余额核对相符；必要时，要抽查个别账户的余额，与实物核对相符，或者与往来单位、个人核对清楚。（四）移交人员经管的票据、印章和其他实物等，必须交接清楚；移交人员从事会计电算化工作的，要对有关电子数据在实际操作状态下进行交接。

第三十条 会计机构负责人、会计主管人员移交时，还必须将全部财务会计工作、重大财务收支和会计人员的情况等，向接替人员详细介绍。对需要移交的遗留问题，应当写出书面材料。

第三十一条 交接完毕后，交接双方和监交人员要在移交注册上签名或者盖章，并应在移交注册上注明：单位名称，交接日期，交接双方和监交人员的职务、姓名，移交清册页数以及需要说明的问题和意见等。移交清册一般应当填制一式三份，交接双方各执一份，存档一份。

第三十二条 接替人员应当继续使用移交的会计账簿，不得自行另立新账，以保持会计记录的连续性。

第三十三条 会计人员临时离职或者因病不能工作且需要接替或者代理的，会计机构负责人、会计主管人员或者单位领导人必须指定有关人员接替或者代理，并办理交接手续。临时离职或者因病不能工作的会计人员恢复工作的，应当与接替或者代理人员办理交接手续。移交人员因病或者其他特殊原因不能亲自办理移交的，经单位领导人批准，可由移交人员委托他人代办移交，但委托人应当承担本规范第三十五条规定的责任。

第三十四条 单位撤销时，必须留有必要的会计人员，会同有关人员办理清理工作，编制决算。未移交前，不得离职。接收单位和移交日期由主管部门确定。单位合并、分立的，其会计工作交接手续比照上述有关规定办理。

第三十五条 移交人员对所移交的会计凭证、会计账簿、会计报表和其他有关资料的合法性、真实性承担法律责任。

第三章 会 计 核 算

第一节 会计核算一般要求

第三十六条 各单位应当按照《中华人民共和国会计法》和国家统一会计制度的规定

建立会计账册，进行会计核算，及时提供合法、真实、准确、完整的会计信息。

第三十七条　各单位发生的下列事项，应当及时办理会计手续、进行会计核算：(一）款项和有价证券的收付；(二）财物的收发、增减和使用；(三）债权债务的发生和结算；(四）资本、基金的增减；（五）收入、支出、费用、成本的计算；（六）财务成果的计算和处理；（七）其他需要办理会计手续、进行会计核算的事项。

第三十八条　各单位的会计核算应当以实际发生的经济业务为依据，按照规定的会计处理方法进行，保证会计指标的口径一致、相互可比和会计处理方法的前后各期相一致。

第三十九条　会计年度自公历 1 月1 日起至 12 月31 日止。

第四十条　会计核算以人民币为记账本位币。收支业务以外国货币为主的单位，也可以选定某种外国货币作为记账本位币，但是编制的会计报表应当折算为人民币反映。境外单位向国内有关部门编报的会计报表，应当折算为人民币反映。

第四十一条　各单位根据国家统一会计制度的要求，在不影响会计核算要求、会计报表指标汇总和对外统一会计报表的前提下，可以根据实际情况自行设置和使用会计科目。事业行政单位会计科目的设置和使用，应当符合国家统一事业行政单位会计制度的规定。

第四十二条　会计凭证、会计账簿、会计报表和其他会计资料的内容和要求必须符合国家统一会计制度的规定，不得伪造、变造会计凭证和会计账簿，不得设置账外账，不得报送虚假会计报表。

第四十三条　各单位对外报送的会计报表格式由财政部统一规定。

第四十四条　实行会计电算化的单位，对使用的会计软件及其生成的会计凭证、会计账簿。会计报表和其他会计资料的要求，应当符合财政部关于会计电算化的有关规定。

第四十五条　各单位的会计凭证、会计账簿、会计报表和其他会计资料，应当建立档案，妥善保管。会计档案建档要求、保管期限、销毁办法等依据《会计档案管理办法》的规定进行。实行会计电算化的单位，有关电子数据、会计软件资料等应当作为会计档案进行管理。

第四十六条　会计记录的文字应当使用中文，少数民族自治地区可以同时使用少数民族文字。中国境内的外商投资企业、外国企业和其他外国经济组织也可以同时使用某种外国文字。

第二节　填制会计凭证

第四十七条　各单位办理本规范第三十七条规定的事项，必须取得或者填制原始凭证，并及时送交会计机构。

第四十八条　原始凭证的基本要求是：

(一) 原始凭证的内容必须具备：凭证的名称；填制凭证的日期；填制凭证单位名称或者填制人姓名；经办人员的签名或者盖章；接受凭证单位名称；经济业务内容；数量、单价和金额。

(二) 从外单位取得的原始凭证，必须盖有填制单位的公章；从个人取得的原始凭证，必须有填制人员的签名或者盖章。自制原始凭证必须有经办单位领导人或者其指定的人员签名或者盖章。对外开出的原始凭证，必须加盖本单位公章。

（三）凡填有大写和小写金额的原始凭证，大写与小写金额必须相符。购买实物的原始凭证，必须有验收证明。支付款项的原始凭证，必须有收款单位和收款人的收款证明。

（四）一式几联的原始凭证，应当注明各联的用途，只能以一联作为报销凭证。一式几联的发票和收据，必须用双面复写纸（发票和收据本身具备复写纸功能的除外）套写，并连续编号。作废时应当加盖“作废”戳记，连同存根一起保存，不得撕毁。

（五）发生销货退回的，除填制退货发票外，还必须有退货验收证明；退款时，必须取得对方的收款收据或者汇款银行的凭证，不得以退货发票代替收据。

（六）职工公出借款凭据，必须附在记账凭证之后。收回借款时，应当另开收据或者退还借据副本，不得退还原借款收据。

（七）经上级有关部门批准的经济业务，应当将批准文件作为原始凭证附件：如果批准文件需要单独归档的，应当在凭证上注明批准机关名称、日期和文件字号。

第四十九条　原始凭证不得涂改、挖补。发现原始凭证有错误的，应当由开出单位重开或者更正，更正处应当加盖开出单位的公章。

第五十条　会计机构、会计人员要根据审核无误的原始凭证填制记账凭证。记账凭证可以分为收款凭证、付款凭证和转账凭证，也可以使用通用记账凭证。

第五十一条　记账凭证的基本要求是：

（一）记账凭证的内容必须具备：填制凭证的日期；凭证编号；经济业务摘要；会计科目；金额；所附原始凭证张数；填制凭证人员、稽核人员、记账人员、会计机构负责人、会计主管人员签名或者盖章。收款和付款记账凭证还应当由出纳人员签名或者盖章。以自制的原始凭证或者原始凭证汇总表代替记账凭证的，也必须具备记账凭证应有的项目。

（二）填制记账凭证时，应当对记账凭证进行连续编号。一笔经济业务需要填制两张以上记账凭证的，可以采用分数编号法编号。

（三）记账凭证可以根据每一张原始凭证填制，或者根据若干张同类原始凭证汇总填制，也可以根据原始凭证汇总表填制。但不得将不同内容和类别的原始凭证汇总填制在一张记账凭证上。

（四）除结账和更正错误的记账凭证可以不附原始凭证外，其他记账凭证必须附有原始凭证。如果一张原始凭证涉及几张记账凭证，可以把原始凭证附在一张主要的记账凭证后面，并在其他记账凭证上注明附有该原始凭证的记账凭证的编号或者附原始凭证复印件。一张原始凭证所列支出需要几个单位共同负担的，应当将其他单位负担的部分，开给对方原始凭证分割单，进行结算。原始凭证分割单必须具备原始凭证的基本内容：凭证名称、填制凭证日期、填制凭证单位名称或者填制人姓名、经办人的签名或者盖章、接受凭证单位名称、经济业务内容、数量、单价、金额和费用分摊情况等。

（五）如果在填制记账凭证时发生错误，应当重新填制。已经登记入账的记账凭证，在当年内发现填写错误时，可以用红字填写一张与原内容相同的记账凭证，在摘要栏注明“注销某月某日某号凭证”字样，同时再用蓝字重新填制一张正确的记账凭证，注明“订正某月某日某号凭证”字样。如果会计科目没有错误，只是金额错误，也可以将正确数字与错误数字之间的差额，另编一张调整的记账凭证，调增金额用蓝字，调减金额用红字。发现以前年度记账凭证有错误的，应当用蓝字填制一张更正的记账凭证。

（六）记账凭证填制完经济业务事项后，如有空行，应当自金额栏最后一笔金额数字下的空行处至合计数上的空行处画线注销。

第五十二条　填制会计凭证，字迹必须清晰、工整，并符合下列要求：

（一）阿拉伯数字应当一个一个地写，不得连笔写。阿拉伯金额数字前面应当书写货币币种符号或者货币名称简写和币种符号。币种符号与阿拉伯金额数字之间不得留有空白。凡阿拉伯数字前写有币种符号的，数字后面不再写货币单位。

（二）所有以元为单位（其他货币种类为货币基本单位，下同）的阿拉伯数字，除表示单价等情况外，一律填写到角分；无角分的，角位和分位可写“00”，或者符号“–”；有角无分的，分位应当写“0”，不得用符号“–”代替。

（三）汉字大写数字金额如零、壹、贰、叁、肆、伍、陆、柒、捌、玖、拾、佰、仟、万、亿等，一律用正楷或者行书体书写，不得用0、一、二、三、四、五、六、七、八、九、十等简化字代替，不得任意自造简化字。大写金额数字到元或者角为止的，在“元”或者“角”字之后应当写“整”字或者“正”字；大写金额数字有分的，分字后面不写“整”或者“正”字。

（四）大写金额数字前未印有货币名称的，应当加填货币名称，货币名称与金额数字之间不得留有空白。

（五）阿拉伯金额数字中间有“0”时，汉字大写金额要写“零”字；阿拉伯数字金额中间连续有几个“0”时，汉字大写金额中可以只写一个“零”字；阿拉伯金额数字元位是“0”，或者数字中间连续有几个“0”、元位也是“0”但角位不是“0”时，汉字大写金额可以只写一个“零”字，也可以不写“零”字。

第五十三条　实行会计电算化的单位，对于机制记账凭证，要认真审核，做到会计科目使用正确，数字准确无误。打印出的机制记账凭证要加盖制单人员、审核人员、记账人员及会计机构负责人、会计主管人员印章或者签字。

第五十四条　各单位会计凭证的传递程序应当科学、合理，具体办法由各单位根据会计业务需要自行规定。

第五十五条　会计机构、会计人员要妥善保管会计凭证。

（一）会计凭证应当及时传递，不得积压。

（二）会计凭证登记完毕后，应当按照分类和编号顺序保管，不得散乱丢失。

（三）记账凭证应当连同所附的原始凭证或者原始凭证汇总表，按照编号顺序，折叠整齐，按期装订成册，并加具封面，注明单位名称、年度、月份和起讫日期、凭证种类、起讫号码，由装订人在装订线封签外签名或者盖章。对于数量过多的原始凭证，可以单独装订保管，在封面上注明记账凭证日期、编号、种类，同时在记账凭证上注明“附件另订”和原始凭证名称及编号。各种经济合同、存出保证金收据以及涉外文件等重要原始凭证，应当另编目录，单独登记保管，并在有关的记账凭证和原始凭证上相互注明日期和编号。

（四）原始凭证不得外借，其他单位如因特殊原因需要使用原始凭证时，经本单位会计机构负责人、会计主管人员批准，可以复制。向外单位提供的原始凭证复制件，应当在专设的登记簿上登记，并由提供人员和收取人员共同签名或者盖章。

（五）从外单位取得的原始凭证如有遗失，应当取得原开出单位盖有公章的证明，并注明原来凭证的号码、金额和内容等，由经办单位会计机构负责人、会计主管人员和单位领导人批准后，才能代作原始凭证。如果确实无法取得证明的，如火车、轮船、飞机票等凭证，由当事人写出详细情况，由经办单位会计机构负责人、会计主管人员和单位领导人批准后，代作原始凭证。

第三节　登记会计账簿

第五十六条　各单位应当按照国家统一会计制度的规定和会计业务的需要设置会计账簿。会计账簿包括总账、明细账、日记账和其他辅助性账簿。

第五十七条　现金日记账和银行存款日记账必须采用订本式账簿。不得用银行对账单或者其他方法代替日记账。

第五十八条　实行会计电算化的单位，用计算机打印的会计账簿必须连续编号，经审核无误后装订成册，并由记账人员和会计机构负责人、会计主管人员签字或者盖章。

第五十九条　启用会计账簿时，应当在账簿封面上写明单位名称和账簿名称。在账簿扉页上应当附启用表，内容包括：启用日期、账簿页数、记账人员和会计机构负责人、会计主管人员姓名，并加盖名章和单位公章。记账人员或者会计机构负责人、会计主管人员调动工作时，应当注明交接日期、接办人员或者监交人员姓名，并由交接双方人员签名或者盖章。启用订本式账簿，应当从第一页到最后一页顺序编定页数，不得跳页、缺号。使用活页式账页，应当按账户顺序编号，并须定期装订成册。装订后再按实际使用的账页顺序编定页码。另加目录，记明每个账户的名称和页次。

第六十条　会计人员应当根据审核无误的会计凭证登记会计账簿。登记账簿的基本要求是：

（一）登记会计账簿时，应当将会计凭证日期、编号、业务内容摘要、金额和其他有关资料逐项记入账内；做到数字准确、摘要清楚、登记及时、字迹工整。

（二）登记完毕后，要在记账凭证上签名或者盖章，并注明已经登账的符号，表示已经记账。

（三）账簿中书写的文字和数字上面要留有适当空格，不要写满格；一般应占格距的二分之一。

（四）登记账簿要用蓝黑墨水或者碳素墨水书写，不得使用圆珠笔（银行的复写账簿除外）或者铅笔书写。

（五）下列情况，可以用红色墨水记账：

1. 按照红字冲账的记账凭证，冲销错误记录；
2. 在不设借贷等栏的多栏式账页中，登记减少数；
3. 在三栏式账户的余额栏前，如未印明余额方向的，在余额栏内登记负数余额；
4. 根据国家统一会计制度的规定可以用红字登记的其他会计记录。

（六）各种账簿按页次顺序连续登记，不得跳行、隔页。如果发生跳行、隔页，应当将空行、空页画线注销，或者注明“此行空白”、“此页空白”字样，并由记账人员签名或者盖章。

（七）凡需要结出余额的账户，结出余额后。应当在“借或贷”等栏内写明“借”或者“贷”等字样。没有余额的账户，应当在“借或贷”等栏内写“平”字，并在余额栏内用“θ”表示。现金日记账和银行存款日记账必须逐日结出余额。

（八）每一账页登记完毕结转下页时，应当结出本页合计数及余额，写在本页最后一行和下页第一行有关栏内，并在摘要栏内注明“过次页”和“承前页”字样；也可以将本页合计数及金额只写在下页第一行有关栏内，并在摘要栏内注明“承前页”字样。对需要结计本月发生额的账户，结计“过次页”的本页合计数应当为自本月初起至本页末止的发生额合计数；对需要结计本年累计发生额的账户，结计“过次页”的本页合计数应当为自年初起至本页末止的累计数；对既不需要结计本月发生额也不需要结计本年累计发生额的账户，可以只将每页末的余额结转次页。

第六十一条　实行会计电算化的单位，总账和明细账应当定期打印。发生收款和付款业务的，在输入收款凭证和付款凭证的当天必须打印出现金日记账和银行存款日记账，并与库存现金核对无误。

第六十二条　账簿记录发生错误，不准涂改、挖补、刮擦或者用药水消除字迹，不准重新抄写，必须按照下列方法进行更正：

（一）登记账簿时发生错误，应当将错误的文字或者数字画红线注销，但必须使原有字迹仍可辨认；然后在画线上方填写正确的文字或者数字，并由记账入员在更正处盖章。对于错误的数字，应当全部画红线更正，不得只更正其中的错误数字。对于文字错误，可只画去错误的部分。

（二）由于记账凭证错误而使账簿记录发生错误，应当按更正的记账凭证登记账簿。

第六十三条　各单位应当定期对会计账簿记录的有关数字与库存实物、货币资金、有价证券、往来单位或者个人等进行相互核对，保证账证相符、账账相符、账实相符。对账工作每年至少进行一次。

（一）账证核对。核对会计账簿记录与原始凭证、记账凭证的时间、凭证字号、内容、金额是否一致，记账方向是否相符。

（二）账账核对。核对不同会计账簿之间的账簿记录是否相符，包括：总账有关账户的余额核对，总账与明细账核对，总账与日记账核对，会计部门的财产物资明细账与财产物资保管和使用部门的有关明细账核对等。

（三）账实核对。核对会计账簿记录与财产等实有数额是否相符。包括：现金日记账账面余额与现金实际库存数相核对；银行存款日记账账面余额定期与银行对账单相核对；各种财物明细账账面余额与财物实存数额相核对；各种应收、应付款明细账账面余额与有关债务、债权单位或者个人核对等。

第六十四条　各单位应当按照规定定期结账。

（一）结账前，必须将本期内所发生的各项经济业务全部登记入账。

（二）结账时，应当结出每个账户的期末余额。需要结出当月发生额的，应当在摘要栏内注明“本月合计”字样，并在下面通栏画单红线。需要结出本年累计发生额的，应当在摘要栏内注明“本年累计”字样，并在下面通栏画单红线；12 月末的“本年累计”就是全年累计发生额。全年累计发生额下面应当通栏画双红线。年度终了结账时，所有总账账户都应当结出全年发生额和年末余额。

（三）年度终了，要把各账户的余额结转到下一会计年度，并在摘要栏注明“结转下年”字样；在下一会计年度新建有关会计账簿的第一行余额栏内填写上年结转的余额，并在摘要栏注明“上年结转”字样。

第四节　编制财务报告

第六十五条　各单位必须按照国家统一会计制度的规定，定期编制财务报告。财务报告包括会计报表及其说明。会计报表包括会计报表主表、会计报表附表、会计报表附注。

第六十六条　各单位对外报送的财务报告应当根据国家统一会计制度规定的格式和要求编制。单位内部使用的财务报告，其格式和要求由各单位自行规定。

第六十七条　会计报表应当根据登记完整、核对无误的会计账簿记录和其他有关资料编制，做到数字真实、计算准确、内容完整、说明清楚。任何人不得篡改或者授意、指使、强令他人篡改会计报表的有关数字。

第六十八条　会计报表之间、会计报表各项目之间，凡有对应关系的数字，应当相互一致。本期会计报表与上期会计报表之间有关的数字应当相互衔接。如果不同会计年度会计报表中各项目的内容和核算方法有变更的，应当在年度会计报表中加以说明。

第六十九条　各单位应当按照国家统一会计制度的规定认真编写会计报表附注及其说明，做到项目齐全，内容完整。

第七十条　各单位应当按照国家规定的期限对外报送财务报告。对外报送的财务报告，应当依次编定页码，加具封面，装订成册，加盖公章。封面上应当注明：单位名称，单位地址，财务报告所属年度、季度、月度，送出日期，并由单位领导人、总会计师、会计机构负责人、会计主管人员签名或者盖章。单位领导人对财务报告的合法性、真实性负法律责任。

第七十一条　根据法律和国家有关规定应当对财务报告进行审计的，财务报告编制单位应当先行委托注册会计师进行审计，并将注册会计师出具的审计报告随同财务报告按照规定的期限报送有关部门。

第七十二条　如果发现对外报送的财务报告有错误，应当及时办理更正手续。除更正本单位留存的财务报告外，并应同时通知接受财务报告的单位更正。错误较多的，应当重新编报。

第四章　会 计 监 督

第七十三条　各单位的会计机构、会计人员对本单位的经济活动进行会计监督。

第七十四条　会计机构、会计人员进行会计监督的依据是：

（一）财经法律、法规、规章；

（二）会计法律、法规和国家统一会计制度；

（三）各省、自治区、直辖市财政厅（局）和国务院业务主管部门根据《中华人民共和国会计法》和国家统一会计制度制定的具体实施办法或者补充规定；

（四）各单位根据《中华人民共和国会计法》和国家统一会计制度制定的单位内部会计管理制度；

（五）各单位内部的预算、财务计划、经济计划、业务计划。

第七十五条　会计机构、会计人员应当对原始凭证进行审核和监督。对不真实、不合法的原始凭证，不予受理。对弄虚作假、严重违法的原始凭证，在不予受理的同时，应当予以扣留，并及时向单位领导人报告，请求查明原因，追究当事人的责任。对记载不明确、不完整的原始凭证，予以退回，要求经办人员更正、补充。

第七十六条　会计机构、会计人员对伪造、变造、故意毁灭会计账簿或者账外设账行为，应当制止和纠正；制止和纠正无效的，应当向上级主管单位报告，请求作出处理。

第七十七条　会计机构、会计人员应当对实物、款项进行监督，督促建立并严格执行财产清查制度。发现账簿记录与实物、款项不符时，应当按照国家有关规定进行处理。超出会计机构、会计人员职权范围的，应当立即向本单位领导报告，请求查明原因，作出处理。

第七十八条　会计机构、会计人员对指使、强令编造、篡改财务报告行为，应当制止和纠正；制止和纠正无效的，应当向上级主管单位报告，请求处理。

第七十九条　会计机构、会计人员应当对财务收支进行监督。

（一）对审批手续不全的财务收支，应当退回，要求补充、更正。

（二）对违反规定不纳入单位统一会计核算的财务收支，应当制止和纠正。

（三）对违反国家统一的财政、财务、会计制度规定的财务收支，不予办理。

（四）对认为是违反国家统一的财政、财务、会计制度规定的财务收支，应当制止和纠正；制止和纠正无效的，应当向单位领导人提出书面意见请求处理。单位领导人应当在接到书面意见起十日内作出书面决定，并对决定承担责任。

（五）对违反国家统一的财政、财务、会计制度规定的财务收支，不予制止和纠正，又不向单位领导人提出书面意见的，也应当承担责任。

（六）对严重违反国家利益和社会公众利益的财务收支，应当向主管单位或者财政、审计、税务机关报告。

第八十条　会计机构、会计人员对违反单位内部会计管理制度的经济活动，应当制止和纠正；制止和纠正无效的，向单位领导人报告，请求处理。

第八十一条　会计机构、会计人员应当对单位制定的预算、财务计划、经济计划、业务计划的执行情况进行监督。

第八十二条　各单位必须依照法律和国家有关规定接受财政、审计、税务等机关的监督，如实提供会计凭证、会计账簿、会计报表和其他会计资料以及有关情况，不得拒绝、隐匿、谎报。

第八十三条　按照法律规定应当委托注册会计师进行审计的单位，应当委托注册会计师进行审计，并配合注册会计师的工作，如实提供会计凭证、会计账簿、会计报表和其他会计资料以及有关情况，不得拒绝、隐匿、谎报；不得示意注册会计师出具不当的审计报告。

第五章　内部会计管理制度

第八十四条　各单位应当根据《中华人民共和国会计法》和国家统一会计制度的规定，结合单位类型和内部管理的需要，建立健全相应的内部会计管理制度。

第八十五条　各单位制定内部会计管理制度应当遵循下列原则：

（一）应当执行法律、法规和国家统一的财务会计制度。

（二）应当体现本单位的生产经营、业务管理的特点和要求。

（三）应当全面规范本单位的各项会计工作，建立健全会计基础，保证会计工作的有序进行。

（四）应当科学、合理，便于操作和执行。

（五）应当定期检查执行情况。

（六）应当根据管理需要和执行中的问题不断完善。

第八十六条　各单位应当建立内部会计管理体系。主要内容包括：单位领导人、总会计师对会计工作的领导职责；会计部门及其会计机构负责人、会计主管人员的职责、权限；会计部门与其他职能部门的关系；会计核算的组织形式等。

第八十七条　各单位应当建立会计人员岗位责任制度。主要内容包括：会计人员的工作岗位设置；各会计工作岗位的职责和标准；各会计工作岗位的人员和具体分工；会计工作岗位轮换办法；对各会计工作岗位的考核办法。

第八十八条　各单位应当建立账务处理程序制度。主要内容包括：会计科目及其明细科目的设置和使用；会计凭证的格式、审核要求和传递程序；会计核算方法；会计账簿的设置；编制会计报表的种类和要求；单位会计指标体系。

第八十九条　各单位应当建立内部牵制制度。主要内容包括：内部牵制制度的原则；组织分工；出纳岗位的职责和限制条件；有关岗位的职责和权限。

第九十条　各单位应当建立稽核制度。主要内容包括：稽核工作的组织形式和具体分工；稽核工作的职责、权限；审核会计凭证和复核会计账簿、会计报表的方法。

第九十一条　各单位应当建立原始记录管理制度。主要内容包括：原始记录的内容和填制方法；原始记录的格式；原始记录的审核；原始记录填制人的责任；原始记录签署；传递、汇集要求。

第九十二条　各单位应当建立定额管理制度。主要内容包括：定额管理的范围；制定和修订定额的依据、程序和方法；定额的执行；定额考核和奖惩办法等。

第九十三条　各单位应当建立计量验收制度。主要内容包括：计量检测手段和方法；计量验收管理的要求；计量验收人员的责任和奖惩办法。

第九十四条　各单位应当建立财产清查制度。主要内容包括：财产清查的范围；财产清查的组织；财产清查的期限和方法；对财产清查中发现问题的处理办法；对财产管理人员的奖惩办法。

第九十五条　各单位应当建立财务收支审批制度。主要内容包括：财务收支审批人员和审批权限；财务收支审批程序；财务收支审批人员的责任。

第九十六条　实行成本核算的单位应当建立成本核算制度。主要内容包括：成本核算的对象；成本核算的方法和程序；成本分析等。

第九十七条　各单位应当建立财务会计分析制度。主要内容包括：财务会计分析的主要内容；财务会计分析的基本要求和组织程序；财务会计分析的具体方法；财务会计分析报告的编写要求等。

第六章　附　　则

第九十八条　本规范所称国家统一会计制度，是指由财政部制定、或者财政部与国务院有关部门联合制定、或者经财政部审核批准的在全国范围内统一执行的会计规章、准则、办法等规范性文件。本规范所称会计主管人员，是指不设置会计机构、只在其他机构中设置专职会计人员的单位行使会计机构负责人职权的人员。本规范第三章第二节和第三节关于填制会计凭证、登记会计账簿的规定，除特别指出外，一般适用于手工记账。实行会计电算化的单位，填制会计凭证和登记会计账簿的有关要求，应当符合财政部关于会计电算化的有关规定。

第九十九条　各省、自治区、直辖市财政厅（局）、国务院各业务主管部门可以根据本规范的原则，结合本地区、本部门的具体情况，制定具体实施办法，报财政部备案。

第一百条　本规范由财政部负责解释、修改。

第一百零一条　本规范自公布之日起实施。1984 年 4 月 24 日财政部发布的《会计人员工作规则》同时废止。

项目二

计算机会计综合实训

活动 1　明确计算机会计综合实训目的

通过计算机操作，使学生全面了解和掌握会计软件的工作流程、操作步骤和操作技巧，达到掌握运用计算机进行会计处理的目的。同时可将计算机操作产生的会计处理结果，与手工操作所产生的会计处理结果进行比较，以检验其操作的准确程度。

活动 2　了解计算机会计综合实训要求

一、实训要求

根据项目一链接 1 或项目二链接 2 实训资料创建账套、设置操作员、分配权限及录入基础信息；按照会计核算与管理的要求对相关系统进行参数设置；根据附录四经济业务原始凭证进行相关系统日常业务处理；期末进行对账、结账并编制财务报表。

本实训时间要求在 20～50 课时之间。

二、计算机会计综合实训步骤

（1）设置操作员及权限；
（2）建立账套；
（3）录入会计核算基础信息；
（4）设置总账辅助信息；
（5）录入期初余额；
（6）日常业务处理；
（7）期末业务处理；
（8）生成报表。

活动3　确定实训形式

形式一：实训开始后，组织每个学生独立完成本实训，包括期初资料的录入、记账凭证的编制、审核、记账、结账、会计报表的编制。

形式二：实训开始后，按照会计岗位进行分岗位实训，提高学生对会计电算化各工作岗位职责和处理权限的认识，培养学生团结协作的团队意识。

活动4　配齐计算机会计综合实训用具

进行实训的机房需配备软件：学校机房装有数据库和财务软件，本教材提供的答案、实训指导采用的是用友 ERP8.50 软件（需要配备 SQL Server 软件）。具体采用的财务软件取决于学校的实际情况。

实训所需会计资料：学生可以直接根据项目一资料和附录四经济业务原始凭证进行计算机会计处理，也可以根据项目一的手工会计账务处理档案直接录入财务软件完成本实训。

链接1　实训指导

一、系统初始化注意事项

初始化设置在整个账务处理中十分重要，它工作量大，在会计软件使用中最为繁杂。如果初始化设置得不详细，后面的工作则无法进行。初始化内容一般有：会计核算基础信息、总账辅助信息、期初余额。操作时根据所给的实训基础资料录入。需注意的事项如下。

1. 操作员及权限的设置

根据单位的情况（在实训中为河北阳光啤酒集团公司）设置系统管理员及操作人员的工作权限，权限的设置必须符合会计岗位中相互稽核的目的。同时，只有被赋予权限的操作员才可登录企业门户。

密码是分清操作员责任的重要依据，各操作员要及时定期更改密码，防止密码被盗用，若操作员忘记密码，可以让系统管理员在用户管理窗口进行修改。

在修改操作员时，操作员编号不能修改，若修改编号，只能在删除该操作员后重新增加操作员，操作员在其权限范围内对系统中某功能进行操作后不能删除，只能注销该操作员。

若系统有两个或两个以上的账套，在对操作员授权之前应选择其操作的账套。

2. 建立账套

若单位是首次使用会计核算软件，则需首先建立新的核算账套。账套由系统管理员根据单位实际情况设置，包括设置账套号与账套名称、账套路径、会计期间、单位的行业性质、编码方案、基础信息、数据精度、系统启用日期等。这些参数决定了系统内数据处理的方式及数据输入、输出形式，必须认真完成。

账套号是账套的编号，一旦建账后便不能修改，若想更改，只能删除该账套重新建账。

行业性质要选择“新会计制度科目”，因为此行业性质的会计科目一级编码为4位数（与目前施行的会计准则、会计制度中的编码级数一致），其他行业的一级编码为3位数。

最好不要选择“按行业性质预置科目”，因为系统预置的标准会计科目和本单位使用的会计科目可能不一致，而对预置会计科目的增加、修改、删除工作量较大，不如按会计资料逐项输入。

编码方案是设置各会计信息的编码规则，可以在建立账套、修改账套及企业门户中进行设置。

系统启用日期是该系统所需会计资料准备的截止日期，该日期可以与账套的启用日期相同，也可以滞后，但不能超前。

3. 选项参数

在初次使用总账系统前，需要由账套主管根据该企业实际情况在选项中进行设置，一般需要对制单控制和凭证控制做出设定。

“制单序时控制”和“系统编号”选项联用，制单时凭证编号必须按日期顺序排列，如果有特殊需要可以将其改为不序时制单。

为体验会计工作中稽核作用，建议不选择“允许、修改作废他人填制的凭证”选项。

若科目为应收款系统的受控科目，为了防止重复制单，只允许应收系统使用此科目进行制单，总账系统则不能使用此科目制单。若希望在总账系统中也能使用这些科目填制凭证，则应选择此项。其他系统的受控科目类似。

若要求现金、银行科目凭证必须由出纳人员核对签字后才能记账，则选择“出纳凭证必须经由出纳签字”。

4. 会计核算基础信息

会计科目的设置是总账初始化中最重要的一项工作，总账系统在使用前根据企业会计准则的规定，结合本企业实际情况设置会计科目。会计科目设置的内容包括：科目代码、科目名称、科目性质、账页格式、辅助核算等。

结算方式设置的主要目的是为了详细了解经营活动中每笔业务的结算情况。结算方式设置时应将企业需要使用的各种结算方式如：现金结算、支票结算、商业汇票结算、银行汇票结算等按照设定的编码方案进行整理、输入系统，以便在编制凭证时进行参照录入。结算方式设置的主要内容包括结算方式编码、结算方式名称、票据管理标志等。

凭证类别设置也是总账初始化中一项重要工作，由企业根据本单位需要对凭证进行分类。由于本实训的结果将要与手工账结果进行核对，因此，在此选择的凭证分类建议应与手工模拟实训中采用的凭证类别一致。

5. 总账辅助信息

在将会计科目设置了辅助核算要求后，若需进行部门、个人、客户、供应商、项目核算的，就要分别设置部门档案、职员档案、客户档案、供应商档案和项目目录，形成本单位总账的辅助信息档案。

部门档案设置就是按照设定好的编码方案输入部门编号及其信息，如部门编码、名称、负责人、部门属性等。部门负责人的录入须在添加完职员档案后，回到部门档案窗口修改设置。

职员档案设置就是对本单位与财务部有经济往来的职员列表，按照设定好的编码方案输入相关信息。包括职员编码、名称、所属部门及职员属性等。

客户档案和供应商档案设置是对本单位的客户和供应商按照设定好的编码方案输入这些单位的编码、名称等信息，以便在业务处理中进行详细管理。

项目目录设置是将具有相同特性的一类项目定义为一个项目大类，在该项目大类下设置其所属每一个项目的名称及其他信息，也可以在项目大类下先分小项目进行管理。

6. 期初余额

会计科目设置完毕后，录入余额之前，应先查看科目的余额方向，若方向不能修改，录入过程要以“–”数录入。在录入余额过程中，存在上下级关系的科目余额应从末级录入，上级根据下级自动计算得出；设置了辅助核算的须双击打开往来期初录入。余额录入完毕后，应注意进行试算平衡，使全部科目的借方余额等于贷方余额，总账的余额等于其所属明细账（或辅助账）的余额之和。

方向的调整方法：在录入余额之前，选中相应会计科目，单击标题栏的“方向”，按所给提示操作即可。

二、日常业务处理注意事项

1. 填制凭证

记账凭证是登记账簿的依据，要求直接在计算机上根据审核无误的原始凭证填制记账凭证。输入时应注意：

（1）首先为所填凭证选择正确的凭证类别；

（2）凭证的日期应在确保上一天的凭证全部输入的情况下，才能输入当天的凭证；

（3）会计科目必须输入到末级，若系统中预设的会计科目不够用，在填制凭证窗口，单击“编辑”按钮还可以增加会计科目；

（4）若会计科目有辅助账，必须同时输入辅助账的内容；

（5）注意空格键和等号键的灵活运用。

为提高凭证输入速度，对日常业务中要经常输入的相同会计凭证类型，可通过设置凭证选项和常用凭证来快速录入凭证。

当凭证出现错误时，可通过修改功能进行修改。未经审核的错误凭证可在填制凭证窗口直接修改，已审核的凭证应先取消审核后，再在填制凭证窗口进行修改。

若有非法凭证需要作废时，在填制凭证窗口的“制单”功能下选择“作废/恢复功能”即可。若不想保留作废凭证，在“制单”功能下选择“整理凭证”来完成。

在“填制凭证”窗口只能查询未记账凭证，而在“凭证查询”窗口既可查询未记账凭证也可查询已记账凭证。

本实训中可以在期末自动结转的是销售成本和期间损益，为避免重复生成凭证，每月只生成一次。在执行自动结转前，应先确保相关经济业务的记账凭证已登记入账，否则会出现数据金额错误。

2. 审核凭证

凭证录入完毕，要进行审核。审核的内容主要包括：所附原始凭证的业务内容是否与记账凭证相符，所使用的会计科目是否正确，辅助核算内容是否完整，金额是否一致，原始凭证的张数等。审核完毕，必须由审核员签字盖章。

审核时，在“重新注册”下更换操作员（出纳或审核员）。“出纳签字”与“凭证审核”没有先后之分。

审核发现记账凭证有错的，若是在记账前，可以用取消审核的功能，取消审核后进行修改。若已记账，必须用红字冲销法或补充登记法进行更正。

冲销凭证是在填制凭证窗口的“制单”功能下选择“冲销凭证”，按所给提示操作即可。

已标记作废的凭证不能被审核，也不能被标错。

如果出现出纳无法签字，则要检查是否已指定科目。

3. 记账

记账前必须进行数据备份，然后由有记账权限的操作员发出记账指令登记账簿。

遇到无法记账时，可能是由于学生未严格按照实训资料进行操作。因为资料要求系统的启用时间为2010.12.01，若在12月以前的月份启用，而填制12份的凭证，就会出现这样的结果。此时要对以前月份进行结账处理。

在实际记账过程中由于某些情况需要取消记账时，可在期末对账窗口，按“Ctrl+H”组合键，激活“恢复记账前状态”功能。此时会在凭证功能模块下出现“恢复记账前状态”选项，单击之后，选择“恢复”方式，完成取消记账操作。

4. 对账

对账是手工记账条件下保证账证相符、账账相符、账实相符的一种有效的工作方法。启用计算机记账后，只要记账凭证录入正确，相应的各种账簿应该是正确的。但由于各种客观原因，也可能导致账证、账账不符，因此有必要在月末结账前进行对账。操作步骤如下：

（1）在总账系统中，选择“期末”→“对账”，进入对账窗口。

（2）单击工具栏中“选择”按钮，选择对账期间。

（3）单击“对账”按钮，开始对账并显示对账结果。

（4）单击“试算”按钮，可以试算资产、负债是否平衡。

（5）单击“确定”退出。

当对账出现错误或记账有误，需要启动“恢复记账前状态”操作，进行检查、修改，直到对账正确。在总账系统中，选择“期末”菜单下“对账”，进入对账窗口，按“Ctrl+H”组合键激活“恢复记账前状态”功能。退出对账后，选择“凭证”菜单下“恢复记账前状态”，进入恢复记账前状态窗口。需注意，已结账月份不能进行“恢复记账前状态”操作。

5. 结账

结账是由有结账权限的操作员发出结账指令，系统得到结账信息后认为本月数据已处理完毕，自动把当月期末余额结转到下月，结转后不能再录入当月凭证，所以结账前应确保账簿记录的正确性。

完成结账时，如果提示“未通过工作检查不可以结账”，可单击“上一步”按钮，查看“月度工作报告”寻找原因。

若启用了其他系统，则总账系统结账工作必须在其他系统结账之后进行。

在完成结账操作后由于某些情况必须取消结账时，可在期末结账窗口，选择要取消结账的月份，按“Ctrl+Shift+F6”组合键，即可取消结账。

三、报表生成注意事项

（1）在格式状态下设置报表的格式（包括报表的尺寸、行高列宽、组合单元、设置单元属性、关键字等），只能显示报表的格式，不能显示数据。

（2）设置报表的行数应包括报表表头、表体和表尾。行数和列数设置以后，若发现少设，在格式状态下可通过选择“编辑”插入或追加行与列完成；若发现多设，在格式状态下通过“编辑”删除行与列。在设置了行高及列宽后，若觉得不合适，可以直接用鼠标拖动行线及列线调整行高及列宽。

（3）在输入报表内容时，单位名称及日期一般不需输入，UFO 报表一般将其设置为关键字，用设置关键字的方法设置。关键字只能在格式状态下设置，在数据状态下录入。关键字在设置后可能会重叠在一起，可以通过设置关键字的偏移来错开，负数表示向左移，正数表示向右移。

（4）单元公式在输入时，凡是涉及加、减等数学符号的均须输入英文半角字符。所录入的公式必须符合公式的模式，否则会被系统判定为公式错误。

（5）在数据状态下计算报表的数据，能同时显示报表的格式和数据。

打开自制资产负债表及利润表应在进入会计报表系统之后。打开之后，自动进入数据处理状态，屏幕左下角显示“数据”。

链接 2　实训资料

一、初始化资料

1. 设置操作员及权限

据表 2.1 所示内容设置操作员及权限。

表 2.1　操作员及权限明细表

编码	姓名	权　限	编码	姓名	权　限
101	孙丽丽	账套主管	103	郑祥林	填制凭证、转账公式定义及转账生成
102	李芳芳	出纳签字和出纳所有权限	104	周宏伟	审核凭证、记账及结账

2. 账套信息

河北阳光啤酒集团有限公司（简称：阳光啤酒集团，账套号：888），2010 年 11 月 30 日前手工操作，2010 年 12 月 1 日实现会计电算化，执行新会计制度。记账本位币为人民币（RMB）。对数量、单价等核算时取小数位为 2。

经营地址：河北省万春市春江路 8008 号；法定代表人：赵立强；联系电话及传真：89798969；税务登记号：1306 2004 1011 029；开户银行：中国农业银行万春市支行；账号：0145 2528 3434 2333 022。

进行经济业务处理时，需要对存货、客户进行分类，没有外币业务。

客户分类编码级次：122。

存货分类编码级次：122。

部门编码级次：22。

结算方式编码级次：12。

会计科目编码级次：42222。

3. 部门档案

部门档案见表 2.2。

表 2.2　部门档案

部门编码	部门名称	负责人	部门属性	部门编码	部门名称	负责人	部门属性
01	董事会	赵立强	管理部门	06	品控部	赵涛	质量管理
02	经理层	钱二国	管理部门	07	销售部	赵建	销售管理
03	财务部	孙丽丽	财务管理	08	物流部	李东	运输管理
04	酿造部	李强	生产管理	09	行政部	孙兵	综合管理
05	包装部	周立强	包装管理	10	工程部	钱刚强	工程管理

4. 职员档案

职员档案见表2.3。

表2.3 职员档案

职员编码	职员名称	所属部门	职员属性	职员编码	职员名称	所属部门	职员属性
101	赵立强	董事会	董事长	114	赵丽	品控部	报账员
102	钱二国	经理层	总经理	115	赵建	销售部	经理兼南方区域经理
103	孙丽丽	财务部	经理	116	赵海	销售部	华东区域经理
104	李芳芳	财务部	出纳	117	郑伟林	销售部	华北区域经理
105	郑祥林	财务部	会计				
106	周宏伟	财务部	主管会计	118	李东	物流部	经理
107	李强	酿造部	经理	119	李勤	物流部	采购
108	李红	酿造部	领料员	120	周丽影	物流部	库管员
109	李刚	酿造部	报账员	121	孙兵	行政部	经理
110	周立强	包装部	经理	122	孙梅	行政部	职员
111	李莉	包装部	领料员	123	孙亮	行政部	车队负责人
112	周芳芳	包装部	报账员	124	钱刚强	工程部	经理
113	赵涛	品控部	经理	125	钱美丽	工程部	报账员

5. 结算方式

结算方式见表2.4。

表2.4 结算方式

编码	结算方式	票据管理标志	编码	结算方式	票据管理标志
1	现金结算		301	商业承兑汇票	√
2	支票	√	302	银行承兑汇票	√
201	现金支票	√	4	银行汇票	√
202	转账支票	√	5	其他	
3	商业汇票	√			

6. 凭证类别

凭证类别见表2.5。

表2.5 凭证类别

类型	限制类型	限制科目	类型	限制类型	限制科目
通用记账凭证			付款凭证	贷方必有	1001，1002
收款凭证	借方必有	1001，1002	转账凭证	凭证必无	1001，1002

7. 客户分类和客户档案

客户分类和客户档案见表2.6。

表2.6　客户分类和客户档案

分类编码	分类名称	客户名称	分类编码	分类名称	客户名称
1	东北经济协作区		301	上海	上海代理商
101	辽宁		302	山东	济南代理商
102	吉林		4	中南经济协作区	
2	华北经济协作区		401	河南	
201	北京	北京代理商	402	广东	广州代理商
202	天津	天津代理商	5	西南经济协作区	
203	河北	石家庄代理商	501	四川	
3	华东经济协作区		502	云南	

8. 存货分类

存货分类见表2.7。

表2.7　存货分类

存货分类编码	存货分类名称	存货分类编码	存货分类名称
1	原材料	201	包装物
101	原料及主要材料	202	低值易耗品
102	辅助材料	3	库存商品
2	周转材料		

9. 存货档案

存货档案见表2.8。

表2.8　存货档案

存货编号	所属分类码	存货名称	计量单位	存货编号	所属分类码	存货名称	计量单位
001	101	麦芽	吨	009	201	胶带	卷
002	101	大米	吨	010	201	塑料周转箱	个
003	102	啤酒花	吨	011	202	润滑油	千克
004	201	纸质包装箱	个	012	202	工作服	套
005	201	纯生啤酒瓶	个	013	202	工作鞋	双
006	201	普通啤酒瓶	个	014	202	手套	双
007	201	啤酒盖	个	015	3	纯生瓶装啤酒	吨
008	201	商标标签	个	016	3	普通瓶装啤酒	吨

10. 项目档案

项目档案见表2.9。

表 2.9　项目档案

项目目录 / 核算科目	项目大类：生产成本			
	自行生产成本		委托加工成本	
	101 纯生瓶装啤酒	102 普通瓶装啤酒		
5001　生产成本				
500101 直接材料				
500102 直接人工				
500103 制造费用				
500104 其他直接支出				

11. 供应商档案

供应商档案见表 2.10。

表 2.10　供应商档案

分类编码	供应商名称	分类编码	供应商名称
01	济南广发麦芽厂	04	自来水公司
02	北京利发啤酒物资供应公司	05	供电公司
03	济南纸箱厂		

12. 选项参数

凭证制单时，采用序时控制；进行支票管理与资金及往来赤字控制；客户往来款项和供应商往来款项在总账系统核算；不可修改他人填制的凭证；由出纳填制的凭证必须经出纳签字。

账簿打印位数每页打印行数按软件的标准设定；明细账查询控制到科目；明细账打印按年排页；部门、个人、项目按编码方式排序。

二、会计科目设置及期初余额列表

会计科目设置及期初余额列表见表 2.11～表 2.16。

表 2.11　会计科目设置及期初余额列表

级次	科目编码	科目名称	数量	辅助账类型	账页格式	方向	余额
		一、资产类					
1	1001	库存现金		日记账	金额式	借	35 000.00
1	1002	银行存款		日记账	金额式	借	36 642 690.52
1	1012	其他货币资金			金额式	借	1 528 800.00
2	101201	银行汇票存款			金额式	借	
2	101202	银行本票存款			金额式	借	
2	101203	外埠存款			金额式	借	
2	101204	存出投资款			金额式	借	1 528 800.00

续表

级次	科目编码	科 目 名 称	数量	辅助账类型	账页格式	方向	余 额
1	1101	交易性金融资产			金额式	借	2 500 000.00
2	110101	成本			金额式	借	2 500 000.00
3	11010101	黄河科技公司			金额式	借	1 000 000.00
3	11010102	长江电力公司			金额式	借	1 500 000.00
3	11010103	银河科技股票			金额式	借	
2	110102	公允价值变动			金额式	借	
3	11010201	黄河科技公司			金额式	借	
3	11010202	长江电力公司			金额式	借	
3	11010203	银河科技股票			金额式	借	
1	1121	应收票据		客户往来	金额式	借	9 828.00
1	1122	应收账款		客户往来	金额式	借	2 702 000.00
1	1123	预付账款		供应商往来	金额式	借	
1	1131	应收股利			金额式	借	
2	113101	海河公司			金额式	借	
1	1132	应收利息			金额式	借	13 200.00
2	113201	国债利息			金额式	借	13 200.00
1	1221	其他应收款		个人往来	金额式	借	45 000.00
1	1231	坏账准备			金额式	贷	8 106.00
1	1402	在途物资			金额式	借	
1	1403	原材料			金额式	借	2 420 000.00
2	140301	原料及主要材料			金额式	借	2 220 000.00
3	14030101	麦芽	400 吨		数量金额式	借	1 800 000.00
3	14030102	大米	200 吨		数量金额式	借	420 000.00
2	140302	辅助材料			金额式	借	200 000.00
3	14030201	啤酒花	4 吨		数量金额式	借	200 000.00
1	1405	库存商品			金额式	借	7 760 000.00
2	140501	纯生瓶装啤酒	1 000 吨		数量金额式	借	3 200 000.00
2	140502	普通瓶装啤酒	3 000 吨		数量金额式	借	4 560 000.00
1	1411	周转材料			金额式	借	1 396 220.00
2	141101	包装物			金额式	借	1 378 000.00
3	14110101	纸质包装箱	50 000 个		数量金额式	借	100 000.00
3	14110102	纯生啤酒瓶	300 000 个		数量金额式	借	270 000.00
3	14110103	普通啤酒瓶	800 000 个		数量金额式	借	560 000.00
3	14110104	啤酒盖	1 100 000 个		数量金额式	借	33 000.00
3	14110105	商标标签	1 100 000 个		数量金额式	借	55 000.00

续表

级次	科目编码	科 目 名 称	数量	辅助账类型	账页格式	方向	余 额
3	14110106	胶带	5000 卷		数量金额式	借	10 000.00
3	14110107	塑料周转箱	10000 个		数量金额式	借	350 000.00
2	141102	低值易耗品			金额式	借	18 220.00
3	14110201	润滑油	40 千克		数量金额式	借	320.00
3	14110202	工作服	100 套		数量金额式	借	10 000.00
3	14110203	工作鞋	50 双		数量金额式	借	7 500.00
3	14110204	手套	200 双		数量金额式	借	400.00
1	1471	存货跌价准备			金额式	贷	
1	1501	持有至到期投资			金额式	借	200 000.00
1	1511	长期股权投资			金额式	借	4 500 000.00
2	151101	成本			金额式	借	4 500 000.00
3	15110101	海河公司			金额式	借	4 500 000.00
3	15110102	永兴股份有限公司			金额式	借	
2	151102	损益调整			金额式	借	
1	1521	投资性房地产			金额式	借	1 500 000.00
2	152101	房屋			金额式	借	1 500 000.00
1	1601	固定资产			金额式	借	607 413 000.00
2	160101	房屋、建筑物			金额式	借	382 195 000.00
3	16010101	办公楼			金额式	借	100 000 000.00
3	16010102	厂房			金额式	借	246 190 000.00
3	16010104	仓库			金额式	借	36 005 000.00
2	160102	生产经营用机器设备			金额式	借	217 836 000.00
3	16010201	主要生产设备			金额式	借	210 036 000.00
3	16010204	其他经营设备			金额式	借	7 800 000.00
2	160103	运输设备			金额式	借	6 000 000.00
3	16010301	叉车			金额式	借	3 000 000.00
3	16010302	轿车			金额式	借	3 000 000.00
2	160104	办公设备			金额式	借	900 000.00
3	16010401	笔记本电脑			金额式	借	150 000.00
3	16010402	台式电脑			金额式	借	750 000.00
2	160105	家具			金额式	借	482 000.00
3	16010501	文件柜			金额式	借	32 000.00
3	16010502	办公桌			金额式	借	400 000.00
3	16010503	办公椅			金额式	借	50 000.00
1	1602	累计折旧			金额式	贷	278 281 848.61

续表

级次	科目编码	科目名称	数量	辅助账类型	账页格式	方向	余额
1	1603	固定资产减值准备			金额式	贷	
1	1604	在建工程			金额式	借	
2	160401	生产线			金额式	借	
1	1605	在建工程减值准备			金额式	贷	
1	1606	固定资产清理			金额式	借	
1	1701	无形资产			金额式	借	244 620 000.00
2	170101	土地使用权			金额式	借	240 000 000.00
2	170102	商标权			金额式	借	3 600 000.00
2	170103	专利权			金额式	借	1 020 000.00
1	1702	累计摊销			金额式	贷	46 919 500.00
2	170201	土地使用权			金额式	贷	42 800 000.00
2	170202	商标权			金额式	贷	3 210 000.00
2	170203	专利权			金额式	贷	909 500.00
1	1703	无形资产减值准备			金额式	贷	
1	1704	投资性房地产累计折旧（摊销）			金额式	贷	395 675.00
1	1815	未确认融资费用			金额式	借	
1	1901	长期待摊费用			金额式	借	
1	1911	待处理财产损溢			金额式	借	
2	191101	待处理流动资产损溢			金额式	借	
2	191102	待处理固定资产损溢			金额式	借	
		二、负债类					
1	2001	短期借款			金额式	贷	1 200 000.00
2	200101	流动资金借款			金额式	贷	1 200 000.00
1	2201	应付票据		供应商往来	金额式	贷	
1	2202	应付账款		供应商往来	金额式	贷	11 148 800.00
1	2203	预收账款			金额式	贷	
2	220301	宝华饭店			金额式	贷	
2	220302	石家庄光明啤酒厂			金额式	贷	
1	2211	应付职工薪酬			金额式	贷	3 404 100.00
2	221101	工资			金额式	贷	2 100 000.00
2	221102	职工福利			金额式	贷	
2	221103	养老保险			金额式	贷	420 000.00
2	221104	失业保险			金额式	贷	42 000.00
2	221105	工伤保险			金额式	贷	21 000.00
2	221106	医疗保险			金额式	贷	157 500.00

续表

级次	科目编码	科目名称	数量	辅助账类型	账页格式	方向	余额
2	221107	生育保险			金额式	贷	12 600.00
2	221108	公积金			金额式	贷	210 000.00
2	221109	职工教育经费			金额式	贷	
2	221110	工会经费			金额式	贷	42 000.00
2	221111	非货币性福利			金额式	贷	
1	2221	应交税费			金额式	贷	6 506 150.00
2	222101	应交增值税			金额式	贷	
3	22210101	进项税额			金额式	贷	
3	22210102	已交税金			金额式	贷	
3	22210103	转出未交增值税			金额式	贷	
3	22210105	销项税额			金额式	贷	
3	22210107	进项税额转出			金额式	贷	
3	22210109	转出多交增值税			金额式	贷	
2	222102	未交增值税			金额式	贷	1 000 000.00
2	222103	应交营业税			金额式	贷	
2	222104	应交消费税			金额式	贷	2 000 000.00
2	222105	应交教育费附加			金额式	贷	90 000.00
2	222106	应交城市维护建设税			金额式	贷	210 000.00
2	222108	应交房产税			金额式	贷	
2	222109	应交土地使用税			金额式	贷	
2	222110	应交车船使用税			金额式	贷	
2	222111	应交所得税			金额式	贷	3 200 000.00
2	222112	应交个人所得税			金额式	贷	6 150.00
1	2231	应付利息			金额式	贷	65 000.00
2	223101	短期借款利息			金额式	贷	10 000.00
2	223102	长期借款利息			金额式	贷	55 000.00
1	2232	应付股利			金额式	贷	
2	223201	长江公司			金额式	贷	
2	223202	黄河公司			金额式	贷	
1	2241	其他应付款			金额式	贷	
2	224101	社会保险费			金额式	贷	399 000.00
3	22410101	养老保险			金额式	贷	168 000.00
3	22410102	失业保险			金额式	贷	21 000.00
3	22410103	医疗保险			金额式	贷	42 000.00
3	22410104	公积金			金额式	贷	168 000.00
1	2501	长期借款			金额式	贷	10 000 000.00
1	2502	应付债券			金额式	贷	
1	2701	长期应付款			金额式	贷	
1	2711	专项应付款			金额式	贷	
1	2801	预计负债			金额式	贷	

续表

级次	科目编码	科 目 名 称	数量	辅助账类型	账页格式	方向	余 额
1	2901	递延所得税负债			金额式	贷	
		四、所有者权益类					
1	4001	实收资本（或股本）			金额式	贷	150 000 000.00
2	400101	长江公司			金额式	贷	120 000 000.00
2	400102	黄河公司			金额式	贷	30 000 000.00
2	400103	永华公司			金额式	贷	
2	400104	永浩公司			金额式	贷	
1	4002	资本公积			金额式	贷	.
2	400101	资本（或股本）溢价			金额式	贷	
2	400102	其他资本公积			金额式	贷	
1	4101	盈余公积			金额式	贷	47 400 000.00
2	410101	法定盈余公积			金额式	贷	47 400 000.00
2	410102	任意盈余公积			金额式	贷	
1	4103	本年利润			金额式	贷	197 282 091.00
1	4104	利润分配			金额式	贷	170 114 467.91
2	410401	提取法定盈余公积			金额式	贷	
2	410402	应付普通股股利			金额式	贷	
2	410403	未分配利润			金额式	贷	170 114 467.91
		五、成本类					
1	5001	生产成本			金额式	借	9 440 000.00
2	500101	直接材料		项目核算	金额式	借	6 780 000.00
2	500102	直接人工		项目核算	金额式	借	500 000.00
2	500103	制造费用		项目核算	金额式	借	1 800 000.00
2	500104	其他直接支出		项目核算	金额式	借	360 000.00
1	5102	辅助生产成本			金额式	借	
2	500201	人工费		部门核算	金额式	借	
2	500202	材料费		部门核算	金额式	借	
2	500203	折旧费		部门核算	金额式	借	
2	500204	办公费		部门核算	金额式	借	
2	500205	其他		部门核算	金额式	借	
1	5101	制造费用			金额式	借	
2	510101	人工费		部门核算	金额式	借	
2	510102	材料费		部门核算	金额式	借	
2	510103	折旧费		部门核算	金额式	借	
2	510104	办公费		部门核算	金额式	借	

续表

级次	科目编码	科目名称	数量	辅助账类型	账页格式	方向	余额
2	510105	其他		部门核算	金额式	借	
1	5201	劳务成本			金额式	借	
1	5301	研发支出			金额式	借	
		六、损益类					
1	6001	主营业务收入			金额式	贷	
2	600101	纯生啤酒			数量金额式	贷	
2	600102	普通啤酒			数量金额式	贷	
1	6051	其他业务收入			金额式	贷	
2	605101	租金收入			金额式	贷	
2	605102	转让无形资产			金额式	贷	
2	605103	其他收入			金额式	贷	
1	6101	公允价值变动损益			金额式	贷	
1	6111	投资收益			金额式	贷	
1	6301	营业外收入			金额式	贷	
2	630101	罚款收入			金额式	贷	
2	630102	固定资产清理收益			金额式	贷	
2	630103	其他收入			金额式	贷	
1	6401	主营业务成本			金额式	借	
2	640101	纯生瓶装啤酒			金额式	借	
2	640102	普通瓶装啤酒			金额式	借	
1	6402	其他业务成本			金额式	借	
1	6403	营业税金及附加			金额式	借	
1	6601	销售费用			金额式	借	
2	660101	差旅费			金额式	借	
2	660102	业务招待费			金额式	借	
2	660103	运费			金额式	借	
2	660104	福利费			金额式	借	
2	660105	工会经费			金额式	借	
2	660106	工资			金额式	借	
2	660107	五险一金			金额式	借	
2	660108	折旧			金额式	借	
2	660109	电话费			金额式	借	
2	660110	其他			金额式	借	
2	660111	广告费			金额式	借	
1	6602	管理费用			金额式	借	
2	660201	交通费		部门核算	金额式	借	

续表

级次	科目编码	科目名称	数量	辅助账类型	账页格式	方向	余额
2	660202	差旅费		部门核算	金额式	借	
2	660203	业务招待费		部门核算	金额式	借	
2	660204	电话费		部门核算	金额式	借	
2	660205	办公费		部门核算	金额式	借	
2	660206	折旧		部门核算	金额式	借	
2	660207	其他		部门核算	金额式	借	
2	660208	福利费		部门核算	金额式	借	
2	660209	工资		部门核算	金额式	借	
1	6603	财务费用			金额式	借	
2	660301	手续费			金额式	借	
2	660302	利息费			金额式	借	
1	6701	资产减值损失			金额式	借	
1	6711	营业外支出			金额式	借	
2	671101	非常损失			金额式	借	
2	671102	公益性捐赠支出			金额式	借	
2	671103	罚款支出			金额式	借	
2	671104	赞助等支出			金额式	借	
2	671105	其他支出			金额式	借	
1	6801	所得税费用			金额式	借	
1	6901	以前年度损益调整			金额式	借	

表 2.12　生产成本明细科目期初余额

（单位：元/吨）

项　目	直接材料	直接人工	制造费用	其他直接支出	在产品成本
阳光牌纯生瓶装啤酒	4 300 000.00	300 000.00	1 600 000.00	200 000	6 400 000
阳光牌普通瓶装啤酒	2 480 000.00	200 000.00	200 000.00	160 000	3 040 000
合　计	6 780 000.00	500 000.00	1 800 000.00	360 000.00	9 440 000

表 2.13　客户往来期初余额

会计科目：应收账款　　2010 年 11 月 30 日　　第 1 页

分类编码	客户名称	方　向	期初余额（元）	备　注
402	广州代理商	借	1 000 000.00	销售
301	上海代理商	借	1 000 000.00	销售
202	天津代理商	借	421 200.00	销售
201	北京代理商	借	280 800.00	销售
	合　计		2 702 000.00	

表 2.14　客户往来期初余额

会计科目：应收票据　　2010 年 11 月 30 日　　第 1 页

分类编码	客户名称	方　向	期初余额（元）	备　注
302	济南代理商	借方	9 828.00	销售

表 2.15　供应商往来期初余额

会计科目：应付账款　　2010 年 11 月 30 日　　第 1 页

分类编码	客户名称	方　向	期初余额（元）	备　注
01	济南广发麦芽厂	贷	3 600 000.00	购进
02	北京利发啤酒物资供应公司	贷	6 400 000.00	购进
03	济南纸箱厂	贷	100 000.00	购进
04	自来水公司	贷	436 800.00	购进
05	供电公司	贷	612 000.00	购进
	合　计		11 148 800.00	

表 2.16　个人往来期初余额

会计科目：其他应收款　　2010 年 11 月 30 日　　第 1 页

分类编码	客户名称	方　向	期初余额（元）	备　注
115	赵建	借	20 000.00	出差借款
116	赵海	借	10 000.00	出差借款
119	李勤	借	10 000.00	出差借款
118	李东	借	5 000.00	出差借款
	合　计		45 000.00	

链接 3　会计电算化工作规范

会计电算化工作规范

财会字〔1996〕17 号

第一章　总　　则

一、为了指导和规范基层单位会计电算化工作，推动会计电算化事业的健康发展，根据《中华人民共和国会计法》和《会计电算化管理办法》的规定，特制定本规范。

各企业、行政、事业单位（简称各单位）可根据本规范的要求，制定本单位会计电算化实施工作的具体方案，搞好会计电算化工作。各级财政部门和业务主管部门可根据本规范，对基层单位开展会计电算化工作进行指导。

二、会计电算化是会计工作的发展方向，各级领导都应当重视这一工作。大中型企业、事业单位和县级以上国家机关都应积极创造条件，尽早实现会计电算化；其他单位也应当逐步创造条件，适时开展会计电算化工作。

三、开展会计电算化工作，是促进会计基础工作规范化和提高经济效益的重要手段和有效措施。各单位要把会计电算化作为建立现代企业制度和提高会计工作质量的一项重要工作来抓。

四、会计电算化是一项系统工程，涉及单位内部各个方面，各单位负责人或总会计师应当亲自组织领导会计电算化工作，主持拟定本单位会计电算化工作规划，协调单位内各部门共同搞好会计电算化工作。

各单位的财务会计部门，是会计电算化工作的主要承担者，在各部门的配合下，财务会计部门负责和承担会计电算化的具体组织实施工作，负责提出实现本单位会计电算化的具体方案。

五、各单位开展会计电算化工作，可根据本单位具体情况，按照循序渐进、逐步提高的原则进行。例如：可先实现账务处理、报表编制、应收应付账款核算、工资核算等工作电算化，然后实现固定资产核算、存货核算、成本核算、销售核算等工作电算化，再进一步实现财务分析和财务管理工作电算化；在技术上，可先采用微机单机运行，然后逐步实现网络化。也可根据单位实际情况，先实现工作量大、重复劳动多、见效快项目的电算化，然后逐步向其他项目发展。

六、各单位要积极支持和组织本单位会计人员分期分批进行会计电算化知识培训，逐步使多数会计人员掌握会计软件的基本操作技能；具备条件的单位，使一部分会计人员能够负责会计软件的维护，并培养部分会计人员逐步掌握会计电算化系统分析和系统设计工作。对于积极钻研电算化业务，技术水平高的会计人员，应该给予物质和精神奖励。

七、开展会计电算化工作的集团企业，应当加强集团内各单位会计电算化工作的统筹规划，在各单位实现会计电算化的基础上，逐步做到报表汇总或合并报表编制工作的电算化，并逐步向集团网络化方向发展。

八、会计电算化工作应当讲求效益原则，处理好及时采用新技术和新设备与勤俭节约的关系，既不要盲目追求采用最新技术和先进设备，也不要忽视技术的发展趋势，造成设备很快陈旧过时。对于一些投资大的会计电算化项目，有关部门应当加强监督指导。

九、各级财政部门应加强对基层单位会计电算化工作的指导，在硬软件选择、建立会计电算化内部管理制度方面，积极提出建议，帮助基层单位解决工作中遇到的困难，使会计电算化工作顺利进行。

十、会计电算化工作取得一定成果的单位，要研究并逐步开展其他管理工作电算化或与其他管理信息系统联网工作，逐步建立以会计电算化为核心的单位计算机管理信息系统，做到单位内部信息资源共享，充分发挥会计电算化在单位经营管理中的作用。

第二章　配备电子计算机和会计软件

一、电子计算机和会计软件是实现会计电算化的重要物质基础，各单位可根据实际情况和今后的发展目标，投入一定的财力，以保证会计电算化工作的正常进行。

二、各单位应根据实际情况和财力状况，选择与本单位会计电算化工作规划相适应的计算机机种、机型和系统软件及有关配套设备。实行垂直领导的行业、大型企业集团，在选择计算机机种、机型和系统软件及有关配套设备时，应尽量做到统一，为实现网络化打好基础。

具备一定硬件基础和技术力量的单位，可充分利用现有的计算机设备建立计算机网络，做到信息资源共享和会计数据实时处理。客户机／服务器体系具有可扩充性强、性能／价格比高、应用软件开发周期短等特点，大中型企事业单位可逐步建立客户机／服务器网络结构；采用终端／主机结构的单位，也可根据自身情况，结合运用客户机／服务器结构。

三、由于财务会计部门处理的数据量大，数据结构复杂、处理方法要求严格和安全性要求高，各单位用于会计电算化工作的电子计算机设备，应由财务会计部门管理，硬件设备比较多的单位，财务会计部门可单独设立计算机室。

四、配套会计软件是会计电算化的基础工作，选择会计软件的好坏对会计电算化的成败起着关键性的作用。配备会计软件主要有选择通用会计软件、定点开发、通用与定点开发会计软件相结合三种方式，各单位应根据实际需要和自身的技术力量选择配备会计软件的方式。

1. 各单位开展会计电算化初期应尽量选择通用会计软件。选择通用会计软件的投资少，见效快，在软件开发或服务单位的协助下易于应用成功。选择通用会计软件应注意软件的合法性、安全性、正确性、可扩充性和满足审计要求等方面的问题，以及软件服务的便利，软件的功能应该满足本单位当前的实际需要，并考虑到今后工作发展的要求。

各单位应选择通过财政部或省、自治区、直辖市以及通过财政部批准具有商品化会计软件评审权的计划单列市财政厅（局）评审的商品化会计软件，在本行业内也可选择国务院业务主管部门推广应用的会计软件。小型企业、事业单位和行政机关的会计业务相对比较简单，应以选择投资较少的微机通用会计软件为主。

2. 定点开发会计软件包括本单位自行开发、委托其他单位开发和联合开发三种形式。大中型企业、事业单位会计业务一般都有其特殊需要，在取得一定会计电算化工作经验以后，也可根据实际工作需要选择定点开发的形式开发会计软件，以满足本单位的特殊需要。

3. 会计电算化初期选择通用会计软件，会计电算化工作深入后，通用会计软件不能完全满足其特殊需要的单位，可根据实际工作需要适时配合通用会计软件定点开发配套的会计软件，选择通用会计软件与定点开发会计软件相结合的方式。

五、配套会计软件要与计算机硬件的配置相适应，可逐步从微机单用户会计软件，向网络会计软件、客户机／服务器会计软件发展。

六、配备的会计软件应达到财政部《会计核算软件基本功能规范》的要求，满足本单位的实际工作需要。

七、会计核算电算化成功的单位，应充分利用现有数据进行会计分析和预测，除了选择通用会计分析软件，或定点开发会计分析软件外，还可选择通用表处理软件对数据进行分析。

八、部分需要选用外国会计软件的外商投资企业或其他单位，可选用通过财政部评审的外国商品化会计软件。选用未通过财政部评审在我国试用的外国会计软件，应确认其符合我国会计准则、会计制度和有关规章制度，具有中文界面和操作使用手册，能够按照我国统一会计制度要求，打印输出中文会计账证表，符合我国会计人员工作习惯，其经销单位具有售后服务能力。

第三章　替代手工记账

一、采用电子计算机替代手工记账，是指应用会计软件输入会计数据，由电子计算机对会计数据进行处理，并打印输出会计账簿和报表。替代手工记账是会计电算化的目标之一。

二、替代手工记账的单位，应具备以下条件：

1. 配备了适用的会计软件和相应的计算机硬件设备；
2. 配备了相应的会计电算化工作人员；
3. 建立了严格的内部管理制度。

三、具备条件的单位应尽快采用计算机替代手工记账。替代手工记账之前，地方单位应根据当地省、自治区、直辖市、计划单列市财政厅（局）的规定，中央直属单位应根据国务院业务主管部门的规定，计算机与手工并行三个月以上（一般不超过六个月)，且计算机与手工核算的数据相一致，并应接受有关部门的监督。

四、替代手工记账的过程是会计工作从手工核算向电算化核算的过渡阶段，由于计算机与手工并行工作，会计人员的工作强度比较大，各单位需要合理安排财务会计部门的工作，提高工作效率。

五、计算机与手工并行工作期间，可采用计算机打印输出的记账凭证替代手工填制的记账凭证，根据有关规定进行审核并装订成册，作为会计档案保存，并据以登记手工账簿。如果计算机与手工核算结果不一致，要由专人查明原因并向本单位领导书面报告。

六、记账凭证的类别，可以采用一种记账凭证或收、付、转三种凭证的形式；也可以在收、付、转三种凭证的基础上，按照经济业务和会计软件功能模块的划分进一步细化，以方便记账凭证的输入和保存。

七、计算机内会计数据的打印输出和保存是替代手工记账单位的重要工作，根据会计电算化的特点，各单位应注意以下问题：

1. 采用电子计算机打印输出书面会计凭证、账簿、报表的，应当符合国家统一会计制度的要求，采用中文或中外文对照，字迹清晰，作为会计档案保存，保存期限按《会计档案管理办法》的规定执行。

2. 在当期所有记账凭证数据和明细分类账数据都存储在计算机内的情况下，总分类账可以从这些数据中产生，因此可以用“总分类账户本期发生额及余额对照表”替代当期总分类账。

3. 现金日记账和银行存款日记账的打印，由于受到打印机条件的限制，可采用计算机打印输出的活页账页装订成册，要求每天登记并打印，每天业务较少、不能满页打印的，可按旬打印输出。一般账簿可以根据实际情况和工作需要按月或按季、按年打印；发生业务少的账簿，可满页打印。

4. 在保证凭证、账簿清晰的条件下，计算机打印输出的凭证、账簿中表格线可适当减少。

八、采用磁带、磁盘、光盘、微缩胶片等介质存储会计账簿、报表，作为会计档案保存的单位，应满足以下要求：

1. 采用磁带、磁盘、光盘、微缩胶片等介质存储会计数据，不再定期打印输出会计账簿，应征得同级财政部门的同意。

2. 保存期限同打印输出的书面形式的会计账簿、报表。

3. 记账凭证、总分类账、现金日记账和银行存款账日记账仍需要打印输出，还要按照有关税务、审计等管理部门的要求，及时打印输出有关账簿、报表。

4. 大中型企业应采用磁带、光盘、微缩胶片等介质存储会计数据，尽量少采用软盘存储会计档案。

九、替代手工记账后，各单位应做到当天发生业务，当天登记入账，期末及时结账并打印输出会计报表；要灵活运用计算机对数据进行综合分析，定期或不定期地向单位领导报告主要财务指标和分析结果。

第四章　建立会计电算化内部管理制度

一、开展会计电算化的单位应根据工作需要，建立健全包括会计电算化岗位责任制、会计电算化操作管理制度、计算机硬软件和数据管理制度、电算化会计档案管理制度的会计电算化内部管理制度，保证会计电算化工作的顺利开展。

二、建立会计电算化岗位责任制，要明确各个工作岗位的职责范围，切实做到事事有人管，人人有专责，办事有要求，工作有检查。

会计电算化后的工作岗位可分为基本会计岗位和电算化会计岗位。基本会计岗位可包括：会计主管、出纳、会计核算各岗、稽核、会计档案管理等工作岗位。电算化会计岗位包括直接管理、操作、维护计算机及会计软件系统的工作岗位。

三、电算化会计岗位和工作职责一般可划分如下：

1. 电算主管：负责协调计算机及会计软件系统的运行工作，要求具备会计和计算机知识，以及相关的会计电算化组织管理的经验。电算化主管可由会计主管兼任，采用中小型计算机和计算机网络会计软件的单位，应设立此岗位。

2. 软件操作：负责输入记账凭证和原始凭证等会计数据，输出记账凭证、会计账簿、报表，和进行部分会计数据处理工作，要求具备会计软件操作知识，达到会计电算化初级知识培训的水平；各单位应鼓励基本会计岗位的会计人员兼任软件操作岗位的工作。

3. 审核记账：负责对输入计算机的会计数据（记账凭证和原始凭证等）进行审核，操作会计软件登记机内账簿，对打印输出的账簿、报表进行确认；此岗要求具备会计和计算机知识，达到会计电算化初级知识培训的水平，可由主管会计兼任。

4. 电算维护：负责保证计算机硬件、软件的正常运行，管理机内会计数据；此岗要求具备计算机和会计知识，经过会计电算化中级知识培训；采用大型、小型计算机和计算机网络会计软件的单位，应设立此岗位，此岗在大中型企业中应由专职人员担任。

5. 电算审查：负责监督计算机及会计软件系统的运行，防止利用计算机进行舞弊；要求具备会计和计算机知识，达到会计电算化中级知识培训的水平，此岗可由会计稽核人员兼任；采用大型、小型计算机和大型会计软件的单位，可设立此岗位。

6. 数据分析：负责对计算机内的会计数据进行分析，要求具备计算机和会计知识，达到会计电算化中级知识培训的水平；采用大型、小型计算机和计算机网络会计软件的单位，可设立此岗位，由主管会计兼任。

四、实施会计电算化过程中，各单位可根据内部牵制制度的要求和本单位的工作需要，参照上一条对电算化会计岗位的划分进行调整和设立必要的工作岗位。基本会计岗位和电算化会计岗位，可在保证会计数据安全的前提下交叉设置，各岗位人员要保持相对稳定。由本单位人员进行会计软件开发的，还可设立软件开发岗位。小型企事业单位设立电算化会计岗位，应根据实际需要对上一条给出的岗位进行适当合并。

五、建立会计电算化操作管理制度，主要内容包括：

1. 明确规定上机操作人员对会计软件的操作工作内容和权限，对操作密码要严格管理，指点专人定期更换密码，杜绝未经授权人员操作会计软件。

2. 预防已输入计算机的原始凭证和记账凭证等会计数据未经审核而登记机内账簿。

3. 操作人员离开机房前，应执行相应命令退出会计软件。

4. 根据本单位实际情况，由专人保存必要的上机操作记录，记录操作人、操作时间、操作内容、故障情况等内容。

六、建立计算机硬件、软件和数据管理制度，主要内容包括：

1. 保证机房设备安全和计算机正常运行是进行会计电算化的前提条件，要经常对有关设备进行保养，保持机房和设备的整洁，防止意外事故的发生。

2. 确保会计数据和会计软件的安全保密，防止对数据和软件的非法修改和删除；对磁性介质存放的数据要保存双备份。

3. 对正在使用的会计核算软件进行修改、对通用会计软件进行升版和计算机硬件设备进行更换等工作，要有一定的审批手续；在软件修改、升版和硬件更换过程中，要保证实际会计数据的连续和安全，并由有关人员进行监督。

4. 健全计算机硬件和软件出现故障时进行排除的管理措施，保证会计数据的完整性。

5. 健全必要的防治计算机病毒的措施。

七、建立电算化会计档案管理制度，主要内容包括：

1. 电算化会计档案，包括存储在计算机硬盘中的会计数据以其他磁性介质或光盘存储的会计数据和计算机打印出来的书面等形式的会计数据；会计数据是指记账凭证、会计账簿、会计报表（包括报表格式和计算公式）等数据。

2. 电算化会计档案管理是重要的会计基础工作，要严格按照财政部有关规定的要求对会计档案进行管理，由专人负责。

3. 对电算化会计档案管理要做好防磁、防火、防潮和防尘工作，重要会计档案应准备双份，存放在两个不同的地点。

4. 采用磁性介质保存会计档案，要定期进行检查，定期进行复制，防止由于磁性介质损坏，而使会计档案丢失。

5. 通用会计软件、定点开发会计软件、通用与定点开发相结合会计软件的全套文档资料以及会计软件程序，视同会计档案保管，保管期截止该软件停止使用或有重大更改之后的五年。

第五章 附 则

本规范由财政部会计司负责解释，自发布之日起实施。

项目三

企业纳税申报综合实训

活动 1　明确纳税申报综合实训目的

本实训为企业纳税申报仿真实训。学生根据项目一提供的会计工作成果资料，按照我国现行税收政策，编制流转税及所得税等纳税申报资料，为学生毕业后能尽快上岗工作做技能准备。通过这套仿真实训的操作，学生能够比较系统地练习并掌握纳税申报资料的正确填制程序和方法，从而对企业重要的会计工作——纳税申报有一个比较清晰的认知，熟练应用税法知识，提高自身纳税申报工作能力。

活动 2　了解纳税申报的实训要求

根据项目一会计工作成果编制 2010 年 12 月流转税纳税申报表、2010 年度企业所得税纳税申报表纸质材料。

根据 2010 年 12 月流转税纳税申报表、2010 年度企业所得税纳税表申报纸质材料录入电子申报纳税软件，形成电子纳税信息，并网上申报。

活动 3　确定实训形式

形式一：实训开始后，组织每个学生独立完成本实训，包括流转税及所得税申报表主表及附表的手工填制。

形式二：纸质纳税资料填好后，将企业纸质纳税数据录入电子报税系统，并进行网上申报

活动 4　配齐纳税申报综合实训用具

用具一：手工实训用具（见附录三）

（1）增值税一般纳税人申报表及附列资料、附表。

（2）酒及酒精消费税纳税申报表及附表。

（3）营业税纳税申报表及附表。

（4）城建税纳税申报表、教育费附加申报表。

（5）企业所得税纳税申报表及附表。

用具二：电子报税软件

在学校实训室的计算机上应当安装国家税务总局或本省国家税务局、地方税务局要求使用的电子报税系统（或者软件公司开发的电子报税教学系统）。

链接 1 实 训 指 导

一、实训操作注意事项

在填写纳税申报表时，有附表的，应当先填附表，再填主表。

（1）根据“应交税费——应交增值税”、“主营业务收入”明细账，结合“原材料”、“周转材料”、“固定资产”等明细账簿资料，计算公司 2010 年 12 月份应纳增值税，并填写增值税纳税申报表（适用于增值税一般纳税人）主表及附表。

（2）根据“应交税费——应交消费税”、“主营业务收入”等明细账簿资料，计算公司 2010 年 12 月份应纳消费税，并填写酒及酒精消费税纳税申报表，如有代收代缴业务，还需要填写等代收代缴计算表。

（3）根据“应交税费——应交营业税”、“其他业务收入”等明细账簿资料，计算公司 2010 年 12 月份应纳营业税，并填营业税纳税申报表。

（4）根据“应交税费——应交增值税”、“应交税费——应交消费税”、“应交税费——应交营业税”、“主营业务收入”等明细账簿资料以及增值税纳税申报表、消费税纳税申报表、营业税纳税申报表，计算公司 2010 年 12 月份应纳城建税、教育费附加，并填综合纳税申报表。

（5）根据本年经营状况和各相关科目的明细账簿资料，按照会计准则确定 2010 年经营利润，再按照税法政策对会计利润作出相应的纳税调整，确定应纳税所得额。根据应纳税所得额依照税率 25%计算出应纳企业所得税额，并填制年度企业所得税纳税申报表主表及附表。

二、纳税申报表填写注意事项

（一）编制增值税纳税申报表

1.《增值税纳税申报表主表（适用于一般纳税人）》填表说明

本申报表适用于增值税一般纳税人填报。增值税一般纳税人销售按简易办法缴纳增值税的货物，也使用本表。

（1）本表“税款所属时间”是指纳税人申报的增值税应纳税额的所属时间，应填写具体的起止年、月、日。

（2）本表“所属行业”栏，按照国民经济行业分类与代码中的最细项（小类）进行填写（国民经济行业分类与代码附后），仅填写行业代码。

（3）本表“纳税人名称”栏，填写纳税人单位名称全称，不得填写简称。

（4）表中“一般货物及劳务”是指享受即征即退的货物及劳务以外的其他货物及劳务。

（5）表中“即征即退货物及劳务”是指纳税人按照税法规定享受即征即退税收优惠政策的货物及劳务。

（6）本表第1行“（一）按适用税率征税货物及劳务销售额”栏数据，填写纳税人本期按适用税率缴纳增值税的应税货物和应税劳务的销售额（销货退回的销售额用负数表示）。包括在财务上不作销售但按税法规定应缴纳增值税的视同销售货物和价外费用销售额，外贸企业作价销售进料加工复出口的货物，税务、财政、审计部门检查按适用税率计算调整的销售额。“一般货物及劳务”的“本月数”栏数据与“即征即退货物及劳务”的“本月数”栏数据之和，应等于《附表一》第7行的“小计”中的“销售额”数。“本年累计”栏数据，应为年度内各月数之和。

（7）本表第2行“应税货物销售额”栏数据，填写纳税人本期按适用税率缴纳增值税的应税货物的销售额（销货退回的销售额用负数表示）。包括在财务上不作销售但按税法规定应缴纳增值税的视同销售货物和价外费用销售额，以及外贸企业作价销售进料加工复出口的货物。“一般货物及劳务”的“本月数”栏数据与“即征即退货物及劳务”的“本月数”栏数据之和，应等于《附表一》第5行的“应税货物”中17%税率“销售额”与13%税率“销售额”的合计数。“本年累计”栏数据，应为年度内各月数之和。

（8）本表第3行“应税劳务销售额”栏数据，填写纳税人本期按适用税率缴纳增值税的应税劳务的销售额。“一般货物及劳务”的“本月数”栏数据与“即征即退货物及劳务”的“本月数”栏数据之和，应等于《附表一》第5行的“应税劳务”中的“销售额”数。“本年累计”栏数据，应为年度内各月数之和。

（9）本表第4行“纳税检查调整的销售额”栏数据，填写纳税人本期因税务、财政、审计部门检查、并按适用税率计算调整的应税货物和应税劳务的销售额。但享受即征即退税收优惠政策的货物及劳务经税务稽查发现偷税的，不得填入“即征即退货物及劳务”部分，而应将本部分销售额在“一般货物及劳务”栏中反映。“一般货物及劳务”的“本月数”栏数据与“即征即退货物及劳务”的“本月数”栏数据之和，应等于《附表一》第6行的“小计”中的“销售额”数。“本年累计”栏数据，应为年度内各月数之和。

（10）本表第5行“按简易征收办法征税货物的销售额”栏数据，填写纳税人本期按简易征收办法征收增值税货物的销售额（销货退回的销售额用负数表示）。包括税务、财政、审计部门检查、并按按简易征收办法计算调整的销售额。“一般货物及劳务”的“本月数”栏数据与“即征即退货物及劳务”的“本月数”栏数据之和，应等于《附表一》第14行的“小计”中的“销售额”数。“本年累计”栏数据，应为年度内各月数之和。

（11）本表第6行“其中：纳税检查调整的销售额”栏数据，填写纳税人本期因税务、财政、审计部门检查、并按简易征收办法计算调整的销售额，但享受即征即退税收优惠政策的货物及劳务经税务稽查发现偷税的，不得填入“即征即退货物及劳务”部分，而应将本部分销售额在“一般货物及劳务”栏中反映。“一般货物及劳务”的“本月数”栏数据与“即征即退货物及劳务”的“本月数”栏数据之和，应等于《附表一》第13行的“小计”中的“销售额”数。“本年累计”栏数据，应为年度内各月数之和。

（12）本表第7行“免、抵、退办法出口货物销售额”栏数据，填写纳税人本期执行免、抵、退办法出口货物的销售额（销货退回的销售额用负数表示）。“本年累计”栏数据，应为年度内各月数之和。

（13）本表第8行“免税货物及劳务销售额”栏数据，填写纳税人本期按照税法规定直接免征增值税的货物及劳务的销售额及适用零税率的货物及劳务的销售额（销货退回的销售额用负数表示），但不包括适用免、抵、退办法出口货物的销售额。“一般货物及劳务”的“本月数”栏数据，应等于《附表一》第18行的“小计”中的“销售额”数。“本年累计”栏数据，应为年度内各月数之和。

（14）本表第9行“免税货物销售额”栏数据，填写纳税人本期按照税法规定直接免征增值税货物的销售额及适用零税率货物的销售额（销货退回的销售额用负数表示），但不包括适用免、抵、退办法出口货物的销售额。“一般货物及劳务”的“本月数”栏数据，应等于《附表一》第18行的“免税货物”中的“销售额”数。“本年累计”栏数据，应为年度内各月数之和。

（15）本表第10行“免税劳务销售额”栏数据，填写纳税人本期按照税法规定直接免征增值税劳务的销售额及适用零税率劳务的销售额（销货退回的销售额用负数表示）。“一般货物及劳务”的“本月数”栏数据，应等于《附表一》第18行的“免税劳务”中的“销售额”数。“本年累计”栏数据，应为年度内各月数之和。

（16）本表第11行“销项税额”栏数据，填写纳税人本期按适用税率计征的销项税额。该数据应与“应交税金——应交增值税”明细科目贷方“销项税额”专栏本期发生数一致。“一般货物及劳务”的“本月数”栏数据与“即征即退货物及劳务”的“本月数”栏数据之和，应等于《附表一》第7行的“小计”中的“销项税额”数。“本年累计”栏数据，应为年度内各月数之和。

（17）本表第12行“进项税额”栏数据，填写纳税人本期申报抵扣的进项税额。该数据应与“应交税金——应交增值税”明细科目借方“进项税额”栏本期发生数一致。“一般货物及劳务”的“本月数”栏数据与“即征即退货物及劳务”的“本月数”栏数据之和，应等于《附表二》第12行中的“税额”数。“本年累计”栏数据，应为年度内各月数之和。

（18）本表第13行“上期留抵税额”栏数据，为纳税人前一申报期的“期末留抵税额”数，该数据应与“应交税金——应交增值税”明细科目借方月初余额一致。

（19）本表第14行“进项税额转出”栏数据，填写纳税人已经抵扣但按税法规定应作进项税转出的进项税额总数，但不包括销售折扣、折让，进货退出等应负数冲减本期进项税额的数额。该数据应与“应交税金——应交增值税”明细科目贷方“进项税额转出”栏本期发生数一致。“一般货物及劳务”的“本月数”栏数据与“即征即退货物及劳务”的“本月数”栏数据之和，应等于《附表二》第 13 行中的“税额”数。“本年累计”栏数据，应为年度内各月数之和。

（20）本表第 15 行“免、抵、退货物应退税额”栏数据，填写退税机关按照出口货物免、抵、退办法审批的应退税额。“本年累计”栏数据，应为年度内各月数之和。

（21）本表第 16 行“按适用税率计算的纳税检查应补缴税额”栏数据，填写本期税务、财政、审计等部门检查后下达的处理决定文书上注明的纳税检查应补缴入库税额。“本年累计”栏数据，应为年度内各月数之和。

（22）本表第 17 行“应抵扣税额合计”栏数据，填写纳税人本期应抵扣进项税额的合计数。

（23）本表第 18 行“实际抵扣税额”栏数据，填写纳税人本期实际抵扣的进项税额。“本年累计”栏数据，应为年度内各月数之和。

（24）本表第 19 行“按适用税率计算的应纳税额”栏数据，填写纳税人本期按适用税率计算并应缴纳的增值税额。“本年累计”栏数据，应为年度内各月数之和。

（25）本表第 20 行“期末留抵税额”栏数据，为纳税人在本期销项税额中尚未抵扣完，留待下期继续抵扣的进项税额。该数据应与“应交税金——应交增值税”明细科目借方月末余额一致。

（26）本表第 21 行“按简易征收办法计算的应纳税额”栏数据，填写纳税人本期按简易征收办法计算并应缴纳的增值税额，但不包括按简易征收办法计算的纳税检查应补缴税额。“一般货物及劳务”的“本月数”栏数据与“即征即退货物及劳务”的“本月数”栏数据之和，应等于《附表一》第 12 行的“小计”中的“应纳税额”数。“本年累计”栏数据，应为年度内各月数之和。

（27）本表第 22 行“按简易征收办法计算的纳税检查应补缴税额”栏数据，填写纳税人本期因税务、财政、审计部门检查并按简易征收办法计算的纳税检查应补缴税额。“一般货物及劳务”的“本月数”栏数据与“即征即退货物及劳务”的“本月数”栏数据之和，应等于《附表一》第 13 行的“小计”中的“应纳税额”数。“本年累计”栏数据，应为年度内各月数之和。

（28）本表第 23 行“应纳税额减征额”栏数据，填写纳税人本期按照税法规定减征的增值税应纳税额。“本年累计”栏数据，应为年度内各月数之和。

（29）本表第 24 行“应纳税额合计”栏数据，填写纳税人本期应缴增值税的合计数。“本年累计”栏数据，应为年度内各月数之和。

（30）本表第 25 行“期初未缴税额（多缴为负数）”栏数据，为纳税人前一申报期的“期末未缴税额（多缴为负数）”。

（31）本表第 26 行“实收出口开具专用缴款书退税额”栏数据，填写纳税人本期实际收到税务机关退回的，因开具《出口货物税收专用缴款书》而多缴的增值税款。该数据应根据“应交税金——未交增值税”明细科目贷方本期发生额中“收到税务机关退回的多缴增值税款”数据填列。“本年累计”栏数据，为年度内各月数之和。

（32）本表第 27 行“本期已缴税额”栏数据，是指纳税人本期实际缴纳的增值税额，但不包括本期入库的查补税款。“本年累计”栏数据，为年度内各月数之和。

（33）本表第 28 行“①分次预缴税额”栏数据，填写纳税人本期分次预缴的增值税额。

（34）本表第 29 行“②出口开具专用缴款书预缴税额”栏数据，填写纳税人本期销售出口货物而开具专用缴款书向主管税务机关预缴的增值税额。

（35）本表第 30 行“③本期缴纳上期应纳税额”栏数据，填写纳税人本期上缴上期应缴未缴的增值税款，包括缴纳上期按简易征收办法计提的应缴未缴的增值税额。“本年累计”栏数据，为年度内各月数之和。

（36）本表第 31 行“④本期缴纳欠缴税额”栏数据，填写纳税人本期实际缴纳的增值税欠税额，但不包括缴纳入库的查补增值税额。“本年累计”栏数据，为年度内各月数之和。

（37）本表第 32 行“期末未交税额（多缴为负数）”栏数据，为纳税人本期期末应缴未缴的增值税额，但不包括纳税检查应缴未缴的税额。“本年累计”栏与“本月数”栏数据相同。

（38）本表第 33 行“其中：欠缴税额（≥0）”栏数据，为纳税人按照税法规定已形成欠税的数额。

（39）本表第 34 行“本期应补（退）税额”栏数据，为纳税人本期应纳税额中应补缴或应退回的数额。

（40）本表第 35 行“即征即退实际退税额”栏数据，填写纳税人本期因符合增值税即征即退优惠政策规定，而实际收到的税务机关返还的增值税额。“本年累计”栏数据，为年度内各月数之和。

（41）本表第 36 行“期初未缴查补税额”栏数据，为纳税人前一申报期的“期末未缴查补税额”。该数据与本表第 25 行“期初未缴税额（多缴为负数）”栏数据之和，应与“应交税金——未交增值税”明细科目期初余额一致。“本年累计”栏数据应填写纳税人上年度末的“期末未缴查补税额”数。

（42）本表第 37 行“本期入库查补税额”栏数据，填写纳税人本期因税务、财政、审计部门检查而实际入库的增值税款，包括：按适用税率计算并实际缴纳的查补增值税款；按简易征收办法计算并实际缴纳的查补增值税款。“本年累计”栏数据，为年度内各月数之和。

（43）本表第 38 行“期末未缴查补税额”栏数据，为纳税人纳税检查本期期末应缴未缴的增值税额。该数据与本表第 32 行“期末未缴税额（多缴为负数）”栏数据之和，应与“应交税金——未交增值税”明细科目期初余额一致。“本年累计”栏与“本月数”栏数据相同。

2.《增值税纳税申报表附列资料（表一）本期销售情况明细》填表说明

（1）本表“一、按适用税率征收增值税货物及劳务的销售额和销项税额明细”和“二、简易征收办法征收增值税货物的销售额和应纳税额明细”部分中“防伪税控系统开具的增值税专用发票”、“非防伪税控系统开具的增值税专用发票”、“开具普通发票”、“未开具发票”各行数据均应包括销货退回或折让、视同销售货物、价外费用的销售额和销项税额，但不包括免税货物及劳务的销售额，适用零税率货物及劳务的销售额和出口执行免、抵、退办法的销售额以及税务、财政、审计部门检查并调整的销售额、销项税额或应纳税额。

（2）表“一、按适用税率征收增值税货物及劳务的销售额和销项税额明细”部分中“纳税检查调整”行数据应填写本期税务、财政、审计等部门检查后下达的处理决定文书上注明的不报、少报的销售额、销项税额。

（3）本表“二、简易征收办法征收增值税货物的销售额和应纳税额明细”部分中“纳税检查调整”行数据应填写本期税务、财政、审计等部门检查后下达的处理决定文书上注明的不报、少报的销售额、应纳税额。

（4）本表“三、免征增值税货物及劳务销售额明细”部分中“防伪税控系统开具的增值税专用发票”栏数据，填写本期因销售免税货物而使用防伪税控系统开具的增值税专用发票的份数、销售额和税额，包括国有粮食收储企业销售的免税粮食，政府储备食用植物油等。

3.《增值税纳税申报表附列资料（表二）本期进项税额明细》填表说明

（1）本表“一、申报抵扣的进项税额”部分各行数据，分别填写纳税人按税法规定符合抵扣条件，在本期申报抵扣的进项税额情况。

① 第1行“(一）本期认证相符且本期申报抵扣的防伪税控增值税专用发票”，填写本期申报抵扣的认证相符的防伪税控增值税专用发票情况，包括认证相符的红字防伪税控增值税专用发票。

② 第4行“非防伪税控增值税专用发票及其他扣税凭证”，填写本期申报抵扣的非防伪税控增值税专用发票及其他扣税凭证情况，应等于第5行至第10行之和。

③ 第5行“海关进口增值税专用缴款书”填写本期纳税人按照税法规定依据海关完税凭证申报抵扣的进项税额情况，包括税率为17%、13%的进口货物。“税额”栏应等于《海关完税凭证抵扣清单》“税款金额”栏合计数。

④ 第6行“农产品收购发票或者销售发票”填写本期纳税人因购买免税农产品，按照税法规定依据开具的农产品收购凭证及取得的普通发票申报抵扣的进项税额情况。

⑤ 第7行“废旧物资普通发票”填写本期纳税人购买废旧物资，按照税法规定依据普通发票申报抵扣的进项税额情况。“税额”栏应等于《废旧物资普通发票抵扣清单》“计算抵扣税额”栏合计数。

⑥ 第8行“运输费用结算单据”填写本期纳税人因购进、销售货物，按照税法规定依据货物运输发票申报抵扣的进项税额情况。“税额”栏应等于《增值税运输发票抵扣清单》“计算抵扣的进项税额”栏合计数。

⑦ 第12行“本期申报抵扣进项税额合计”应等于第1行、第3行、第11行之和。

（2）本表“二、进项税额转出额”部分填写纳税人已经抵扣但按税法规定应作进项税额转出的明细情况，但不包括销售折扣、折让，进货退出等应负数冲减本期进项税额的情况。

① 第19行“纳税检查调减进项税额”应填写本期税务、财政、审计等部门检查后下达的处理决定文书上注明的多报的进项税额。

② 第13行“本期进项税转出额”应等于第14行至第20行之和。

（3）本表“三、其他”中“代扣代缴税额”行指标，填写纳税人根据《中华人民共和国增值税暂行条例实施细则》第三十四条规定扣缴的增值税额。

（二）消费税纳税申报表主表及附表

1. 酒及酒精消费税纳税申报表主表

（1）本表仅限酒及酒精消费税纳税人使用。

（2）本表“销售数量”为《中华人民共和国消费税暂行条例》、《中华人民共和国消费税暂行条例实施细则》及其他法规、规章规定的当期应申报缴纳消费税的酒及酒精销售（不含出口免税）数量。计量单位：粮食白酒和薯类白酒为斤（如果实际销售商品按照体积标注计量单位，应按500毫升为1斤换算），啤酒、黄酒、其他酒和酒精为吨。

（3）本表“销售额”为《中华人民共和国消费税暂行条例》、《中华人民共和国消费税暂行条例实施细则》及其他法规、规章规定的当期应申报缴纳消费税的酒及酒精销售（不含出口免税）收入。

（4）根据《中华人民共和国消费税暂行条例》的规定，本表“应纳税额”计算公式如下。① 粮食白酒、薯类白酒：

$$应纳税额=销售数量\times定额税率+销售额\times比例税率$$

② 啤酒、黄酒：

$$应纳税额=销售数量\times定额税率$$

③ 其他酒、酒精：

$$应纳税额=销售额\times比例税率$$

（5）本表“本期准予抵减税额”按本表附件一的本期准予抵减税款合计金额填写。

（6）本表“本期减（免）税额”不含出口退（免）税额。

（7）本表“期初未缴税额”填写本期期初累计应缴未缴的消费税额，多缴为负数。其数值等于上期“期末未缴税额”。

（8）本表“本期缴纳前期应纳税额”填写本期实际缴纳入库的前期消费税额。

（9）本表“本期预缴税额”填写纳税申报前已预先缴纳入库的本期消费税额。

（10）本表“本期应补（退）税额”计算公式如下，多缴为负数：

$$\begin{aligned}本期应补（退）税额=&应纳税额（合计栏金额）-本期准予抵减税额\\&-本期减（免）税额-本期预缴税额\end{aligned}$$

（11）本表“期末未缴税额”计算公式如下，多缴为负数：

$$期末未缴税额=期初未缴税额+本期应补（退）税额-本期缴纳前期应纳税额$$

（12）本表为A4竖式，所有数字小数点后保留两位。一式两份，一份纳税人留存，一份税务机关留存。

2. 附表一本期准予抵减税额计算表（酒及酒精）填表说明

（1）本表作为《酒及酒精消费税纳税申报表》的附报资料，由以外购啤酒液为原料连续生产啤酒的纳税人或以进口葡萄酒为原料连续生产葡萄酒的纳税人填报。

（2）根据《国家税务总局关于用外购和委托加工收回的应税消费品连续生产应税消费品征收消费税问题的通知》（国税发〔1995〕94号）和《国家税务总局关于啤酒集团内部企业间销售（调拨）啤酒液征收消费税问题的批复》（国税函〔2003〕382号）的规定，本表“当期准予抵减的外购啤酒液已纳税款”计算公式如下：

当期准予抵减的外购啤酒液已纳税款＝（期初库存外购啤酒液数量＋当期购进啤酒液数量－期末库存外购啤酒液数量）×外购啤酒液适用定额税率

其中，外购啤酒液适用定额税率由购入方取得的销售方销售啤酒液所开具的增值税专用发票上记载的单价确定。适用定额税率不同的，应分别核算外购啤酒液数量和当期准予抵减的外购啤酒液已纳税款，并在表中填写合计数。

（3）根据《国家税务总局关于印发<葡萄酒消费税管理办法（试行）>的通知》（国税发〔2006〕66号）的规定，本表“当期准予抵减的进口葡萄酒已纳税款”为纳税人进口葡萄酒取得的《海关进口消费税专用缴款书》注明的消费税款。

（4）本表“本期准予抵减税款合计”应与《酒及酒精消费税纳税申报表》中对应项目一致。

（5）以外购啤酒液为原料连续生产啤酒的纳税人应在“附：准予抵减消费税凭证明细”栏据实填写购入啤酒液取得的增值税专用发票上载明的“号码”、“开票日期”、“数量”、“单价”等项目内容。

（6）以进口葡萄酒为原料连续生产葡萄酒的纳税人应在“附：准予抵减消费税凭证明细”栏据实填写进口消费税专用缴款书上载明的“号码”、“开票日期”、“数量”、“完税价格”、“税款金额”等项目内容。

（7）本表为A4竖式，所有数字小数点后保留两位。一式两份，一份纳税人留存，一份税务机关留存。

3. 附表二本期代收代缴税额计算表（酒及酒精）填表说明

（1）本表作为《酒及酒精消费税纳税申报表》的附报资料，由酒及酒精受托加工方填报。

（2）本表“受托加工数量”的计量单位是：粮食白酒和薯类白酒为斤（如果实际销售商品按照体积标注计量单位，应按500毫升为1斤换算），啤酒、黄酒、其他酒和酒精为吨。

（3）本表“同类产品销售价格”为受托方同类产品销售价格。

（4）根据《中华人民共和国消费税暂行条例》的规定，本表“组成计税价格”的计算公式如下：

组成计税价格＝（材料成本＋加工费）÷（1－消费税税率）

（5）根据《中华人民共和国消费税暂行条例》的规定，本表“本期代收代缴税款”的计算公式如下。①当受托方有同类产品销售价格时：

本期代收代缴税款＝同类产品销售价格×受托加工数量×适用税率＋受托加工数量×适用税率

②当受托方没有同类产品销售价格时：

本期代收代缴税款＝组成计税价格×适用税率＋受托加工数量×适用税率

（6）本表为A4竖式，所有数字小数点后保留两位。一式两份，一份纳税人留存，一份税务机关留存。

（三）企业所得税纳税申报表主表（A类）及附表填报说明

1. 企业所得税纳税申报表主表（A类）简介

本表适用于实行查账征收企业所得税的居民纳税人（以下简称纳税人）填报。是在纳税人会计利润总额的基础上，加减纳税调整额后计算出“纳税调整后所得”（应纳税所得额）。会计与税法的差异（包括收入类、扣除类、资产类等差异）通过纳税调整项目明细表（附表三）集中体现。包括利润总额计算、应纳税所得额计算、应纳税额计算和附列资料四个部分。

（1）“利润总额计算”中的项目，按照国家统一会计制度口径计算填报。实行企业会计准则的纳税人，其数据直接取自损益表；实行其他国家统一会计制度的纳税人，与本表不一致的项目，按照其利润表项目进行分析填报。

利润总额部分的收入、成本、费用明细项目，一般工商企业纳税人，通过附表一（1）《收入明细表》和附表二（1）《成本费用明细表》相应栏次填报；金融企业纳税人，通过附表一（2）《金融企业收入明细表》、附表二（2）《金融企业成本费用明细表》相应栏次填报；事业单位、社会团体、民办非企业单位、非营利组织等纳税人，通过附表一（3）《事业单位、社会团体、民办非企业单位收入项目明细表》和附表二（3）《事业单位、社会团体、民办非企业单位支出项目明细表》相应栏次填报。

（2）“应纳税所得额计算”和“应纳税额计算”中的项目，根据主表逻辑关系计算，通过附表相应栏次填报。

（3）“附列资料”填报用于税源统计分析的上一纳税年度税款在本纳税年度抵减或入库金额。

2. 企业所得税纳税申报表主表（A类）行次说明

（1）第1行“营业收入”：填报纳税人主要经营业务和其他经营业务取得的收入总额。本行根据“主营业务收入”和“其他业务收入”科目的数额计算填报。一般工商企业纳税人，通过附表一（1）《收入明细表》计算填报。

（2）第2行“营业成本”项目：填报纳税人主要经营业务和其他经营业务发生的成本总额。本行根据“主营业务成本”和“其他业务成本”科目的数额计算填报。一般工商企业纳税人，通过附表二（1）《成本费用明细表》计算填报。

（3）第3行“营业税金及附加”：填报纳税人经营活动发生的营业税、消费税、城市维护建设税、资源税、土地增值税和教育费附加等相关税费。本行根据“营业税金及附加”科目的数额计算填报。

（4）第4行“销售费用”：填报纳税人在销售商品和材料、提供劳务的过程中发生的各种费用。本行根据“销售费用”科目的数额计算填报。

（5）第5行“管理费用”：填报纳税人为组织和管理企业生产经营发生的管理费用。本行根据“管理费用”科目的数额计算填报。

（6）第 6 行“财务费用”：填报纳税人为筹集生产经营所需资金等发生的筹资费用。本行根据“财务费用”科目的数额计算填报。

（7）第 7 行“资产减值损失”：填报纳税人计提各项资产准备发生的减值损失。本行根据“资产减值损失”科目的数额计算填报。

（8）第 8 行“公允价值变动收益”：填报纳税人交易性金融资产、交易性金融负债，以及采用公允价值模式计量的投资性房地产、衍生工具、套期保值业务等公允价值变动形成的应计入当期损益的利得或损失。本行根据“公允价值变动损益”科目的数额计算填报。

（9）第 9 行“投资收益”：填报纳税人以各种方式对外投资确认所取得的收益或发生的损失。本行根据“投资收益”科目的数额计算填报。

（10）第 10 行“营业利润”：填报纳税人当期的营业利润。根据上述项目计算填列。

（11）第 11 行“营业外收入”：填报纳税人发生的与其经营活动无直接关系的各项收入。本行根据“营业外收入”科目的数额计算填报。一般工商企业纳税人，通过附表一（1）《收入明细表》相关项目计算填报。

（12）第 12 行“营业外支出”：填报纳税人发生的与其经营活动无直接关系的各项支出。本行根据“营业外支出”科目的数额计算填报。一般工商企业纳税人，通过附表二（1）《成本费用明细表》相关项目计算填报。

（13）第 13 行“利润总额”：填报纳税人当期的利润总额。

（14）第 14 行“纳税调整增加额”：填报纳税人会计处理与税收规定不一致时，进行纳税调整增加的金额。本行通过附表三《纳税调整项目明细表》“调增金额”列计算填报。

（15）第 15 行“纳税调整减少额”：填报纳税人会计处理与税收规定不一致时，进行纳税调整减少的金额。本行通过附表三《纳税调整项目明细表》“调减金额”列计算填报。

（16）第 16 行“不征税收入”：填报纳税人计入利润总额但属于税收规定不征税的财政拨款、依法收取并纳入财政管理的行政事业性收费、政府性基金以及国务院规定的其他不征税收入。本行通过附表一（3）《事业单位、社会团体、民办非企业单位收入明细表》计算填报。

（17）第 17 行“免税收入”：填报纳税人计入利润总额但属于税收规定免税的收入或收益，包括国债利息收入；符合条件的居民企业之间的股息、红利等权益性投资收益；从居民企业取得与该机构、场所有实际联系的股息、红利等权益性投资收益；符合条件的非营利组织的收入。本行通过附表五《税收优惠明细表》第 1 行计算填报。

（18）第 18 行“减计收入”：填报纳税人以《资源综合利用企业所得税优惠目录》规定的资源作为主要原材料，生产国家非限制和禁止并符合国家和行业相关标准的产品取得收入 10%的数额。本行通过附表五《税收优惠明细表》第 6 行计算填报。

（19）第 19 行“减、免税项目所得”：填报纳税人按照税收规定减征、免征企业所得税的所得额。本行通过附表五《税收优惠明细表》第 14 行计算填报。

（20）第 20 行“加计扣除”：填报纳税人开发新技术、新产品、新工艺发生的研究开发费用，以及安置残疾人员及国家鼓励安置的其他就业人员所支付的工资，符合税收规定条件的准予按照支出额一定比例，在计算应纳税所得额时加计扣除的金额。本行通过附表五

《税收优惠明细表》第 9 行计算填报。

（21）第 21 行“抵扣应纳税所得额”：填报创业投资企业采取股权投资方式投资于未上市的中小高新技术企业 2 年以上的，可以按照其投资额的 70%在股权持有满 2 年的当年抵扣该创业投资企业的应纳税所得额。当年不足抵扣的，可以在以后纳税年度结转抵扣。本行通过附表五《税收优惠明细表》第 39 行计算填报。

（22）第 22 行“境外应税所得弥补境内亏损”：填报纳税人根据税收规定，境外所得可以弥补境内亏损的数额。

（23）第 23 行“纳税调整后所得”：填报纳税人经过纳税调整计算后的所得额。

当本表第 23 行 < 0 时，即为可结转以后年度弥补的亏损额；如本表第 23 行 > 0 时，继续计算应纳税所得额。

（24）第 24 行“弥补以前年度亏损”：填报纳税人按照税收规定可在税前弥补的以前年度亏损的数额。本行通过附表四《企业所得税弥补亏损明细表》第 6 行第 10 列填报。但不得超过本表第 23 行“纳税调整后所得”。

（25）第 25 行“应纳税所得额”：金额=第 23−第 24 行。本行不得为负数。本表第 23 行或者按照上述行次顺序计算结果本行为负数的，本行金额填零。

（26）第 26 行“税率”：填报税法规定的税率 25%。

（27）第 27 行“应纳所得税额”：金额=第 25 × 第 26 行。

（28）第 28 行“减免所得税额”：填报纳税人按税收规定实际减免的企业所得税额，包括小型微利企业、国家需要重点扶持的高新技术企业、享受减免税优惠过渡政策的企业，其法定税率与实际执行税率的差额，以及其他享受企业所得税减免税的数额。本行通过附表五《税收优惠明细表》第 33 行计算填报。

（29）第 29 行“抵免所得税额”：填报纳税人购置用于环境保护、节能节水、安全生产等专用设备的投资额，其设备投资额的 10%可以从企业当年的应纳所得税额中抵免的金额；当年不足抵免的，可以在以后 5 个纳税年度结转抵免。本行通过附表五《税收优惠明细表》第 40 行计算填报。

（30）第 30 行“应纳税额”：金额=第 27−第 28−第 29 行。

（31）第 31 行“境外所得应纳所得税额”：填报纳税人来源于中国境外的所得，按照《企业所得税法》及其实施条例以及相关税收规定计算的应纳所得税额。

（32）第 32 行“境外所得抵免所得税额”：填报纳税人来源于中国境外所得依照中国境外税收法律以及相关规定应缴纳并实际缴纳的企业所得税性质的税款，准予抵免的数额。

企业已在境外缴纳的所得税额，小于抵免限额的，“境外所得抵免所得税额”按其在境外实际缴纳的所得税额填报；大于抵免限额的，按抵免限额填报，超过抵免限额的部分，可以在以后五个年度内，用每年度抵免限额抵免当年应抵税额后的余额进行抵补。

（33）第 33 行“实际应纳所得税额”：填报纳税人当期的实际应纳所得税额。

（34）第 34 行“本年累计实际已预缴的所得税额”：填报纳税人按照税收规定本纳税年度已在月（季）度累计预缴的所得税款。

（35）第 35 行“汇总纳税的总机构分摊预缴的税额”：填报汇总纳税的总机构按照税收

规定已在月（季）度在总机构所在地累计预缴的所得税款。

附报《中华人民共和国企业所得税汇总纳税分支机构企业所得税分配表》。

（36）第 36 行“汇总纳税的总机构财政调库预缴的税额”：填报汇总纳税的总机构按照税收规定已在月（季）度在总机构所在地累计预缴在财政调节专户的所得税款。

附报《中华人民共和国企业所得税汇总纳税分支机构企业所得税分配表》。

（37）第 37 行“汇总纳税的总机构所属分支机构分摊的预缴税额”：填报汇总纳税的分支机构已在月（季）度在分支机构所在地累计分摊预缴的所得税款。

附报《中华人民共和国企业所得税汇总纳税分支机构企业所得税分配表》。

（38）第 38 行“合并纳税（母子体制）成员企业就地预缴比例”：填报经国务院批准的实行合并纳税（母子体制）的成员企业按照税收规定就地预缴税款的比例。

（39）第 39 行“合并纳税企业就地预缴的所得税额”：填报合并纳税的成员企业已在月（季）度累计预缴的所得税款。

（40）第 40 行“本年应补（退）的所得税额”：填报纳税人当期应补（退）的所得税额。

（41）第 41 行“以前年度多缴的所得税在本年抵减额”：填报纳税人以前纳税年度汇算清缴多缴的税款尚未办理退税、并在本纳税年度抵缴的所得税额。

（42）第 42 行“以前年度应缴未缴在本年入库所得额”：填报纳税人以前纳税年度损益调整税款、上一纳税年度第四季度预缴税款和汇算清缴的税款，在本纳税年度入库所得税额。

链接 2　实训所需资料

一、项目一的工作成果

（见学生个人会计综合实训项目一成果）

二、纳税申报表

（见附录三）

1. 增值税纳税申报表

（1）增值税纳税申报主表（见附表 3.1）；

（2）增值税纳税申报表附列资料（本期销售情况明细）表一（见附表 3.2）；

（3）增值税纳税申报表附列资料（本期进项税额明细）表二（见附表 3.3）。

2. 消费税纳税申报表

（1）酒及酒精消费税纳税申报表主表（见附表 3.4）；

（2）附表一本期准予抵减税额计算表（见附表 3.5）；

（3）附表二本期代收代缴税额计算表（见附表 3.6）。

3. 营业税纳税申报表

营业税纳税申报表见附表3.7。

4. 城建税纳税申报表、教育费附加申报表

城建税纳税申报表、教育费附加申报表见附表3.8。

5. 企业所得税纳税申报表

（1）中华人民共和国企业所得税年度纳税申报表主表（A类）（见附表3.9）；

（2）企业所得税年度纳税申报表附表一（1）（收入明细表）（见附表3.10）；

（3）企业所得税年度纳税申报表附表二（1）（成本费用明细表）（见附表3.11）；

（4）企业所得税年度纳税申报表附表三（纳税调整项目明细表）（见附表3.12）；

（5）企业所得税年度纳税申报表附表四（企业所得税弥补亏损明细表）（见附表3.13）；

（6）企业所得税年度纳税申报表附表五（税收优惠明细表）（见附表3.14）；

（7）企业所得税年度纳税申报表附表六（境外所得税抵免计算明细表）（见附表3.15）；

（8）企业所得税年度纳税申报表附表七（以公允价值计量资产纳税调整表）（见附表3.16）；

（9）企业所得税年度纳税申报表附表八（广告费和业务宣传费跨年度纳税调整表）（见附表3.17）；

（10）企业所得税年度纳税申报表附表九（资产折旧、摊销纳税调整明细表）（见附表3.18）；

（11）企业所得税年度纳税申报表附表十（资产减值准备项目调整明细表）（见附表3.19）；

（12）企业所得税年度纳税申报表附表十一（长期股权投资所得（损失）明细表）（见附表3.20）。

附录一

实训用账表

附表 1.1　库存现金日记账

币种：________　　　　　　　　　　　　　　　　　　　　第 1 页

年		凭证		摘要	借方											贷方											余额										
月	日	字	号		亿	千	百	十	万	千	百	十	元	角	分	亿	千	百	十	万	千	百	十	元	角	分	亿	千	百	十	万	千	百	十	元	角	分

附表 1.1 库存现金日记账

币种：________ 第 2 页

年		凭证		摘要	借方											贷方											余额										
月	日	字	号		亿	千	百	十	万	千	百	十	元	角	分	亿	千	百	十	万	千	百	十	元	角	分	亿	千	百	十	万	千	百	十	元	角	分

附表 1.2 银行存款日记账

币种：______ 第 1 页

年		凭证		摘要	借方											贷方											余额										
月	日	字	号		亿	千	百	十	万	千	百	十	元	角	分	亿	千	百	十	万	千	百	十	元	角	分	亿	千	百	十	万	千	百	十	元	角	分

附表 1.2　银行存款日记账

币种：______　　　　　　　　　　　　　　　　　　　　第 2 页

年		凭证		摘要	借方											贷方											余额										
月	日	字	号		亿	千	百	十	万	千	百	十	元	角	分	亿	千	百	十	万	千	百	十	元	角	分	亿	千	百	十	万	千	百	十	元	角	分

附表 1.2　银行存款日记账

币种：________　　　　　　　　　　　　　　　　第 3 页

年		凭证		摘要	借方											贷方											余额										
月	日	字	号		亿	千	百	十	万	千	百	十	元	角	分	亿	千	百	十	万	千	百	十	元	角	分	亿	千	百	十	万	千	百	十	元	角	分

附表 1.2 银行存款日记账

币种：________ 第 4 页

年		凭证		摘要	借方											贷方											余额										
月	日	字	号		亿	千	百	十	万	千	百	十	元	角	分	亿	千	百	十	万	千	百	十	元	角	分	亿	千	百	十	万	千	百	十	元	角	分

附表 1.3　总 分 类 账

会计科目及编号：__________

年		凭证		摘要	借方											贷方											借或贷	余额										
月	日	字	号		亿	千	百	十	万	千	百	十	元	角	分	亿	千	百	十	万	千	百	十	元	角	分		亿	千	百	十	万	千	百	十	元	角	分

附表 1.4　总 分 类 账

会计科目及编号：__________

年		凭证		摘要	借方											贷方											借或贷	余额										
月	日	字	号		亿	千	百	十	万	千	百	十	元	角	分	亿	千	百	十	万	千	百	十	元	角	分		亿	千	百	十	万	千	百	十	元	角	分

附表 1.5　总 分 类 账

会计科目及编号：__________

年		凭证		摘要	借方											贷方											借或贷	余额										
月	日	字	号		亿	千	百	十	万	千	百	十	元	角	分	亿	千	百	十	万	千	百	十	元	角	分		亿	千	百	十	万	千	百	十	元	角	分

附表 1.6　总 分 类 账

会计科目及编号：__________

年		凭证		摘要	借方											贷方											借或贷	余额										
月	日	字	号		亿	千	百	十	万	千	百	十	元	角	分	亿	千	百	十	万	千	百	十	元	角	分		亿	千	百	十	万	千	百	十	元	角	分

附表 1.7 总 分 类 账

会计科目及编号：__________

年		凭证		摘要	借方											贷方											借或贷	余额										
月	日	字	号		亿	千	百	十	万	千	百	十	元	角	分	亿	千	百	十	万	千	百	十	元	角	分		亿	千	百	十	万	千	百	十	元	角	分

附表 1.8 总 分 类 账

会计科目及编号：__________

年		凭证		摘要	借方											贷方											借或贷	余额										
月	日	字	号		亿	千	百	十	万	千	百	十	元	角	分	亿	千	百	十	万	千	百	十	元	角	分		亿	千	百	十	万	千	百	十	元	角	分

附表 1.9 总 分 类 账

会计科目及编号：__________

年		凭证		摘要	借方											贷方											借或贷	余额										
月	日	字	号		亿	千	百	十	万	千	百	十	元	角	分	亿	千	百	十	万	千	百	十	元	角	分		亿	千	百	十	万	千	百	十	元	角	分

附表 1.10 总 分 类 账

会计科目及编号：__________

年		凭证		摘要	借方											贷方											借或贷	余额										
月	日	字	号		亿	千	百	十	万	千	百	十	元	角	分	亿	千	百	十	万	千	百	十	元	角	分		亿	千	百	十	万	千	百	十	元	角	分

附表 1.11 总 分 类 账

会计科目及编号：__________

年		凭证		摘要	借方											贷方											借或贷	余额										
月	日	字	号		亿	千	百	十	万	千	百	十	元	角	分	亿	千	百	十	万	千	百	十	元	角	分		亿	千	百	十	万	千	百	十	元	角	分

附表 1.12 总 分 类 账

会计科目及编号：__________

年		凭证		摘要	借方											贷方											借或贷	余额										
月	日	字	号		亿	千	百	十	万	千	百	十	元	角	分	亿	千	百	十	万	千	百	十	元	角	分		亿	千	百	十	万	千	百	十	元	角	分

附表 1.13 总 分 类 账

会计科目及编号：__________

年		凭证		摘要	借方											贷方											借或贷	余额										
月	日	字	号		亿	千	百	十	万	千	百	十	元	角	分	亿	千	百	十	万	千	百	十	元	角	分		亿	千	百	十	万	千	百	十	元	角	分

附表 1.14 总 分 类 账

会计科目及编号：__________

年		凭证		摘要	借方											贷方											借或贷	余额										
月	日	字	号		亿	千	百	十	万	千	百	十	元	角	分	亿	千	百	十	万	千	百	十	元	角	分		亿	千	百	十	万	千	百	十	元	角	分

附表 1.15 总 分 类 账

会计科目及编号：__________

年		凭证		摘要	借方											贷方											借或贷	余额										
月	日	字	号		亿	千	百	十	万	千	百	十	元	角	分	亿	千	百	十	万	千	百	十	元	角	分		亿	千	百	十	万	千	百	十	元	角	分

附表 1.16 总 分 类 账

会计科目及编号：__________

年		凭证		摘要	借方											贷方											借或贷	余额										
月	日	字	号		亿	千	百	十	万	千	百	十	元	角	分	亿	千	百	十	万	千	百	十	元	角	分		亿	千	百	十	万	千	百	十	元	角	分

附表 1.17 总 分 类 账

会计科目及编号：__________

年		凭证		摘要	借方											贷方											借或贷	余额										
月	日	字	号		亿	千	百	十	万	千	百	十	元	角	分	亿	千	百	十	万	千	百	十	元	角	分		亿	千	百	十	万	千	百	十	元	角	分

附表 1.18 总 分 类 账

会计科目及编号：__________

年		凭证		摘要	借方											贷方											借或贷	余额										
月	日	字	号		亿	千	百	十	万	千	百	十	元	角	分	亿	千	百	十	万	千	百	十	元	角	分		亿	千	百	十	万	千	百	十	元	角	分

附表 1.19 总分类账

会计科目及编号：__________

年		凭证		摘要	借方											贷方											借或贷	余额										
月	日	字	号		亿	千	百	十	万	千	百	十	元	角	分	亿	千	百	十	万	千	百	十	元	角	分		亿	千	百	十	万	千	百	十	元	角	分

附表 1.20 总分类账

会计科目及编号：__________

年		凭证		摘要	借方											贷方											借或贷	余额										
月	日	字	号		亿	千	百	十	万	千	百	十	元	角	分	亿	千	百	十	万	千	百	十	元	角	分		亿	千	百	十	万	千	百	十	元	角	分

附表 1.21 总分类账

会计科目及编号：__________

年		凭证		摘要	借方											贷方											借或贷	余额										
月	日	字	号		亿	千	百	十	万	千	百	十	元	角	分	亿	千	百	十	万	千	百	十	元	角	分		亿	千	百	十	万	千	百	十	元	角	分

附表 1.22 总分类账

会计科目及编号：__________

年		凭证		摘要	借方											贷方											借或贷	余额										
月	日	字	号		亿	千	百	十	万	千	百	十	元	角	分	亿	千	百	十	万	千	百	十	元	角	分		亿	千	百	十	万	千	百	十	元	角	分

附表 1.23 总 分 类 账

会计科目及编号：__________

年		凭证		摘要	借方											贷方											借或贷	余额										
月	日	字	号		亿	千	百	十	万	千	百	十	元	角	分	亿	千	百	十	万	千	百	十	元	角	分		亿	千	百	十	万	千	百	十	元	角	分

附表 1.24 总 分 类 账

会计科目及编号：__________

年		凭证		摘要	借方											贷方											借或贷	余额										
月	日	字	号		亿	千	百	十	万	千	百	十	元	角	分	亿	千	百	十	万	千	百	十	元	角	分		亿	千	百	十	万	千	百	十	元	角	分

附表 1.25 总 分 类 账

会计科目及编号：__________

年		凭证		摘要	借方											贷方											借或贷	余额										
月	日	字	号		亿	千	百	十	万	千	百	十	元	角	分	亿	千	百	十	万	千	百	十	元	角	分		亿	千	百	十	万	千	百	十	元	角	分

附表 1.26 总 分 类 账

会计科目及编号：__________

年		凭证		摘要	借方											贷方											借或贷	余额										
月	日	字	号		亿	千	百	十	万	千	百	十	元	角	分	亿	千	百	十	万	千	百	十	元	角	分		亿	千	百	十	万	千	百	十	元	角	分

附表 1.27 总 分 类 账

会计科目及编号：__________

年		凭证		摘要	借方											贷方											借或贷	余额										
月	日	字	号		亿	千	百	十	万	千	百	十	元	角	分	亿	千	百	十	万	千	百	十	元	角	分		亿	千	百	十	万	千	百	十	元	角	分

附表 1.28 总 分 类 账

会计科目及编号：__________

年		凭证		摘要	借方											贷方											借或贷	余额										
月	日	字	号		亿	千	百	十	万	千	百	十	元	角	分	亿	千	百	十	万	千	百	十	元	角	分		亿	千	百	十	万	千	百	十	元	角	分

附表 1.29 总 分 类 账

会计科目及编号：__________

年		凭证		摘要	借方											贷方											借或贷	余额										
月	日	字	号		亿	千	百	十	万	千	百	十	元	角	分	亿	千	百	十	万	千	百	十	元	角	分		亿	千	百	十	万	千	百	十	元	角	分

附表 1.30 总 分 类 账

会计科目及编号：__________

年		凭证		摘要	借方											贷方											借或贷	余额										
月	日	字	号		亿	千	百	十	万	千	百	十	元	角	分	亿	千	百	十	万	千	百	十	元	角	分		亿	千	百	十	万	千	百	十	元	角	分

附表 1.31 总 分 类 账

会计科目及编号：__________

年		凭证		摘要	借方											贷方											借或贷	余额										
月	日	字	号		亿	千	百	十	万	千	百	十	元	角	分	亿	千	百	十	万	千	百	十	元	角	分		亿	千	百	十	万	千	百	十	元	角	分

附表 1.32 总 分 类 账

会计科目及编号：__________

年		凭证		摘要	借方											贷方											借或贷	余额										
月	日	字	号		亿	千	百	十	万	千	百	十	元	角	分	亿	千	百	十	万	千	百	十	元	角	分		亿	千	百	十	万	千	百	十	元	角	分

附表 1.33 总 分 类 账

会计科目及编号：__________

年		凭证		摘要	借方											贷方											借或贷	余额										
月	日	字	号		亿	千	百	十	万	千	百	十	元	角	分	亿	千	百	十	万	千	百	十	元	角	分		亿	千	百	十	万	千	百	十	元	角	分

附表 1.34 总 分 类 账

会计科目及编号：__________

年		凭证		摘要	借方											贷方											借或贷	余额										
月	日	字	号		亿	千	百	十	万	千	百	十	元	角	分	亿	千	百	十	万	千	百	十	元	角	分		亿	千	百	十	万	千	百	十	元	角	分

附表 1.35　总 分 类 账

会计科目及编号：__________

年		凭证		摘要	借方											贷方											借或贷	余额										
月	日	字	号		亿	千	百	十	万	千	百	十	元	角	分	亿	千	百	十	万	千	百	十	元	角	分		亿	千	百	十	万	千	百	十	元	角	分

附表 1.36　总 分 类 账

会计科目及编号：__________

年		凭证		摘要	借方											贷方											借或贷	余额										
月	日	字	号		亿	千	百	十	万	千	百	十	元	角	分	亿	千	百	十	万	千	百	十	元	角	分		亿	千	百	十	万	千	百	十	元	角	分

附表 1.37　总 分 类 账

会计科目及编号：__________

年		凭证		摘要	借方											贷方											借或贷	余额										
月	日	字	号		亿	千	百	十	万	千	百	十	元	角	分	亿	千	百	十	万	千	百	十	元	角	分		亿	千	百	十	万	千	百	十	元	角	分

附表 1.38　总 分 类 账

会计科目及编号：__________

年		凭证		摘要	借方											贷方											借或贷	余额										
月	日	字	号		亿	千	百	十	万	千	百	十	元	角	分	亿	千	百	十	万	千	百	十	元	角	分		亿	千	百	十	万	千	百	十	元	角	分

附表 1.39 总 分 类 账

会计科目及编号：__________

年		凭证		摘 要	借 方											贷 方											借或贷	余 额										
月	日	字	号		亿	千	百	十	万	千	百	十	元	角	分	亿	千	百	十	万	千	百	十	元	角	分		亿	千	百	十	万	千	百	十	元	角	分

附表 1.40 总 分 类 账

会计科目及编号：__________

年		凭证		摘 要	借 方											贷 方											借或贷	余 额										
月	日	字	号		亿	千	百	十	万	千	百	十	元	角	分	亿	千	百	十	万	千	百	十	元	角	分		亿	千	百	十	万	千	百	十	元	角	分

附表 1.41 总 分 类 账

会计科目及编号：__________

年		凭证		摘 要	借 方											贷 方											借或贷	余 额										
月	日	字	号		亿	千	百	十	万	千	百	十	元	角	分	亿	千	百	十	万	千	百	十	元	角	分		亿	千	百	十	万	千	百	十	元	角	分

附表 1.42 总 分 类 账

会计科目及编号：__________

年		凭证		摘 要	借 方											贷 方											借或贷	余 额										
月	日	字	号		亿	千	百	十	万	千	百	十	元	角	分	亿	千	百	十	万	千	百	十	元	角	分		亿	千	百	十	万	千	百	十	元	角	分

附表 1.43 总 分 类 账

会计科目及编号：__________

年		凭证		摘 要	借 方											贷 方											借或贷	余 额										
月	日	字	号		亿	千	百	十	万	千	百	十	元	角	分	亿	千	百	十	万	千	百	十	元	角	分		亿	千	百	十	万	千	百	十	元	角	分

附表 1.44 总 分 类 账

会计科目及编号：__________

年		凭证		摘 要	借 方											贷 方											借或贷	余 额										
月	日	字	号		亿	千	百	十	万	千	百	十	元	角	分	亿	千	百	十	万	千	百	十	元	角	分		亿	千	百	十	万	千	百	十	元	角	分

附表 1.45 总 分 类 账

会计科目及编号：__________

年		凭证		摘 要	借 方											贷 方											借或贷	余 额										
月	日	字	号		亿	千	百	十	万	千	百	十	元	角	分	亿	千	百	十	万	千	百	十	元	角	分		亿	千	百	十	万	千	百	十	元	角	分

附表 1.46 总 分 类 账

会计科目及编号：__________

年		凭证		摘 要	借 方											贷 方											借或贷	余 额										
月	日	字	号		亿	千	百	十	万	千	百	十	元	角	分	亿	千	百	十	万	千	百	十	元	角	分		亿	千	百	十	万	千	百	十	元	角	分

附表 1.47 总分类账

会计科目及编号：__________

年		凭证		摘要	借方											贷方											借或贷	余额										
月	日	字	号		亿	千	百	十	万	千	百	十	元	角	分	亿	千	百	十	万	千	百	十	元	角	分		亿	千	百	十	万	千	百	十	元	角	分

附表 1.48 总分类账

会计科目及编号：__________

年		凭证		摘要	借方											贷方											借或贷	余额										
月	日	字	号		亿	千	百	十	万	千	百	十	元	角	分	亿	千	百	十	万	千	百	十	元	角	分		亿	千	百	十	万	千	百	十	元	角	分

附表 1.49 总分类账

会计科目及编号：__________

年		凭证		摘要	借方											贷方											借或贷	余额										
月	日	字	号		亿	千	百	十	万	千	百	十	元	角	分	亿	千	百	十	万	千	百	十	元	角	分		亿	千	百	十	万	千	百	十	元	角	分

附表 1.50 总分类账

会计科目及编号：__________

年		凭证		摘要	借方											贷方											借或贷	余额										
月	日	字	号		亿	千	百	十	万	千	百	十	元	角	分	亿	千	百	十	万	千	百	十	元	角	分		亿	千	百	十	万	千	百	十	元	角	分

附表 1.51 总 分 类 账

会计科目及编号：__________

年		凭证		摘要	借方											贷方											借或贷	余额										
月	日	字	号		亿	千	百	十	万	千	百	十	元	角	分	亿	千	百	十	万	千	百	十	元	角	分		亿	千	百	十	万	千	百	十	元	角	分

附表 1.52 总 分 类 账

会计科目及编号：__________

年		凭证		摘要	借方											贷方											借或贷	余额										
月	日	字	号		亿	千	百	十	万	千	百	十	元	角	分	亿	千	百	十	万	千	百	十	元	角	分		亿	千	百	十	万	千	百	十	元	角	分

附表 1.53 总 分 类 账

会计科目及编号：__________

年		凭证		摘要	借方											贷方											借或贷	余额										
月	日	字	号		亿	千	百	十	万	千	百	十	元	角	分	亿	千	百	十	万	千	百	十	元	角	分		亿	千	百	十	万	千	百	十	元	角	分

附表 1.54 总 分 类 账

会计科目及编号：__________

年		凭证		摘要	借方											贷方											借或贷	余额										
月	日	字	号		亿	千	百	十	万	千	百	十	元	角	分	亿	千	百	十	万	千	百	十	元	角	分		亿	千	百	十	万	千	百	十	元	角	分

附表 1.55 总 分 类 账

会计科目及编号：__________

年		凭证		摘要	借方											贷方											借或贷	余额										
月	日	字	号		亿	千	百	十	万	千	百	十	元	角	分	亿	千	百	十	万	千	百	十	元	角	分		亿	千	百	十	万	千	百	十	元	角	分

附表 1.56 总 分 类 账

会计科目及编号：__________

年		凭证		摘要	借方											贷方											借或贷	余额										
月	日	字	号		亿	千	百	十	万	千	百	十	元	角	分	亿	千	百	十	万	千	百	十	元	角	分		亿	千	百	十	万	千	百	十	元	角	分

附表 1.57 总 分 类 账

会计科目及编号：__________

年		凭证		摘要	借方											贷方											借或贷	余额										
月	日	字	号		亿	千	百	十	万	千	百	十	元	角	分	亿	千	百	十	万	千	百	十	元	角	分		亿	千	百	十	万	千	百	十	元	角	分

附表 1.58 总 分 类 账

会计科目及编号：__________

年		凭证		摘要	借方											贷方											借或贷	余额										
月	日	字	号		亿	千	百	十	万	千	百	十	元	角	分	亿	千	百	十	万	千	百	十	元	角	分		亿	千	百	十	万	千	百	十	元	角	分

附表 1.59 总 分 类 账

会计科目及编号：__________

年		凭证		摘要	借方											贷方											借或贷	余额										
月	日	字	号		亿	千	百	十	万	千	百	十	元	角	分	亿	千	百	十	万	千	百	十	元	角	分		亿	千	百	十	万	千	百	十	元	角	分

附表 1.60 总 分 类 账

会计科目及编号：__________

年		凭证		摘要	借方											贷方											借或贷	余额										
月	日	字	号		亿	千	百	十	万	千	百	十	元	角	分	亿	千	百	十	万	千	百	十	元	角	分		亿	千	百	十	万	千	百	十	元	角	分

附表 1.61 总 分 类 账

会计科目及编号：__________

年		凭证		摘要	借方											贷方											借或贷	余额										
月	日	字	号		亿	千	百	十	万	千	百	十	元	角	分	亿	千	百	十	万	千	百	十	元	角	分		亿	千	百	十	万	千	百	十	元	角	分

附表 1.62 总 分 类 账

会计科目及编号：__________

年		凭证		摘要	借方											贷方											借或贷	余额										
月	日	字	号		亿	千	百	十	万	千	百	十	元	角	分	亿	千	百	十	万	千	百	十	元	角	分		亿	千	百	十	万	千	百	十	元	角	分

附表1.63 科目汇总表　　　　科汇字第　　号

编制单位：　　　　　　年　　月　　日　　　　汇总第　　号至　　号记账凭证

序号	科 目 名 称	借方发生额	贷方发生额	总账页数

附表 1.64　科目汇总表　　　　科汇字第　　号

编制单位：　　　　　　年　　月　　日　　　汇总第　　号至　　号记账凭证

序号	科 目 名 称	借方发生额	贷方发生额	总账页数

附表 1.65　科目汇总表　　　　科汇字第　　号

编制单位：　　　　年　　月　　日　　　　汇总第　　号至　　号记账凭证

序号	科 目 名 称	借方发生额	贷方发生额	总账页数

附表 1.66　科目汇总表　　　　科汇字第　　号

编制单位：　　　　　　年　　月　　日　　　汇总第　　号至　　号记账凭证

序号	科 目 名 称	借方发生额	贷方发生额	总账页数

附录二

实训用会计报表

附表 2.1　利润表

会企 02 表

编制单位：　　　　　　　　　　年度　　　　　　　　　　（单位：元）

项　　目	本期金额	上期金额
一、营业收入		
减：营业成本		
营业税金及附加		
销售费用		
管理费用		
财务费用		
资产减值损失		
加：公允价值变动收益（损失以"－"号填列）		
投资收益（损失以"－"号填列）		
其中：对联营企业和合营企业的投资收益		
二、营业利润（亏损以"－"号填列）		
加：营业外收入		
减：营业外支出		
其中：非流动资产处置损失		
三、利润总额（亏损总额以"－"号填列）		
减：所得税费用		
四、净利润（净亏损以"－"号填列）		
五、每股收益		
（一）基本每股收益		
（二）稀释每股收益		

附表 2.2　资产负债表

会企 01 表

编制单位：　　　　　　　　　　年　　月　　日　　　　　　　　（单位：元）

资　产	年初余额	期末余额	负债及所有者权益（或股东权益）	年初余额	期末余额
流动资产：			流动负债：		
货币资金			短期借款		
交易性金融资产			交易性金融负债		
应收票据			应付票据		
应收账款			应付账款		
预付款项			预收款项		
应收利息			应付职工薪酬		
应收股利			应交税费		
其他应收款			应付利息		
存货			应付股利		
一年内到期的非流动资产			其他应付款		
其他流动资产			一年内到期的非流动负债		
流动资产合计			其他流动负债		
非流动资产：			流动负债合计		
可供出售金融资产			非流动负债：		
持有至到期投资			长期借款		
长期应收款			应付债券		
长期股权投资			长期应付款		
投资性房地产			专项应付款		
固定资产			预计负债		
在建工程			递延所得税负债		
工程物资			其他非流动负债		
固定资产清理			非流动负债合计		
生产性生物资产			负债合计		
油气资产			所有者权益（或股东权益）：		
无形资产			实收资本（或股本）		
开发支出			资本公积		
商誉			减：库存股		
长期待摊费用			盈余公积		
递延所得税资产			未分配利润		
其他非流动资产			所有者权益（或股东权益）合计		
非流动资产合计					
资产总计			负债及所有者权益（或股东权益）合计		

附录三

实训用纳税申报表

附表 3.1　增值税纳税申报表

（适用于增值税一般纳税人）

根据《中华人民共和国增值税暂行条例》第二十二条和第二十三条的规定制定本表。纳税人不论有无销售额，均应按主管税务机关核定的纳税期限按期填报本表，并于次月一日起十五日内，向当地税务机关申报。

税款所属时间：自　　年　　月　　日至　　年　　月　　日　填表日期：　　年　　月　　日　金额单位：元（列至角分）

纳税人识别号																			所属行业：

纳税人名称	（公章）	法定代表人姓名		注册地址		营业地址	
开户银行及账号		企业登记注册类型				电话号码	

项　　目		栏　　次	一般货物及劳务		即征即退货物及劳务	
			本月数	本年累计	本月数	本年累计
销售额	（一）按适用税率征税货物及劳务销售额	1				
	其中：应税货物销售额	2				
	应税劳务销售额	3				
	纳税检查调整的销售额	4				
	（二）按简易征收办法征税货物销售额	5				
	其中：纳税检查调整的销售额	6				
	（三）免、抵、退办法出口货物销售额	7			—	—
	（四）免税货物及劳务销售额	8			—	—
	其中：免税货物销售额	9			—	—
	免税劳务销售额	10			—	—
税款计算	销项税额	11				
	进项税额	12				
	上期留抵税额	13		—		—

续表

项　　目		栏　　次	一般货物及劳务		即征即退货物及劳务	
			本月数	本年累计	本月数	本年累计
税款计算	进项税额转出	14				
	免、抵、退货物应退税额	15			—	—
	按适用税率计算的纳税检查应补缴税额	16			—	—
	应抵扣税额合计	17=12+13−14−15+16		—		—
	实际抵扣税额	18(如 17＜11 则为 17 否则为 11）				
	应纳税额	19=11−18				
	期末留抵税额	20=17−18		—		—
	按简易征收办法计算的应纳税额	21				
	按简易征收办法计算的纳税检查应补缴税额	22			—	—
	应纳税额减征额	23				
	应纳税额合计	24=19+21−23				
税款缴纳	期初未缴税额（多缴为负数）	25				
	实收出口开具专用缴款书退税额	26			—	—
	本期已缴税额	27=28+29+30+31		—		—
	① 分次预缴税额	28		—	—	—
	② 出口开具专用缴款书预缴税额	29				
	③ 本期缴纳上期应纳税额	30				
	④ 本期缴纳欠缴税额	31				
	期末未缴税额（多缴为负数）	32=24+25+26−27				
	其中：欠缴税额（≥0）	33=25+26−27		—		—
	本期应补（退）税额	34=24−28−29		—		—
	即征即退实际退税额	35	—	—		
	期初未缴查补税额	36			—	—
	本期入库查补税额	37			—	—
	期末未缴查补税额	38=16+22+36−37			—	—

授权说明	如果你已委托代理人申报，请填写下列资料： 为代理一切税务事宜，现授权 （地址）为本纳税人的代理申报人，任何与本申报表有关的往来文件都可寄予此人。 授权人签字	申报人声明	此纳税申报表是根据《中华人民共和国增值税暂行条例》的规定填报的，我相信它是真实的、可靠的、完整的。 声明人签字：

以下由税务机关填写： 收到日期：	接收人：	主管税务机关盖章：

附表 3.2　增值税纳税申报表附列资料（表一）

（本期销售情况明细）

税款所属时间：　　年　　月

纳税人名称：（公章）　　　填表日期：　　年　　月　　日　　　金额单位：元（列至角分）

一、按适用税率征收增值税货物及劳务的销售额和销项税额明细													
项　目	栏　次	应 税 货 物						应 税 劳 务			小　计		
		17%税率			13%税率								
		份数	销售额	销项税额	份数	销售额	销项税额	份数	销售额	销项税额	份数	销售额	销项税额
防伪税控系统开具的增值税专用发票	1												
非防伪税控系统开具的增值税专用发票	2												
开具普通发票	3	1									1		
未开具发票	4	—			—			—			—		
小计	5=1+2+3+4	—			—			—			—		
纳税检查调整	6				—			—			—		
合计	7=5+6	—			—			—			—		

二、简易征收办法征收增值税货物的销售额和应纳税额明细										
项　目	栏　次	6%征收率			4%征收率			小　计		
		份数	销售额	应纳税额	份数	销售额	应纳税额	份数	销售额	应纳税额
防伪税控系统开具的增值税专用发票	8									

续表

项　目	栏　次	6%征收率			4%征收率			小　计		
		份数	销售额	应纳税额	份数	销售额	应纳税额	份数	销售额	应纳税额
非防伪税控系统开具的增值税专用发票	9									
开具普通发票	10									
未开具发票	11	—			—			—		
小计	12=8+9+10+11	—			—			—		
纳税检查调整	13	—			—			—		
合计	14=12+13	—			—			—		

三、免征增值税货物及劳务销售额明细

项　目	栏　次	免税货物			免税劳务			小　计		
		份数	销售额	税额	份数	销售额	税额	份数	销售额	税额
防伪税控系统开具的增值税专用发票	15				—	—	—			
开具普通发票	16			—			—			—
未开具发票	17	—		—	—		—	—		—
合计	18=15+16+17	—			—		—	—		

附表 3.3　增值税纳税申报表附列资料（表二）

（本期进项税额明细）

税款所属时间：　　年　　月

纳税人名称：（公章）　　　　填表日期：　　年　　月　　日　　　　金额单位：元（列至角分）

一、申报抵扣的进项税额				
项　目	栏次	份数	金　额	税　额
（一）认证相符的防伪税控增值税专用发票	1			
其中：本期认证相符且本期申报抵扣	2			
前期认证相符且本期申报抵扣	3			
（二）非防伪税控增值税专用发票及其他扣税凭证	4			
其中：17%税率	5			
13%税率或扣除率	6			
10%扣除率	7			
7%扣除率	8			
6%征收率	9			
4%征收率	10			
（三）期初已征税款	11	—	—	
当期申报抵扣进项税额合计	12			

二、进项税额转出额		
项　目	栏次	税　额
本期进项税转出额	13	
其中：免税货物用	14	
非应税项目用	15	
非正常损失	16	
按简易征收办法征税货物用	17	
免抵退税办法出口货物不得抵扣进项税额	18	
纳税检查调减进项税额	19	
未经认证已抵扣的进项税额	20	
	21	

续表

三、待抵扣进项税额				
项　　目	栏次	份数	金　　额	税　　额
(一) 认证相符的防伪税控增值税专用发票	22	—	—	—
期初已认证相符但未申报抵扣	23			
本期认证相符且本期未申报抵扣	24			
期末已认证相符但未申报抵扣	25			
其中：按照税法规定不允许抵扣	26			
(二) 非防伪税控增值税专用发票及其他扣税凭证	27			
其中：17%税率	28			
13%税率及扣除率	29			
10%扣除率	30			
7%扣除率	31			
6%征收率	32			
4%征收率	33			
	34			

四、其他				
项　　目	栏次	份数	金　　额	税　　额
本期认证相符的全部防伪税控增值税专用发票	35			
期初已征税款挂账额	36	—	—	
期初已征税款余额	37	—	—	
代扣代缴税额	38	—	—	

注：第1栏=第2栏+第3栏=第23栏+第35栏−第25栏；第2栏=第35栏−第24栏；第3栏=第23栏+第24栏−第25栏；第4栏等于第5栏至第10栏之和；

第12栏=第1栏+第4栏+第11栏；第13栏等于第14栏至第21栏之和；第27栏等于第28栏至第34栏之和。

附表 3.4　酒及酒精消费税纳税申报表

税款所属期：　　年　　月　　日至　　年　　月　　日

纳税人名称（公章）：

纳税人识别号：

填表日期：　　年　　月　　日　　　　　　　　　　　　金额单位：元（列至角分）

项目 应税消费品名称	适用税率		销售数量	销售额	应纳税额
	定额税率	比例税率			
粮食白酒	0.5 元/斤	20%			
薯类白酒	0.5 元/斤	20%			
啤酒	250 元/吨	—			
啤酒	220 元/吨	—			
黄酒	240 元/吨	—			
其他酒	—	10%			
酒精	—	5%			
合计	—	—	—	—	

本期准予抵减税额：	**声明** 此纳税申报表是根据国家税收法律的规定填报的，我确定它是真实的、可靠的、完整的。 经办人（签章）： 财务负责人（签章）： 联系电话：
本期减（免）税额：	
期初未缴税额：	
本期缴纳前期应纳税额：	（如果你已委托代理人申报，请填写） **授权声明** 为代理一切税务事宜，现授权（地址）为本纳税人的代理申报人，任何与本申报表有关的往来文件，都可寄予此人。 授权人签章：
本期预缴税额：	
本期应补（退）税额：	
期末未缴税额：	

以下由税务机关填写

受理人（签章）：受理日期：　　年　　月　　日受理税务机关（章）：

附表 3.5　附表一本期准予抵减税额计算表

税款所属期：　年　月　日至　年　月　日

纳税人名称（公章）：　　　　纳税人识别号：

填表日期：　年　月　日

一、当期准予抵减的外购啤酒液已纳税款计算	
1. 期初库存外购啤酒液数量（吨）	
2. 当期购进啤酒液数量（吨）	
3. 期末库存外购啤酒液数量（吨）	
4. 当期准予抵减的外购啤酒液已纳税款（元）	
二、当期准予抵减的进口葡萄酒已纳税款（元）	
三、本期准予抵减税款合计（元）	
附：准予抵减消费税凭证明细	

附表 3.6　附表二本期代收代缴税额计算表

税款所属期：　年　月　日至　年　月　日

纳税人名称（公章）：　　　　纳税人识别号：

填表日期：　年　月　日　　　　金额单位：元（列至角分）

项目＼应税消费品名称		粮食白酒	薯类白酒	啤酒	啤酒	黄酒	其他酒	酒精	合计
适用税率	定额税率	0.5 元/斤	0.5 元/斤	250 元/吨	220 元/吨	240 元/吨	—	—	—
	比例税率	20%	20%	—	—	—	10%	5%	—
受托加工数量									—
同类产品销售价格						—			—
材料成本						—			—
加工费						—			—
组成计税价格						—			—
本期代收代缴税款									

附表 3.7 营业税纳税申报表

填表日期： 年 月 日

纳税人识别号：| | | | | | | | | | | | | | | | | | |

金额单位：元（列至角分）

<table>
<tr><td colspan="2">纳税人名称</td><td colspan="6"></td><td colspan="3">税款所属时期</td><td></td></tr>
<tr><td rowspan="2">税目</td><td rowspan="2">经营项目</td><td colspan="5">营业额</td><td rowspan="2">税率</td><td colspan="4">本期</td></tr>
<tr><td>全部收入</td><td>不征税项目</td><td>减除项目</td><td>减免税项目</td><td>应税营业额</td><td>应纳税额</td><td>减免税额</td><td>已纳税额</td><td>应补（退）税额</td></tr>
<tr><td>1</td><td>2</td><td>3</td><td>4</td><td>5</td><td>6</td><td>7=3−4−5−6</td><td>8</td><td>9＝7×8</td><td>10=6×8</td><td>11</td><td>12</td></tr>
<tr><td></td><td></td><td></td><td></td><td></td><td></td><td></td><td></td><td></td><td></td><td></td><td></td></tr>
<tr><td></td><td></td><td></td><td></td><td></td><td></td><td></td><td></td><td></td><td></td><td></td><td></td></tr>
<tr><td></td><td></td><td></td><td></td><td></td><td></td><td></td><td></td><td></td><td></td><td></td><td></td></tr>
<tr><td></td><td></td><td></td><td></td><td></td><td></td><td></td><td></td><td></td><td></td><td></td><td></td></tr>
<tr><td colspan="2">合计</td><td></td><td></td><td></td><td></td><td></td><td></td><td></td><td></td><td></td><td></td></tr>
<tr><td colspan="4">如纳税人填报 由纳税人填写以下各栏</td><td colspan="6">如委托代理人填报 由代理人填写以下各栏</td><td colspan="2">备注</td></tr>
<tr><td rowspan="3" colspan="2">会计主管

（签章）</td><td rowspan="3" colspan="2">纳税人

（公章）</td><td>代理人名称</td><td colspan="3"></td><td rowspan="3" colspan="2">代理人

（公章）</td><td rowspan="3" colspan="2"></td></tr>
<tr><td>地址</td><td colspan="3"></td></tr>
<tr><td>经办人</td><td></td><td>电话</td><td></td></tr>
<tr><td colspan="12">以下由税务机关填写</td></tr>
<tr><td colspan="3">收到申报表日期</td><td colspan="3"></td><td>接收人</td><td colspan="5"></td></tr>
</table>

附表 3.8 省地方税务局综合纳税申报表

纳税人名称（公章）：

纳税人识别号：| | | | | | | | | | | | | | | | | | | | |

税款所属期： 年 月 日至 年 月 日

填表日期： 年 月 日 金额单位：元（列至角分）

<table>
<tr><td colspan="3">纳税人识别码</td><td colspan="3"></td><td>联系电话</td><td colspan="5"></td></tr>
<tr><td rowspan="2">序号</td><td>1</td><td>2</td><td>3</td><td>4</td><td>5</td><td>6</td><td>7</td><td>8</td><td>9</td><td>10</td></tr>
<tr><td>税（费）种名称</td><td>适用税目或范围、项目</td><td>税款所属日期（ 年 月 日至 年 月 日）</td><td>计税金额或课税数额</td><td>税率或单位税额</td><td>应纳税额</td><td>减免税额</td><td>已纳税额</td><td>本期应缴税额</td><td>备注</td></tr>
<tr><td>1</td><td></td><td></td><td></td><td></td><td></td><td></td><td></td><td></td><td></td><td></td></tr>
<tr><td>2</td><td></td><td></td><td></td><td></td><td></td><td></td><td></td><td></td><td></td><td></td></tr>
<tr><td>3</td><td></td><td></td><td></td><td></td><td></td><td></td><td></td><td></td><td></td><td></td></tr>
<tr><td>4</td><td></td><td></td><td></td><td></td><td></td><td></td><td></td><td></td><td></td><td></td></tr>
<tr><td>5</td><td></td><td></td><td></td><td></td><td></td><td></td><td></td><td></td><td></td><td></td></tr>
<tr><td>6</td><td></td><td></td><td></td><td></td><td></td><td></td><td></td><td></td><td></td><td></td></tr>
<tr><td>7</td><td></td><td></td><td></td><td></td><td></td><td></td><td></td><td></td><td></td><td></td></tr>
<tr><td>8</td><td></td><td></td><td></td><td></td><td></td><td></td><td></td><td></td><td></td><td></td></tr>
<tr><td>9</td><td>合计</td><td></td><td></td><td></td><td></td><td></td><td></td><td></td><td></td><td></td></tr>
</table>

注：本表一式三联。第一联纳税人留存；第二联基层主管税务机关留存；第三联主管税务机关会计核算留存。

办税人员（签章）： 财务负责人（签章）： 税务人员签收： 签收日期：

附表 3.9　中华人民共和国企业所得税年度纳税申报表（A 类）

税款所属期间：　　年　　月　　日至　　年　　月　　日

纳税人名称：

纳税人识别号：□□□□□□□□□□□□□□□□□□　　　　金额单位：元（列至角分）

类　别	行　次	项　　目	金　额
利润总额计算	1	一、营业收入（填附表一）	
	2	减：营业成本（填附表二）	
	3	营业税金及附加	
	4	销售费用（填附表二）	
	5	管理费用（填附表二）	
	6	财务费用（填附表二）	
	7	资产减值损失	
	8	加：公允价值变动收益	
	9	投资收益	
	10	二、营业利润	
	11	加：营业外收入（填附表一）	
	12	减：营业外支出（填附表二）	
	13	三、利润总额（10+11−12）	
应纳税所得额计算	14	加：纳税调整增加额（填附表三）	
	15	减：纳税调整减少额（填附表三）	
	16	其中：不征税收入	
	17	免税收入	
	18	减计收入	
	19	减、免税项目所得	
	20	加计扣除	
	21	抵扣应纳税所得额	
	22	加：境外应税所得弥补境内亏损	
	23	纳税调整后所得（13+14−15+22）	
	24	减：弥补以前年度亏损（填附表四）	
	25	应纳税所得额（23−24）	
应纳税额计算	26	税率（25%）	

续表

类 别	行 次	项 目	金 额
应纳税额计算	27	应纳所得税额（25×26）	
	28	减：减免所得税额（填附表五）	
	29	减：抵免所得税额（填附表五）	
	30	应纳税额（27−28−29）	
	31	加：境外所得应纳所得税额（填附表六）	
	32	减：境外所得抵免所得税额（填附表六）	
	33	实际应纳所得税额（30+31−32）	
	34	减:本年累计实际已预缴的所得税额	
	35	其中:汇总纳税的总机构分摊预缴的税额	
	36	汇总纳税的总机构财政调库预缴的税额	
	37	汇总纳税的总机构所属分支机构分摊的预缴税额	
	38	合并纳税（母子体制）成员企业就地预缴比例	
	39	合并纳税企业就地预缴的所得税额	
	40	本年应补（退）的所得税额（33−34）	
附列资料	41	以前年度多缴的所得税额在本年抵减额	
	42	以前年度应缴未缴在本年入库所得税额	

纳税人公章： 经办人： 申报日期： 年 月 日	代理申报中介机构公章： 经办人及执业证件号码： 代理申报日期： 年 月 日	主管税务机关受理专用章： 受理人： 受理日期： 年 月 日

附表 3.10　企业所得税年度纳税申报表附表一（1）

收入明细表

填报时间：　　年　　月　　日　　　　　　　　　　　　　　　　　　　金额单位：元（列至角分）

行　次	项　　目	金　　额
1	一、销售（营业）收入合计（2＋13）	
2	（一）营业收入合计（3＋8）	
3	1. 主营业务收入（4＋5＋6＋7）	
4	（1）销售货物	
5	（2）提供劳务	
6	（3）让渡资产使用权	
7	（4）建造合同	
8	2. 其他业务收入（9＋10＋11＋12）	
9	（1）材料销售收入	
10	（2）代购代销手续费收入	
11	（3）包装物出租收入	
12	（4）其他	
13	（二）视同销售收入（14＋15＋16）	
14	（1）非货币性交易视同销售收入	
15	（2）货物、财产、劳务视同销售收入	
16	（3）其他视同销售收入	
17	二、营业外收入（18＋19＋20＋21＋22＋23＋24＋25＋26）	
18	1. 固定资产盘盈	
19	2. 处置固定资产净收益	
20	3. 非货币性资产交易收益	
21	4. 出售无形资产收益	
22	5. 罚款净收入	
23	6. 债务重组收益	
24	7. 政府补助收入	
25	8. 捐赠收入	
26	9. 其他	

经办人（签章）：法定代表人（签章）：

附表 3.11 企业所得税年度纳税申报表附表二（1）

成本费用明细表

填报时间： 年 月 日 金额单位：元（列至角分）

行 次	项 目	金 额
1	一、销售（营业）成本合计（2＋7＋12）	
2	（一）主营业务成本（3＋4＋5＋6）	
3	（1）销售货物成本	
4	（2）提供劳务成本	
5	（3）让渡资产使用权成本	
6	（4）建造合同成本	
7	（二）其他业务成本（8＋9＋10＋11）	
8	（1）材料销售成本	
9	（2）代购代销费用	
10	（3）包装物出租成本	
11	（4）其他	
12	（三）视同销售成本（13＋14＋15）	
13	（1）非货币性交易视同销售成本	
14	（2）货物、财产、劳务视同销售成本	
15	（3）其他视同销售成本	
16	二、营业外支出（17＋18＋……＋24）	
17	1. 固定资产盘亏	
18	2. 处置固定资产净损失	
19	3. 出售无形资产损失	
20	4. 债务重组损失	
21	5. 罚款支出	
22	6. 非常损失	
23	7. 捐赠支出	
24	8. 其他	
25	三、期间费用（26＋27＋28）	
26	1. 销售（营业）费用	
27	2. 管理费用	
28	3. 财务费用	

经办人（签章）：法定代表人（签章）：

附表 3.12　企业所得税年度纳税申报表附表三
纳税调整项目明细表

填报时间：　　年　　月　　日　　　　　　　　　　　　　　　　　　　　金额单位：元（列至角分）

	行次	项　目	账载金额	税收金额	调增金额	调减金额
			1	2	3	4
	1	一、收入类调整项目	*	*		
	2	1. 视同销售收入（填写附表一）	*	*		*
#	3	2. 接受捐赠收入	*			*
	4	3. 不符合税收规定的销售折扣和折让				*
*	5	4. 未按权责发生制原则确认的收入				
*	6	5. 按权益法核算长期股权投资对初始投资成本调整确认收益	*	*	*	
	7	6. 按权益法核算的长期股权投资持有期间的投资损益	*	*		
*	8	7. 特殊重组				
*	9	8. 一般重组				
*	10	9. 公允价值变动净收益（填写附表七）	*	*		
	11	10. 确认为递延收益的政府补助				
	12	11. 境外应税所得（填写附表六）	*	*	*	
	13	12. 不允许扣除的境外投资损失	*	*		*
	14	13. 不征税收入（填附表一[3]）	*	*	*	
	15	14. 免税收入（填附表五）	*	*	*	
	16	15. 减计收入（填附表五）	*	*	*	
	17	16. 减、免税项目所得（填附表五）	*	*	*	
	18	17. 抵扣应纳税所得额（填附表五）	*	*	*	
	19	18. 其他				
	20	二、扣除类调整项目	*	*		
	21	1. 视同销售成本（填写附表二）	*	*	*	
	22	2. 工资薪金支出				
	23	3. 职工福利费支出				
	24	4. 职工教育经费支出				
	25	5. 工会经费支出				
	26	6. 业务招待费支出				*
	27	7. 广告费和业务宣传费支出（填写附表八）	*	*		
	28	8. 捐赠支出				*
	29	9. 利息支出				*

续表

	行次	项　　目	账载金额	税收金额	调增金额	调减金额
			1	2	3	4
	30	10. 住房公积金				*
	31	11. 罚金、罚款和被没收财物的损失		*		*
	32	12. 税收滞纳金		*		*
	33	13. 赞助支出		*		*
	34	14. 各类基本社会保障性缴款				*
	35	15. 补充养老保险、补充医疗保险				
	36	16. 与未实现融资收益相关在当期确认的财务费用				
	37	17. 与取得收入无关的支出		*		*
	38	18. 不征税收入用于支出所形成的费用		*		*
	39	19. 加计扣除（填附表五）	*	*	*	
	40	20. 其他				
	41	三、资产类调整项目	*	*		
	42	1. 财产损失				
	43	2. 固定资产折旧（填写附表九）	*	*		
	44	3. 生产性生物资产折旧（填写附表九）	*	*		
	45	4. 长期待摊费用的摊销（填写附表九）	*	*		
	46	5. 无形资产摊销（填写附表九）	*	*		
	47	6. 投资转让、处置所得（填写附表十一）	*	*		
	48	7. 油气勘探投资（填写附表九）				
	49	8. 油气开发投资（填写附表九）				
	50	9. 其他				
	51	四、准备金调整项目（填写附表十）	*	*		
	52	五、房地产企业预售收入计算的预计利润	*	*		
	53	六、特别纳税调整应税所得	*	*		*
	54	七、其他	*	*		
	55	合　　计	*	*		

注：1. 标有*的行次为执行新会计准则的企业填列，标有#的行次为除执行新会计准则以外的企业填列。

2. 没有标注的行次，无论执行何种会计核算办法，有差异就填报相应行次，填*号不可填列

3. 有二级附表的项目只填调增、调减金额，账载金额、税收金额不再填写。

经办人（签章）：　　　　　　　　　　法定代表人（签章）：

附表 3.13 企业所得税年度纳税申报表附表四

企业所得税弥补亏损明细表

填报时间：　　年　　月　　日　　　　　　　　金额单位：元（列至角分）

行次	项目	年度	赢利额或亏损额	合并分立企业转入可弥补亏损额	当年可弥补的所得额	以前年度亏损弥补额					本年度实际弥补的以前年度亏损额	可结转以后年度弥补的亏损额
						前四年度	前三年度	前二年度	前一年度	合计		
		1	2	3	4	5	6	7	8	9	10	11
1	第一年											*
2	第二年					*						
3	第三年					*	*					
4	第四年					*	*	*				
5	第五年					*	*	*	*			
6	本年					*	*	*	*	*		
7	可结转以后年度弥补的亏损额合计											

经办人（签章）：　　　　　　法定代表人（签章）：

附表 3.14 企业所得税年度纳税申报表附表五
税收优惠明细表

填报时间：　　年　　月　　日　　　　　　　　　　　　　　　　金额单位：元（列至角分）

行次	项　　目	金　　额
1	一、免税收入（2+3+4+5）	
2	1. 国债利息收入	
3	2. 符合条件的居民企业之间的股息、红利等权益性投资收益	
4	3. 符合条件的非营利组织的收入	
5	4. 其他	
6	二、减计收入（7+8）	
7	1. 企业综合利用资源生产符合国家产业政策规定的产品所取得的收入	
8	2. 其他	
9	三、加计扣除额合计（10+11+12+13）	
10	1. 开发新技术、新产品、新工艺发生的研究开发费用	
11	2. 安置残疾人员所支付的工资	
12	3. 国家鼓励安置的其他就业人员支付的工资	
13	4. 其他	
14	四、减免所得额合计（15+25+29+30+31+32）	
15	（一）免税所得（16+17+…+24）	
16	1. 蔬菜、谷物、薯类、油料、豆类、棉花、麻类、糖料、水果、坚果的种植	
17	2. 农作物新品种的选育	
18	3. 中药材的种植	
19	4. 林木的培育和种植	
20	5. 牲畜、家禽的饲养	
21	6. 林产品的采集	
22	7. 灌溉、农产品初加工、兽医、农技推广、农机作业和维修等农、林、牧、渔服务业项目	
23	8. 远洋捕捞	
24	9. 其他	
25	（二）减税所得（26+27+28）	
26	1. 花卉、茶以及其他饮料作物和香料作物的种植	

续表

行次	项　目	金　额
27	2. 海水养殖、内陆养殖	
28	3. 其他	
29	（三）从事国家重点扶持的公共基础设施项目投资经营的所得	
30	（四）从事符合条件的环境保护、节能节水项目的所得	
31	（五）符合条件的技术转让所得	
32	（六）其他	
33	五、减免税合计（34＋35＋36＋37＋38）	
34	（一）符合条件的小型微利企业	
35	（二）国家需要重点扶持的高新技术企业	
36	（三）民族自治地方的企业应缴纳的企业所得税中属于地方分享的部分	
37	（四）过渡期税收优惠	
38	（五）其他	
39	六、创业投资企业抵扣的应纳税所得额	
40	七、抵免所得税额合计（41＋42＋43＋44）	
41	（一）企业购置用于环境保护专用设备的投资额抵免的税额	
42	（二）企业购置用于节能节水专用设备的投资额抵免的税额	
43	（三）企业购置用于安全生产专用设备的投资额抵免的税额	
44	（四）其他	
45	企业从业人数（全年平均人数）	
46	资产总额（全年平均数）	
47	所属行业（工业企业其他企业）	

经办人（签章）：　　　　　　　　　　　　法定代表人（签章）：

附表 3.15 企业所得税年度纳税申报表附表六
境外所得税抵免计算明细表

填报时间： 年 月 日　　　　金额单位：元（列至角分）

抵免方式	国家或地区	境外所得	境外所得换算含税所得	弥补以前年度亏损	免税所得	弥补亏损前境外应税所得额	可弥补境内亏损	境外应纳税所得额	税率	境外所得应纳税额	境外所得可抵免税额	境外所得税款抵免限额	本年可抵免的境外所得税款	未超过境外所得税款抵免限额的余额	本年可抵免以前年度所得税额	前五年境外所得已缴税款未抵免余额	定率抵免
	1	2	3	4	5	6(3−4−5)	7	8(6−7)	9	10(8×9)	11	12	13	14(12−13)	15	16	17
直接抵免																	
间接抵免				*	*									*	*	*	
				*	*									*	*	*	
				*	*									*	*	*	
				*	*									*	*	*	
	合计																

经办人（签章）：　　　　法定代表人（签章）：

附表 3.16　企业所得税年度纳税申报表附表七
以公允价值计量资产纳税调整表

填报时间：　　年　　月　　日　　　　　　　　　　　　　　　　金额单位：元（列至角分）

行次	资产种类	期初金额		期末金额		纳税调整额（纳税调减以“—”表示）
		账载金额（公允价值）	计税基础	账载金额（公允价值）	计税基础	
		1	2	3	4	5
1	一、公允价值计量且其变动计入当期损益的金融资产					
2	1. 交易性金融资产					
3	2. 衍生金融工具					
4	3. 其他以公允价值计量的金融资产					
5	二、公允价值计量且其变动计入当期损益的金融负债					
6	1. 交易性金融负债					
7	2. 衍生金融工具					
8	3. 其他以公允价值计量的金融负债					
9	三、投资性房地产					
10	合计					

经办人（签章）：　　　　　　　　　　　法定代表人（签章）：

附表 3.17　企业所得税年度纳税申报表附表八
广告费和业务宣传费跨年度纳税调整表

填报时间：　　年　　月　　日　　　　　　　　　　　　　　　　金额单位：元（列至角分）

行次	项目	金额
1	本年度广告费和业务宣传费支出	
2	其中：不允许扣除的广告费和业务宣传费支出	
3	本年度符合条件的广告费和业务宣传费支出（1−2）	
4	本年计算广告费和业务宣传费扣除限额的销售（营业）收入	
5	税收规定的扣除率	
6	本年广告费和业务宣传费扣除限额（4×5）	
7	本年广告费和业务宣传费支出纳税调整额（3≤6，本行＝2 行；3＞6，本行＝1−6）	
8	本年结转以后年度扣除额（3＞6，本行＝3−6；3≤6，本行＝0）	
9	加：以前年度累计结转扣除额	
10	减：本年扣除的以前年度结转额	
11	累计结转以后年度扣除额（8+9−10）	

经办人（签章）：　　　　　　　　法定代表人（签章）：

附表 3.18　企业所得税年度纳税申报表附表九
资产折旧、摊销纳税调整明细表

填报日期：　　年　　月　　日　　　　　　金额单位：元（列至角分）

行次	资产类别	资产原值		折旧、摊销年限		本期折旧、摊销额		纳税调整额
		账载金额	计税基础	会计	税收	会计	税收	
		1	2	3	4	5	6	7
1	一、固定资产			*	*			
2	1. 房屋建筑物							
3	2. 飞机、火车、轮船、机器、机械和其他生产设备							
4	3. 与生产经营有关的器具工具家具							
5	4. 飞机、火车、轮船以外的运输工具							
6	5. 电子设备							
7	二、生产性生物资产			*	*			
8	1. 林木类							
9	2. 畜类							
10	三、长期待摊费用			*	*			
11	1. 已足额提取折旧的固定资产的改建支出							
12	2. 租入固定资产的改建支出							
13	3. 固定资产大修理支出							
14	4. 其他长期待摊费用							
15	四、无形资产							
16	五、油气勘探投资							
17	六、油气开发投资							
18	合计			*	*			

经办人（签章）：　　　　　　法定代表人（签章）：

附表 3.19　企业所得税年度纳税申报表附表十
资产减值准备项目调整明细表

填报日期：　　年　　月　　日　　　　　　　　　　　　　　　　金额单位：元（列至角分）

行次	准备金类别	期初余额	本期转回额	本期计提额	期末余额	纳税调整额
		1	2	3	4	5
1	坏（呆）账准备					
2	存货跌价准备					
3	*其中：消耗性生物资产减值准备					
4	*持有至到期投资减值准备					
5	*可供出售金融资产减值		—			
6	#短期投资跌价准备					
7	长期股权投资减值准备					
8	*投资性房地产减值准备					
9	固定资产减值准备					
10	在建工程（工程物资）减值准备					
11	*生产性生物资产减值准备					
12	无形资产减值准备					
13	商誉减值准备					
14	贷款损失准备					
15	矿区权益减值					
16	其他					
17	合　　计					

注：表中*项目为执行新会计准则企业专用；表中加 # 项目为执行企业会计制度、小企业会计制度的企业专用。

经办人（签章）：　　　　　　　　　　法定代表人（签章）：

附表 3.20 企业所得税年度纳税申报表附表十一 长期股权投资所得（损失）明细表

填报时间：　　年　　月　　日　　　　　　　　　　　　　　　　　　金额单位：元（列至角分）

行次	被投资企业	期初投资额	本年度增（减）投资额	投资成本		股息红利					投资转让所得（损失）					
				初始投资成本	权益法核算对初始投资成本调整产生的收益	会计核算投资收益	会计投资损益	税收确认的股息红利		会计与税收的差异	投资转让净收入	投资转让的会计成本	投资转让的税收成本	会计上确认的转让所得或损失	按税收计算的投资转让所得或损失	会计与税收的差异
								免税收入	全额征税收入							
	1	2	3	4	5	6(7+14)	7	8	9	10(7−8−9)	11	12	13	14(11−12)	15(11−13)	16(14−15)
1																
2																
3																
4																
5																
6																
合计																

投资损失补充资料

行次	项目	年度	当年度结转金额	已弥补金额	本年度弥补金额	结转以后年度待弥补金额	备注：
1	第一年						
2	第二年						
3	第三年						
4	第四年						
5	第五年						
以前年度结转在本年度税前扣除的股权投资转让损失							

经办人（签章）：　　　　　　　　　　法定代表人（签章）：

配套资料索取说明

购买本书的读者可在 www.ptpedu.com.cn 注册后下载本书配套学习资料。

采用本书授课的老师，可发邮件至 wanguoqingljw@163.com 或 goodbook2010@tom.com 索取本书配套教学资料。

姓　　名：________ 性　　别：____ 职　　称：________ 职　　务：________

办公电话：________ 手　　机：____________ 电子邮箱：____________

学　　校：____________________ 院　　系：____________

通信地址：____________________ 邮　　编：____________

本课程开设于____学年____学期，原采用________出版社出版________主编的《________》为本课程教材，____________专业____个班共____人使用该教材。

证 明 人：________ 办公电话：________ 手机：________ 电子邮箱：________

21世纪 高职高专财经类规划教材

专业基础系列已出版教材

基本信息	特点简介
管理学基础 主　　编：季辉 出版时间：2010 年 8 月 书　　号：978-7-115-23521-3	提供课件、教案、习题答案、案例分析 以管理格言、导入案例增强读者学习兴趣，以课堂讨论、案例分析加深读者对所学内容的理解，以结构框图、章后小结方便读者把握内容线索，以管理一般规律为基本主线进行内容的阐述，力图使读者用最短的时间掌握管理的基本理论和技能
会计基础与实务 主　　编：杨桂洁 出版时间：2010 年 8 月 书　　号：978-7-115-23181-9	提供教案、课件、模拟案例和习题答案、案例分析，单独提供模拟案例原始凭证附册 本书是校企合作开发的基于会计工作过程的项目式教材，按照会计工作过程选取、序化教学内容，运用单一实例贯穿全书，采用仿真的凭证、账簿、报表组织教材内容，并安排相应的教、学、做一体化训练，突出仿真性和互动性，实现工学结合
财务管理 主　　编：马红光 出版时间：2010 年 8 月 书　　号：978-7-115-23114-7	提供教案、课件、习题答案、案例分析 理论与实践紧密结合，模块化编写，各模块相对独立，方便教与学 本书层次清晰、语言简明，力求开门见山，将知识点细分、归纳、精练，理论准确、言简意赅，最终落脚到该理论如何应用到现实层面
经济学基础 主　　编：杨洁、方欣 出版时间：2010 年 8 月 书　　号：978-7-115-23380-6	提供课件、教案、习题答案 采用案例导入教学，围绕现实生活中的经济现象展开基本理论的叙述，突出实践性、实用性及职业教育的特色，通过穿插示例、补充说明、探索与思考等形式多样的资料，使教材活泼生动、通俗易懂、可读性强
统计实用技术 主　　编：胡宝珅、邓先娥 出版时间：2010 年 8 月 书　　号：978-7-115-23366-0	本书根据省级精品课程教学成果开发，精品课程网站为本书提供教学支持，提供授课计划、教学大纲、试卷样本、实训资料、电子教案 大幅增加统计整理内容，压缩统计分析内容，突出技能操作性，尽量以简明扼要、通俗易懂的形式表现其能力点和技能点，让人一目了然 《统计实用技术实训》为本书配套学习用书

续表

基本信息	特点简介
统计实用技术实训 主　　编：胡宝珅、陈娟 出版时间：2010 年 8 月 书　　号：978-7-115-23355-4	本书分为三部分。第一部分“单项技能实训”主要包括知识目标、技能目标、本章基本架构、基本技能概述、技能实训资料及参考答案、复习思考题及参考答案等内容。第二部分“综合技能实训”含两套实训内容方案。第三部分常用数表包括“随机数表”和“累计法平均增长速度查对表” 本书为《统计实用技术》配套学习用书
国际贸易理论与实务 主　　编：康芳民、刘旨贤 出版时间：2010 年 8 月 书　　号：978-7-115-23395-0	提供课件、教案、习题答案、案例分析 本书分为两篇。上篇为理论篇，从国际贸易的研究对象与内容出发，重点介绍国际贸易基本理论、政策、政策工具及国际贸易体制。下篇为实务篇，从国际贸易术语出发，重点分析国际贸易交易磋商、谈判、合同的主要条款、贸易方式的选择及贸易结算 本书案例丰富，凸显可操作性。章后设小结、习题与案例应用
经济数学 主　　编：郭欣红、姜晓艳 出版时间：2010 年 8 月 书　　号：978-7-115-23290-8	提供教案、课件、习题答案 以授课学时分节，节后配备课后习题，章后设单元练习 力求简化繁琐的理论推导过程，突出重点、难点。例题的选择力争从现实生活中和经济活动中搜集教学素材，解决生活中的实际问题
经济法实务 主　　编：王琳雯　李良雄 出版时间：2011 年 2 月 书　　号：978-7-115-24764-3	提供课件、教案、习题参考答案、案例分析 充分吸收最新经济法律法规，针对性地选择与财经专业最密切、最实用的法律法规 从职业岗位人才培养需求出发，高度结合会计从业资格、银行从业资格、证券从业资格的考试要求 彰显以学生为中心的教育理念，打破“法条罗列”式教材编写模式，利用“案例导入”、“社会热点”、“法律前沿”、“补充阅读”、“课堂讨论”、“专家说法”等栏目调动学生求知欲，增强可读性
商务谈判 主　　编：田玉来 出版时间：2011 年 1 月 书　　号：978-7-115-24962-3	提供课件、教案、习题答案 突出趣味性，提升读者阅读兴趣。案例导入引起读者的学习兴趣；案例解析引导读者理论联系实际，增强学习效果；课堂讨论、案例、小资料和实训提高读者的阅读兴趣 着重商务谈判能力培养，提高实用性。丰富的习题方便读者对知识的消化和理解，精心安排的模拟实训着力于商务谈判能力的培养
市场营销理论与实训 主　　编：方凤玲 周博 出版时间：2011 年 8 月 书　　号：978-7-115-25909-7	书中除提供习题外，还设置了实训项目，本书配套资料中提供实训支持材料，方便教学过程中实训环节的开展 每章前后加入了与内容紧密联系的营销案例，供教师课堂讲解或学生课后阅读分析，加强对理论知识的理解 提供课件、教案、习题答案、模拟试卷、教学案例、实训支持材料
金融基础知识 主　　编：韩宗英 出版时间：2011 年 7 月 书　　号：978-7-115-25823-6	提供课件、教案、案例分析、实战演练答案、习题答案、模拟试卷 在内容上反映最新的金融实践发展 着重加强案例教学和技能实训，将学习、探究、实训、拓展有机结合 每章以通俗易懂的故事导入，正文中配以相应的案例和实战演练，尽可能采用活泼生动的语言，力图使阅读不再枯燥乏味
保险基础与实务 主　　编：徐昆 出版时间：2011 年 8 月 书　　号：978-7-115-25908-0	校企合作开发，与职业资格证书考核内容和专业岗位要求相衔接，满足多种岗位需要，简单易学，循序渐进 涵盖保险基础、保险实务、保险理财、保险实训 提供课件、案例分析、习题答案、模拟试卷、保险实训资料

续表

基本信息	特点简介
演讲与口才实用教程 主　　编：蒋红梅　罗　纯 出版时间：2011 年 7 月 书　　号：978-7-115-25935-6	提供课件、教案、整体设计、单元设计、课程标准、案例库和案例分析、检测标准 以“精讲多练”为原则，通过 100 多个训练步骤，攻难点、补薄弱，帮助读者达到敢说、能说、会说、巧说的语言表达要求 注重职场口才的技能培养，设计了虚拟求职面试和行业服务情境，强化岗位特殊口语能力，使读者在最短的时间内，最大限度的掌握特定的职业口语风范与从业规范
人际沟通艺术 主　　编：麻友平 出版时间：2012 年 3 月 书　　号：978-7-115-27482-3	内容实用、针对性强。不进行系统的理论阐释，重点解决大学生在生活和工作中无法回避的具体的人际沟通方面的问题。 讲授与实践相结合。课外实践可操作性强，部分内容学生可独立完成，有效地弥补了课堂教学课时不足的问题；同时通过课外的实际训练能使学生真正掌握课堂所学的人际沟通知识和技巧。 提供教学配套资料。本书提供电子课件、电子教案、习题答案、模拟试卷等资料，读者可参照本书末页“配套资料索取说明”索取。

财务会计系列已出版教材

基本信息	特点简介
财务报告编制与分析 主　　编：赵威 出版时间：2010 年 12 月 书号：978-7-115-24442-0	提供课件、教案、教学案例集、习题答案、试卷样本 理论精准够用、条理清晰，例题、案例选择贴近实际，注重程序、方法的实用性 每章“引例导读”可激发读者的学习兴趣，提升其学习欲望；“课堂讨论”促使读者进行思考并保持学习兴趣；“知识导航”、“案例”和“推荐阅读”介绍相关知识或实例，开阔读者的视野；“小结”和“习题”，进一步帮助读者巩固所学知识
财　务　会　计 主　　编：贾永海 出版时间：2011 年 6 月 书　　号：978-7-115-25428-3	提供课件、教案、教学做一体化训练参考答案 按照会计工作岗位选取、序化教学内容，以工作岗位为导向，工作任务为载体，融教、学、做于一体，突出仿真性和互动性，实现工学结合 理论知识够用，体例新颖，“知识目标”“能力目标”“导入案例”“考考你”“小知识”“学中做”等小栏目方便读者阅读和教师授课 重点突出实训环节，模块后配有“教学做一体化训练”项目
会计综合实训 主　　编：甄立敏　张亚兵 出版时间：2011 年 8 月 书　　号：978-7-115-26146-5	提供课件、教案、手工会计处理参考答案、计算机会计处理备份文件、纳税申报纸质资料、电子报税系统备份 本书由校企合作共同开发，由会计、税务行业的企业专家、会计工作人员和会计专业的教师共同编写，实训素材仿真性强 实训项目根据企业会计的实际情况设置，将会计处理和纳税申报相结合，增加职工个人权益业务内容，全书由手工会计综合仿真实验、电算化会计综合仿真实验实训和企业纳税申报仿真实验三部分组成
成　本　会　计 主　　编：徐晓敏　杨应杰 　　　　　杨　建 出版时间：2012 年 2 月 书　　号：978-7-115-27086-3	提供电子课件、电子教案、习题及实训答案、模拟试卷等资源，索取方式参见本书“配套资料索取说明” 以《企业会计准则》为依据，理论与实训相结合，着重培养学生的实际操作能力 习题、实训题目符合实际、可操作性强；理论内容实用、通俗易懂，有一定趣味性

财政金融系列已出版教材

基本信息	特点简介
金融法理论与实务 主　　编：罗艾筠　刘洁 出版时间：2010 年 2 月 书　　号：978-7-115-24715-5	提供课件、教案、习题考答案、案例分析 基于对金融第一线岗位人才培养的要求和高职教学改革要以“开放思想”为指导，以“工学结合”为手段的理念，本着高职高专特色，淡化“金融法”课程的独立性，始终强调“金融法”课程与相关专业课程之间的联系和综合，体现了金融法课程结构的均衡性和实用性 努力贯彻“理论足够为度，着重培养应用能力”，在每一章穿插大量的同步、关联案例，以案例解读法律条款，强化对法律条款的理解与适用，在每一章后还设置了知识点测试和实践能力训练，以着重培养应用能力
证券投资理论与实务 主　　编：吴作斌　罗正媛 出版时间：2011 年 7 月 书　　号：978-7-115-25960-8	提供课件、教案、习题答案 内容上借鉴部分国内外证券市场理论研究的最新成果，并力求贴近和反映我国资本市场近年来的发展实践 增加了证券投资实务尤其是基本分析部分的篇幅，并且努力营造有一定趣味性的阅读环境，使读者乐于阅读并能轻松掌握证券投资的方法、策略等内容

经济贸易系列已出版教材

基本信息	特点简介
国际贸易实务 主　　编：张燕芳　林卫 出版时间：2010 年 2 月 书　　号：978-7-115-24747-6	提供课件、教案、习题答案、案例分析 基于国际贸易工作过程编写。教材的章节顺序即出口业务中的工作顺序，每一章均根据每一工作环节的技能需要安排理论内容和实践教学 突出国际贸易职业能力培养。教材的理论内容与国际贸易业务紧密联系，实践教学以一笔出口业务为主线，详述达成此笔交易和履行该合同的整个工作过程及所需的业务技能 理论与案例相结合，提高教学的生动性，加强对学生思维能力的培养
国际贸易单证实务与操作 主　　编：徐薇 出版时间：2010 年 5 月 书　　号：978-7-115-25009-4	提供课件、教案、习题答案 与全国国际商务单证员考试内容相衔接，有助于读者考取单证员证书 上篇国际贸易单证实务结合实际外贸业务流程精讲相关知识；下篇国际贸易单证操作，精编了大量的各种类型的习题，分为基础知识部分与实训操作部分，是上篇的配套练习 突出商务英语与国际贸易专业知识结合。本书将英语与单证结合，将外语讲懂、讲通、讲透，提高学生的外语水平

附录四

经济业务原始凭证

业务 1

职工补助申请审批表

申请人姓名	申请原因	申请补助金额	审批补助金额	申请人签收
孙梅	爱人生病	3000.00	3000.00	孙梅
孙亮	老人去世	3000.00	3000.00	孙亮
李芳芳	孩子上大学	3000.00	3000.00	李芳芳
合计金额人民币（大写）玖仟元整		小写：¥9000.00		
审查意见：　同意 现金付讫 单位负责人　钱二国 日期：2010 年 12 月 1 日				

单据 1.1.1

业务 2

差旅费报销单

报销日期 2010 年 12 月 1 日　　　　附件 19 张（略）

出差地点	广州		出差人	赵建	部门	销售部
出差原因	市场调查					
交通费	出发地		目的地	单价	张数	小计
	万春		广州	445	1	445
	广州		万春	445	1	445
	广州		增城	50	4	200
	增城		广州	50	4	200
	小计		1290			
住宿费	张数		金额	小计	报销金额合计人民币（大写）贰万零玖佰玖拾元整	
	1		1700	1700		
包干补助	天数	人数	标准	小计	小写：¥20990	
	20	1	100	2000	预借差旅费	20000
其他	张数		金额	小计	应补款	990
招待费	8		2000.00	16000.00	应退款	
部门负责人签批：钱二国			单位负责人签批：钱二国		财务审核签字：周宏伟	

单据 2.1.1

业务 3

注：行政部孙梅报销

本发票防伪标志为“河北省国家税务局监制”

河北省万春市货物销售发票

发票联

发票代码 113061011011

客户名称：河北阳光啤酒有限公司　　2010 年 11 月 29 日　　发票号码 01091133

货物名称	规格	单位	数量	单价	金额						
					万	千	百	十	元	角	分
打印纸		箱	10	300		3	0	0	0	0	0
礼品					2	1	0	0	0	0	0
金额合计（大写）贰万肆仟元整					¥24000.00						

第二联发票联（购货方收执）

开票单位（章）　　开票人：

单据 3.2.1

中国农业银行
转账支票存根

$\frac{C}{0}\ \frac{K}{2}$ 10346694

附加信息

出票日期 2010 年 12 月 01 日

收款人：万春百货大楼
金　额：24 000.00
用　途：购买办公用品等

单位主管：孙丽丽　　会计：周宏伟

单据 3.2.2

业务 4

河北阳光啤酒集团有限公司会议通知

为充分利用闲置房屋，完成公司年度经营目标，实现企业可持续发展，公司特召开会议。

一、会议时间

2010 年 11 月 29 日。

二、会议地点

办公楼第 1 会议室。

三、会议主要内容

会议决定将部分闲置房屋转作出租，即办公楼的二层 9 个房间对外出租，原值 1 500 000 元，已提折旧 395 675 元。

四、参加会议人员

董事长、总经理、副总经理、财务经理。

五、有关要求

要求财务部根据会计准则规定，将这部分房屋由固定资产转作投资性房地产，并对出租的房屋采用成本法进行后续计量。本月应提折旧 4 165 元。

河北阳光啤酒集团有限公司

二〇一〇年十一月三十日

单据 4.2.1

固定资产转移单

变动日期：2010-12-1

固定资产名称	单位	数量	原值	已提折旧	本月应提折旧	原用途	转移后用途
办公楼	间	9	1 500 000	395 675	4 165	办公	出租
领导人签字	赵立强						

单据 4.2.2

业务 5

房屋租赁合同

本合同当事人

出租方（以下简称甲方）：河北阳光啤酒集团有限公司

承租方（以下简称乙方）：河北宝华饭店

根据《中华人民共和国合同法》及相关法律法规的规定，甲、乙双方在平等、自愿的基础上，甲方将房屋出租给乙方使用，乙方承租甲方房屋事宜，为明确双方权利义务，经协商一致，订立本合同。

第一条　甲方保证所出租的房屋符合国家对租赁房屋的有关规定。

第二条　房屋的坐落、面积、装修、设施情况

1. 甲方出租给乙方的房屋位于河北阳光啤酒集团有限公司。

2. 出租房屋面积共 200 平方米。

3. 该房屋现有装修及设施、设备情况详见合同附件。合同附件作为甲方按照本合同约定交付乙方使用和乙方在本合同租赁期满交还该房屋时的验收依据。

第三条　甲方应提供房产证（或具有出租权的有效证明）、身份证明（营业执照）等文件，乙方应提供身份证明文件。双方验证后可复印对方文件备存。所有复印件仅供本次租赁使用。

第四条　租赁期限、用途

1. 该房屋租赁期共 5 年。自 2010 年 12 月 1 日起至 2015 年 11 月 30 日止。

2. 乙方向甲方承诺，租赁该房屋仅作为办公使用。

3. 租赁期满，甲方有权收回出租房屋，乙方应如期交还。

乙方如要求续租，则必须在租赁期满 1 个月之前书面通知甲方，经甲方同意后，重新签订租赁合同。

第五条　租金及支付方式

1. 该房屋每月租金为 25000 元（人民币大写贰万伍仟元整）。

2. 房屋租金支付方式如下：乙方应于每季度末月 1 日转账支付租金。

甲方收款后应提供给乙方有效的收款凭证。

第六条　本合同自双方签（章）后生效。

第七条　本合同及附件一式两份，由甲、乙双方各执一份。具有同等法律效力。

甲方：河北阳光啤酒集团有限公司	乙方：河北宝华饭店
签约代表：赵立强	签约代表：武文涛
签约日期：2010 年 11 月 21 日	签约日期：2010 年 11 月 21 日
签约地点：河北阳光啤酒集团有限公司	签约地点：河北阳光啤酒集团有限公司

单据 5.2.1

中国农业银行进账单（收账通知）3

2010 年 12 月 01 日　　　　第　　号

<table>
<tr><td rowspan="3">出票人</td><td>全　称</td><td colspan="4">宝华饭店</td><td rowspan="3">收款人</td><td>全　称</td><td colspan="11">河北阳光啤酒集团有限公司</td></tr>
<tr><td>账　号</td><td colspan="4">0144232344335566012</td><td>账　号</td><td colspan="11">0145252834342333022</td></tr>
<tr><td>开户银行</td><td colspan="4">中国农业银行万春市城北支行</td><td>开户银行</td><td colspan="11">中国农业银行万春市支行</td></tr>
<tr><td rowspan="2">金额</td><td rowspan="2" colspan="2">人民币
（大写）</td><td rowspan="2" colspan="5">柒万伍仟元整</td><td>万</td><td>千</td><td>百</td><td>十</td><td>万</td><td>千</td><td>百</td><td>十</td><td>元</td><td>角</td><td>分</td></tr>
<tr><td></td><td></td><td></td><td></td><td>7</td><td>5</td><td>0</td><td>0</td><td>0</td><td>0</td><td>0</td></tr>
<tr><td colspan="2">票据种类</td><td>转账支票</td><td>票据张数</td><td>1</td><td colspan="14" rowspan="3">中国农业银行万春市支行
20101201
转讫
收款人开户银行盖章
2010 年 12 月 01 日</td></tr>
<tr><td colspan="2">票据号码</td><td colspan="3">5334856</td></tr>
<tr><td colspan="5">单位主管　　会计　　复核　　记账</td></tr>
</table>

此联是收款人的开户银行交给收款人的收账通知

单据 5.2.2

业务6

中国农业银行信汇凭证（回单）1

委托日期2010年 12 月 2 日

<table>
<tr><td rowspan="3">汇款人</td><td>全　称</td><td>河北阳光啤酒集团有限公司</td><td rowspan="3">收款人</td><td>全　称</td><td colspan="15">济南广发麦芽厂</td></tr>
<tr><td>账　号</td><td>014525283434233022</td><td>账　号</td><td colspan="15">01440378010503</td></tr>
<tr><td>汇出地点</td><td>河北省万春市</td><td>汇入地点</td><td colspan="15">山东省济南市</td></tr>
<tr><td colspan="2">汇出行名称</td><td>中国农业银行万春市支行</td><td colspan="2">汇入行名称</td><td colspan="15">中国农行济南市南坝路支行</td></tr>
<tr><td rowspan="2">金额</td><td rowspan="2">人民币（大写）</td><td colspan="3" rowspan="2">叁佰陆拾万元整</td><td>万</td><td>千</td><td>百</td><td>十</td><td>万</td><td>千</td><td>百</td><td>十</td><td>万</td><td>千</td><td>百</td><td>十</td><td>元</td><td>角</td><td>分</td></tr>
<tr><td></td><td></td><td></td><td></td><td></td><td></td><td>3</td><td>6</td><td>0</td><td>0</td><td>0</td><td>0</td><td>0</td><td>0</td><td>0</td></tr>
<tr><td colspan="5" rowspan="3">中国农业银行
万春市支行
20101202
转讫
汇出行签章</td><td colspan="4">支付密码</td><td colspan="11"></td></tr>
<tr><td colspan="15">附加信息及用途：货款</td></tr>
<tr><td colspan="15">复核　　　　记账</td></tr>
</table>

此联汇出行给汇款人的回单

单据6.1.1

业务7

注：企业将其做交易性金融资产

航空证券公司营业部买入交割凭证

成交日期	2010.12.2	证券名称	009003 银河科技
资金账号	675840051679213	成交数量	50 000
股东代码	18727	成交净价	4.00
股东姓名	河北阳光啤酒集团有限公司	成交金额	200 000
席位代码	66053	实收佣金	400.00
申请编号	71254	印花税	200.00
申报时间	14：21：36	过户费	50.00
成交时间	14：32：50	附加费	4.00
单位利息		结算价格	200 654.00
成交编号	50178	实付金额	200 654.00
上次资金		本次资金	200 654.00
上次余股		本次余股	50000
委托来源		打印日期	2010.12.2

单据7.1.1

业务 8

中国农业银行信汇凭证（收账通知）4

委托日期 2010 年 11 月 27 日

汇款人			收款人		
汇款人	全　称	北京代理商	收款人	全　称	河北阳光啤酒集团有限公司
	账　号	1601020450018703		账　号	0145252834342333022
	汇出地点	北京市		汇入地点	河北省万春市
汇出行名称		中国建设银行北京市城北支行	汇入行名称		中国农业银行万春市支行
金额	人民币（大写）	壹仟零柒拾陆万肆仟元整	万千百十万千百十万千百十元角分		1 0 7 6 4 0 0 0 0 0 0
款项已收入收款人账户。 （印章：中国农业银行 万春市支行 20101202 转讫） 汇入行签章			支付密码		
			附加信息及用途：货款		
			复核　　记账		

单据 8.2.1

此联给收款人的收账通知

13061234　　**河北增值税专用发票**　　No　75745233

此联不作报销、扣税凭证使用 开票日期：2010 年 12 月 2 日

购货单位	名　　称：北京代理商 纳税人识别号：110105321987692 地 址、电 话：北京市万寿路 865 号 3855668 开户行及账号：中国建设银行北京市城北支行 1601020450018703				密码区	（本书略）	
货物或应税名称	规格型号	单位	数 量	单价	金 额	税率	税 额
纯生瓶装啤酒		吨	600	6 000	3 600 000.00	17%	612 000.00
普通瓶装啤酒		吨	2 000	2 800	5 600 000.00	17%	952 000.00
合　　计					¥9 200 000.00		¥1 564 000.00
价税合计（大写）	壹仟零柒拾陆万肆仟元整						（小写）¥10 764 000.00
销货单位	名　　称：河北阳光啤酒集团有限公司 纳税人识别号：130620041011029 地址、电 话：河北省万春市春江路 8008 号 89798969 开户行及账号：中国农业银行万春市支行 0145252834342333022				备注	（印章：河北阳光啤酒集团有限公司 130620041011029 发票专用章）	

收款人：王明强　　复核：周宏伟　　开票人：郑祥林　　销货单位：（章）

单据 8.2.2

第三联：记账联　销货方记账凭证

业务 9

中国农业银行汇票申请书（存根） 第 03444 号

申请日期 2010 年 12 月 2 日

申 请 人	河北阳光啤酒集团有限公司	收 款 人	济南广发麦芽厂
账号或住址	014525283434233302 2	账号住址	014403780105033
用 途	支付货款	代理付款行	中国农行济南市南坝路支行
汇票金额	人民币（大写） 叁佰陆拾万元整		

千	百	十	万	千	百	十	元	角	分
	3	6	0	0	0	0	0	0	0

此联出票申请人留存

备注

科 目＿＿＿＿＿＿

对方科目＿＿＿＿＿＿

财务主管 周宏伟 复核 郑祥林 经办 李芳芳

单据 9.1.1

业务 10

11453656 **北京增值税专用发票** No 16345466

抵扣联

开票日期：2010 年 11 月 24 日

购货单位	名 称：河北阳光啤酒集团有限公司 纳税人识别号：130620041011029 地 址、电 话：河北省万春市春江路 8008 号 89798969 开户行及账号：中国农业银行万春市支行 014525283434233302 2	密码区	（本书略）

货物或应税名称	规格型号	单位	数 量	单价	金 额	税率	税 额
啤酒花		吨	100	50 000.00	5 000 000.00	17%	850 000.00
合 计					¥5 000 000.00		¥850 000.00
价税合计（大写）	伍佰捌拾伍万元整						（小写）¥5 850 000.00

销货单位	名 称：北京利发啤酒物资供应公司 纳税人识别号：11010777165566 地址、电 话：北京市鲁谷大街 16 号 35862886 开户行及账号：中国工商银行北京市鲁谷大街支行 1645350056686	备注	

第一联：抵扣联 购货方扣税凭证

收款人：刘 贺 复核： 路 遥 开票人： 冯玉平 销货单位：（章）

单据 10.6.1

业务 9

第03444号

中国农业银行汇票申请书（存根）

申请日期 2010 年 12 月 2 日

申请人	河北阳光啤酒集团有限公司	收款人	济南广发麦芽厂
账号或住址	0145258343423353022	账号住址	014403780105033
用途	支付货款	代理付款行	中国农行济南市东城路支行
汇票金额	人民币（大写） 叁佰陆拾万元整		

千	百	十	万	千	百	十	元	角	分
¥	3	6	0	0	0	0	0	0	0

备注

科目________

对方科目________

财务主管 [阎艺伟] 复核 [刘祥林] 经办 [乔芳芳]

单据 9.1.1

业务 10

1100053656 **北京增值税专用发票** No 16345466

发票联

开票日期：2010 年 11 月 24 日

购货单位	名称：河北阳光啤酒集团有限公司 纳税人识别号：130620041011029 地址、电话：河北省石家庄市东风路5008号 85798969 开户行及账号：中国农业银行石家庄市东风支行 0145258343423353022	密码区	（略）

货物或应税劳务名称	规格型号	单位	数量	单价	金额	税率	税额
啤酒花		吨	100	50 000.00	5 000 000.00	17%	850 000.00
合计					¥5 000 000.00		¥850 000.00
价税合计（大写）	伍佰捌拾伍万元整				（小写）¥5 850 000.00		

销货单位	名称：北京利发啤酒花有限公司 纳税人识别号：110107721655746 地址、电话：北京市崇文大街16号 35862886 开户行及账号：中国工商银行北京市崇文大街支行 164350055686	备注	

收款人：[何勇] 复核：[陈通] 开票人：[马玉华] 销货单位（章）

单据 10.6.1

11453656　　**北京增值税专用发票**　　No　16345466

发票联　　开票日期：2010 年 11 月 24 日

购货单位	名　　称：河北阳光啤酒集团有限公司 纳税人识别号：130620041011029 地 址、电 话：河北省万春市春江路 8008 号 89798969 开户行及账号：中国农业银行万春市支行 0145252834342333022	密码区	（本书略）					
货物或应税名称	规格型号	单位	数 量	单价	金 额	税率	税 额	
啤酒花		吨	100	50 000.00	5 000 000.00	17%	850 000.00	
合　计					¥5 000 000.00		¥850 000.00	
价税合计（大写）	伍佰捌拾伍万元整					（小写）¥5 850 000.00		
销货单位	名　　称：北京利发啤酒物资供应公司 纳税人识别号：11010777165566 地址、电 话：北京市鲁谷大街 16 号 35862886 开户行及账号：中国工商银行北京市鲁谷大街支行 1645350056686	备注	北京利发啤酒物资供应公司 11010777165566 发票专用章					

收款人：刘　贺　　复核：路　遥　　开票人：冯玉平　　销货单位：（章）

第二联：发票联　购货方记账凭证

单据 10.6.2

全国联运行业货运统一发票

抵　扣　联

发票代码　55566321

开票日期　2010 年 11 月 24 日　　发票号码　555789

机打代码 机打号码 机器编号	33336678 555789 12	密码区	（本书略）
发货人名称	北京利发啤酒物资供应公司	运输费用 项目及金额	其他费用 项目及金额
纳税人识别号	110503771655666	一、自备运输工具运输 1 公路运输　0.00 2 水路运输　0.00 二、代付运费 1 铁路运输　0.00 2 公路运输　10 000.00 3 水路运输　0.00 4 航空运输　0.00 小计　10 000.00	仓储费　0.00 包装整理费　0.00 装卸费　200.00 业务费　0.00 标签费　0.00 小计　0 00 包干费　0.00 垫付费用 项目及金额 保险费　1800.00 邮寄费　0.00 小计　1800.00
收货人名称	河北阳光啤酒集团有限公司		
纳税人识别号	11010777165566		
发货站（港）　到站（港）　经由　中转 北京市　万春市			
货物名称　件数　计费重量　包装			
产品质量 啤酒花　100　吨			
合计人民币（大写）壹万贰仟元整		¥12000.00	
承运人名称	顺利物流公司	主管税务机关及代码	6523144

开票单位：（章）　　开票人：江　涛　　收款人：马阔明　　手写无效

第一联　抵扣联　付款方留存

单据 10.6.3

全国联运行业货运统一发票

发北票市联

（印章：全国……监制章　北京市地方税务局监制）

发票代码　55566321

开票日期　2010 年 11 月 24 日　　　　发票号码　555789

机打代码 机打号码 机器编号	33336678 555789 12	密码区	（本书略）

发货人名称	北京利发啤酒物资供应公司
纳税人识别号	110503771655666
收货人名称	河北阳光啤酒集团有限公司
纳税人识别号	11010777165566
发货站（港）　到站（港）　经由　中转	北京市　万春市

货物名称	件数	计费重量	包装
产品质量			
啤酒花	100	吨	

运输费用（项目及金额）	
一、自备运输工具运输	
1 公路运输	0.00
2 水路运输	0.00
二、代付运费	
1 铁路运输	0.00
2 公路运输	10 000.00
3 水路运输	0.00
4 航空运输	0.00
小计	10 000.00

其他费用（项目及金额）	
仓储费	0.00
包装整理费	0.00
装卸费	200.00
业务费	0.00
标签费	0.00
小计	0 00
包干费	0.00

垫付费用（项目及金额）	
保险费	1800.00
邮寄费	0.00
小计	1800.00

合计人民币（大写）壹万贰仟元整　　¥12000.00

承运人名称	顺利物流公司	主管税务机关及代码	6523144
纳税人识别号	110107255647789		

开票单位（章）　　开票人：江涛　　收款人：马阔明　　手写无效

（印章：顺利物流公司　110107255647789　发票专用章）

第二联 发票联 付款方记账凭证

单据 10.6.4

入库单

材料科目：原材料　　　　收料单编号：1201

供应单位：北京利发啤酒物资供应公司

发票号码：55566321　　2010 年 12 月 3 日　　收料仓库：1 号材料仓库

材料编号	材料名称	规格	单位	数量		买价		运费			杂费	实际成本	
				应收	实收	单价	金额	金额	增值税	计入买价		总成本	单位成本
	啤酒花		吨	100	100	5 000.00	5 000 000	10 000	700	9 300	2 000	5 011 300	50 113
检验结果：合格			合计										
备注													

第二联 记账

检验员　石晓光　　　收料员　周丽影　　　记账员：郑祥林

单据 10.6.5

托收凭证（付款通知） 5

委托日期 2010 年 11 月 24 日　付款日期 2010 年 12 月 3 日

业务类型	委托收款（☑邮划 □电划）　托收承付（□邮划□电划）					
付款人 全称	河北阳光啤酒集团有限公司		收款人 全称	北京利发啤酒物资供应公司		
账号	0145252834342333022		账号	1645350056686		
地址	河北省万春市县	开户行 农行万春支行	地址	省北京市县	开户行	工行鲁谷大街支行
金额	伍佰捌拾陆万贰仟元整		万千百十万千百十元角分	5 8 6 2 0 0 0 0 0 0		
款项内容	货款、运费	托收凭据名称	增值税专用发票 全国联运行业货运统一发票	附寄单证张数	肆张	
商品发运情况	已经发货		合同名称号码	2010－210		
备注：人民币（大写） 付款人开户银行收到日期 2010 年 12 月 01 日 复核　记账	农业银行万春市支行 业务专用章 付款人开户银行签章 2010 年 12 月 01 日		付款人注意： 1. 根据支付结算办法，上列委托收款（托收承付）款项在付款期限内未提出拒付，即视为同意付款，以此代付款通知。 2. 如需提出全部或部分拒付，应在规定期限内，将拒付理由书并附债务证明退交开户银行			

此联付款人开户行给付款人按时付款的通知

单据 10.6.6

业务 11

13893666　**河北增值税专用发票**　No 68745320

抵扣联

开票日期：2010 年 12 月 3 日

购货单位	名称：河北阳光啤酒集团有限公司 纳税人识别号：130620041011029 地址、电话：河北省万春市春江路 8008 号 89798969 开户行及账号：中国农业银行万春市支行 0145252834342333022				密码区	（本书略）	
货物或应税名称	规格型号	单位	数量	单价	金额	税率	税额
纸质包装箱		吨	1 000 000	2.00	2 000 000.00	17%	340 000.00
合计					¥2 000 000.00		¥2 000.00
价税合计（大写）	贰佰叁拾肆万元整					（小写）¥2 340 000.00	
销货单位	名称：万春市宏大纸箱厂 纳税人识别号：130620041523029 地址、电话：河北省万春市万源路 52 号 89798546 开户行及账号：中国农业银行万春市支行 675843218457034				备注		

收款人：李晓敏　复核：赵伟　开票人：王浩　销货单位：（章）万春市宏大纸箱厂 130620041523029 发票专用章

第一联：抵扣联　购货方扣税凭证

单据 11.4.1

河北增值税专用发票

13893666　　发票联　　No 68745320

开票日期：2010 年 12 月 3 日

购货单位	名　称：河北阳光啤酒集团有限公司 纳税人识别号：130620041011029 地址、电话：河北省万春市春江路 8008 号 89798969 开户行及账号：中国农业银行万春市支行 0145252834342333022				密码区	（本书略）	
货物或应税名称	规格型号	单位	数量	单价	金额	税率	税额
纸质包装箱		吨	1 000 000	2.00	2 000 000.00	17%	340 000.00
合　计					¥2 000 000.00		¥340 000.00
价税合计（大写）	贰佰叁拾肆万元整				（小写）¥2 340 000.00		
销货单位	名　称：万春市宏大纸箱厂 纳税人识别号：130620041523029 地址、电话：河北省万春市万源路 52 号 89798546 开户行及账号：中国农业银行万春市支行 675843218457034				备注		

收款人：李晓敏　　复核：赵　伟　　开票人：王　浩　　销货单位：（章）

第二联：发票联　购货方记账凭证

单据 11.4.2

商业承兑汇票（存根）　3

汇票号码 6854187

出票日期（大写）贰零壹零年壹拾贰月零叁日

付款人	全　称	河北阳光啤酒集团有限公司	收款人	全　称	万春市宏大纸箱厂
	账　号	0145252834342333022		账　号	675843218457034
	开户银行	中国农业银行万春市支行		开户银行	中国农业银行万春市支行
出票金额	人民币（大写）	贰佰叁拾肆万元整		千百十万千百十元角分	¥ 2 3 4 0 0 0 0 0 0
汇票到期日（大写）	贰零壹壹年零叁月零陆日		付款人开户银行	行号	××××
交易合同号码				地址	
备注					

此联由出票人存查

单据 11.4.3

入 库 单

材料科目：周转材料　　　　收料单编号：字第 1202

供应单位：万春市宏大纸箱厂

发票号码：68745320　　2010 年 12 月 3 日　　收料仓库：2 号材料仓库

材料编号	材料名称	规格	单位	数量		买价		其他	实际成本	
				应收	实收	单价	金额		总成本	单位成本
	纸质包装箱		个	1 000 000	1 000 000	2.00	2 000 000		2 000 000	2.00
检验结果：合格				合计			2 000 000		2 000 000	2.00
备注										

检验员 石晓光　　收料员 周丽影　　记账员：郑祥林

第二联记账联

单据 11.4.4

业务 12

13893456　　**河北增值税专用发票**　　No 68745128

抵扣联

开票日期：2010 年 12 月 3 日

购货单位	名　　称：河北阳光啤酒集团有限公司 纳税人识别号：130620041011029 地址、电 话：河北省万春市春江路 8008 号 89798969 开户行及账号：中国农业银行万春市支行 0145252834342333022	密码区	（本书略）

货物或应税名称	规格型号	单位	数 量	单价	金 额	税率	税 额
纯生啤酒瓶		个	6000 000	0.90	5 400 000.00	17%	918 000.00
普通啤酒瓶		个	12 000 000	0.70	8 400 000.00	17%	1 428 000.00
合　　计					¥13 800 000.00		¥2 346 000.00
价税合计（大写）	壹仟陆佰壹拾肆万陆仟元整						（小写）¥16 146 000.00

销货单位	名　　称：万春市光大制瓶厂 纳税人识别号：130620041011028 地址、电 话：河北省万春市长城路 8 号 89797466 开户行及账号：中国农业银行万春市支行 675843218456745	备注	

收款人：赵 宁　　复核：梁美佳　　开票人：杨旭航　　销货单位：（章）

第一联：抵扣联　购货方扣税凭证

单据 12.4.1

13893456　　**河北增值税专用发票**　　No 68745128

发票联　　开票日期：2010 年 12 月 3 日

购货单位	名　称：河北阳光啤酒集团有限公司 纳税人识别号：130620041011029 地址、电 话：河北省万春市春江路 8008 号 89798969 开户行及账号：中国农业银行万春市支行 0145252834342333022	密码区	（本书略）

货物或应税名称	规格型号	单位	数 量	单价	金 额	税率	税 额
纯生啤酒瓶		个	6000 000	0.90	5 400 000.00	17%	918 000.00
普通啤酒瓶		个	12 000 000	0.70	8 400 000.00	17%	1 428 000.00
合　　计					¥13 800 000.00		¥2 346 000.00

价税合计（大写）壹仟陆佰壹拾肆万陆仟元整　　（小写）¥16 146 000.00

销货单位	名　称：万春市光大制瓶厂 纳税人识别号：130620041011028 地址、电 话：河北省万春市长城路 8 号 89797466 开户行及账号：中国农业银行万春市支行 675843218456745	备注	

收款人：赵　宁　　复核：梁美佳　　开票人：杨旭航　　销货单位：（章）

第二联：发票联　购货方记账凭证

单据 12.4.2

入 库 单

材料科目：原材料　　收料单编号：字第 1203

供应单位：万春市光大制瓶厂

发票号码：68745128　　2010 年 12 月 3 日　　收料仓库：2 号材料仓库

材料编号	材料名称	规格	单位	数量		买价		其他	实际成本	
				应收	实收	单价	金额		总成本	单位成本
	纯生啤酒瓶		个	6 000 000	6000 000	0.90	5 400 000		5 400 000	0.90
	普通啤酒瓶		个	12 000 000	12 000 000	0.70	8 400 000		8 400 000	0.70
检验结果：合格				合计			13 800 000		13 800 000	
备注										

检验员 石晓光　　收料员 周丽影　　记账员：郑祥林

第二联记账联

单据 12.4.3

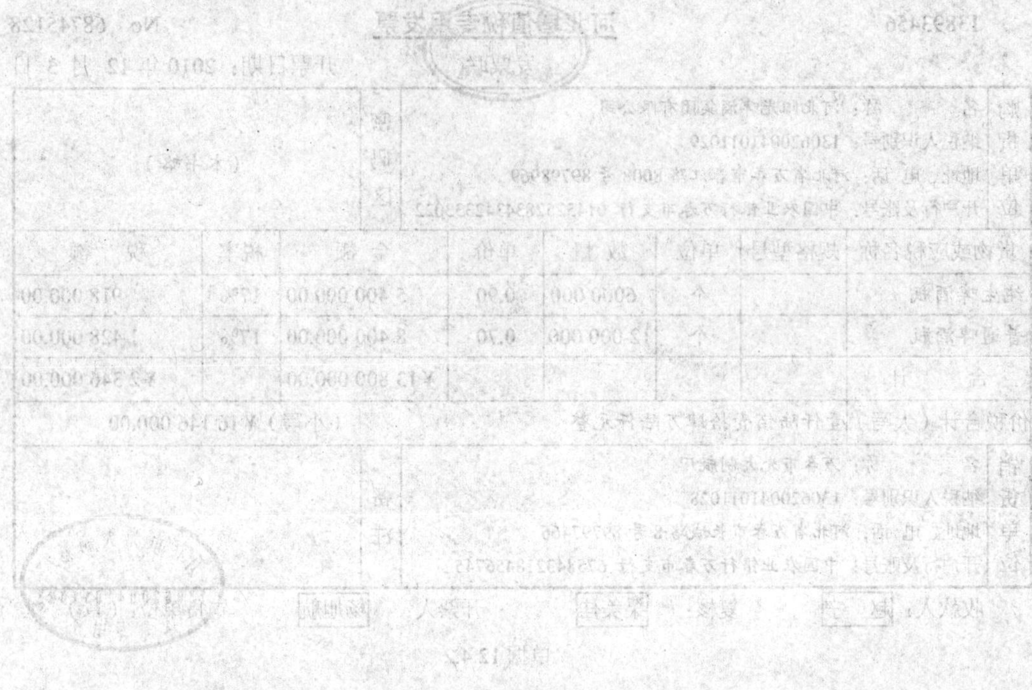

中国农业银行
转账支票存根

$\frac{C}{0}\frac{K}{2}$ 10346695

附加信息

出票日期 2010 年 12 月 3 日

收款人：河北省万春市光大制瓶厂
金　额：6 000 000.00
用　途：购买啤酒瓶

单位主管：孙丽丽　　会计：周宏伟

单据 12.4.4

业务 13

11453156　　北京增值税专用发票　　No 16345434

抵扣联

开票日期：2010 年 12 月 4 日

购货单位	名　　称：河北阳光啤酒集团有限公司 纳税人识别号：130620041011029 地 址、电 话：河北省万春市春江路 8008 号 89798969 开户行及账号：中国农业银行万春市支行 0145252834342333022	密码区	（本书略）				
货物或应税名称	规格型号	单位	数 量	单价	金 额	税率	税　额
纯生啤酒商标		个	6 000 000	0.05	300 000.00	17%	51 000.00
普通啤酒商标		个	12 000 000	0.05	600 000.00	17%	102 000.00
合　计					¥900 000.00		¥153 000.00
价税合计（大写）	壹佰零伍万叁仟元整				（小写）¥1 053 000.00		
销货单位	名　　称：北京市光明商标厂 纳税人识别号：110107710615063 地址、电 话：北京市灵雨寺街 16 号 35862665 开户行及账号：中国工商银行北京市灵雨寺街支行 040968453200267	备注					

第一联：抵扣联　购货方扣税凭证

收款人：刘盼盼　　复核：路晓月　　开票人：冯金定　　销货单位（章）

单据 13.3.1

11453156　　　　**北京增值税专用发票**　　　　No　16345434

发票联　　　　开票日期：2010 年 12 月 4 日

购货单位	名　　称：河北阳光啤酒集团有限公司 纳税人识别号：130620041011029 地 址、电 话：河北省万春市春江路 8008 号 89798969 开户行及账号：中国农业银行万春市支行 0145252834342333022	密码区	（本书略）

货物或应税名称	规格型号	单位	数 量	单价	金 额	税率	税　额
纯生啤酒商标		个	600 000	0.50	300 000.00	17%	51 000.00
普通啤酒商标		个	12 000 000	0.50	600 000.00	17%	102 000.00
合　　计					¥900 000.00		¥153 000.00
价税合计（大写）	壹佰零伍万叁仟元整				（小写）¥1 053 000.00		

销货单位	名　　称：北京市光明商标厂 纳税人识别号：110107710615063 地址、电 话：北京市灵雨寺街 16 号 35862665 开户行及账号：中国工商银行北京市灵雨寺街支行 040968453200267	备注	北京市光明商标厂 110107710615063 发票专用章

收款人：刘盼盼　　复核：路晓月　　开票人：冯金定　　销货单位：（章）

第二联：发票联　购货方记账凭证

单据 13.3.2

中国农业银行　电汇凭证（回单）1

□普通　　□加急　　委托日期 2010 年 12 月 4 日

汇款人	全　称	河北阳光啤酒集团有限公司	收款人	全　称	北京市光明商标厂
	账　号	0145252834342333022		账　号	040968453200267
	汇出地点	河北省万春市		汇入地点	北京市
汇出行名称		中国农业银行万春市支行	汇入行名称		中国工商银行北京市灵雨寺街支行

金额	人民币（大写）	陆拾万元整	万	千	百	十	万	千	百	十	万	千	百	十	元	角	分
										6	0	0	0	0	0	0	0

中国农业银行 万春市支行 20101204 转讫 汇出行签章	支付密码 附加信息及用途：货款 复核　　　　记账

此联汇出行给汇款人的回

单据 13.3.3

业务 14

13893456 **河北增值税专用发票** No 68745136

抵扣联 开票日期：2010 年 12 月 4 日

购货单位	名称：河北阳光啤酒集团有限公司 纳税人识别号：130620041011029 地址、电话：河北省万春市春江路 8008 号 89798969 开户行及账号：中国农业银行万春市支行 0145252834342333022	密码区	（本书略）				
货物或应税名称	规格型号	单位	数量	单价	金额	税率	税额
胶带		卷	48 000	2.00	96 000.00	17%	16 320.00
合计					¥96 000.00		¥16 320.00
价税合计（大写）	壹拾壹万贰仟叁佰贰拾元整					（小写）	¥112 320.00
销货单位	名称：万春市凯华胶带厂 纳税人识别号：130620041017654 地址、电话：河北省万春市东风路 35 号 89786456 开户行及账号：中国农业银行万春市支行 675843218456654	备注					

收款人：赵敏华 复核：刘旭佳 开票人：李永辉 销货单位：（章）

第一联：抵扣联 购货方扣税凭证

单据 14.4.1

13893456 **河北增值税专用发票** No 68745136

发票联 开票日期：2010 年 12 月 4 日

购货单位	名称：河北阳光啤酒集团有限公司 纳税人识别号：130620041011029 地址、电话：河北省万春市春江路 8008 号 89798969 开户行及账号：中国农业银行万春市支行 0145252834342333022	密码区	（本书略）				
货物或应税名称	规格型号	单位	数量	单价	金额	税率	税额
胶带		卷	48 000	2.00	96 000.00	17%	16 320.00
合计					¥96 000.00		¥16 320.00
价税合计（大写）	壹拾壹万贰仟叁佰贰拾元整					（小写）	¥112 320.00
销货单位	名称：万春市凯华胶带厂 纳税人识别号：130620041017654 地址、电话：河北省万春市东风路 35 号 89786456 开户行及账号：中国农业银行万春市支行 675843218456654	备注					

收款人：赵敏华 复核：刘旭佳 开票人：李永辉 销货单位：（章）

第二联：发票联 购货方记账凭

单据 14.4.2

入 库 单

材料科目：周转材料　　　　　　　　　　　　　　　　收料单编号：字第 1204

供应单位：万春市凯华胶带厂

发票号码：68745136　　　　　　2010 年 12 月 4 日　　　　　　收料仓库：2 号材料仓库

材料编号	材料名称	规格	单位	数量		买价		其他	实际成本	
				应收	实收	单价	金额		总成本	单位成本
	胶带		卷	48 000	48 000	2.00	96000		96000	2.00
检验结果：				合计			96000		96000	
备注										

第二联记账联

检验员　　　　　　收料员 周丽影　　　　　　记账员：郑祥林

单据 14.4.3

中国农业银行
转账支票存根

$\frac{C}{0}\frac{K}{2}$ 10346696

附加信息

出票日期 2010 年 12 月 4 日

收款人：万春市凯华胶带厂
金　额：112 320.00
用　途：购进胶带

单位主管：孙丽丽　　会计：周宏伟

单据 14.4.4

业务 15

河北省定额发票

发票联

发票代码：213011010020

发票号码：01502536　　　　　　密码：123456

税务登记号：

客户名称：河北阳光啤酒集团有限公司

壹　仟　元　　¥1 000.00

收款单位：(盖章有效)

开票日期：2010 年 12 月 15 日

（印章：5 驿家大… 业务专用章）

奖　区　　123444456

1. 刮开奖区覆盖层后显示中奖金额或“谢谢您”。

2. 告辞事项：中奖后，在兑奖前不得将发票联和兑奖联撕开。否则，不予办理兑奖手续。

备注：2010 年 12 月 4 日，行政部报销招待费，发票共 15 张，每张金额不等，金额合计为 15 000.00 元

单据 15.1.1

业务 16

中国农业银行
现金支票存根

$\frac{C}{0}\frac{K}{2}$ 12347876

附加信息

出票日期 2010 年 12 月 4 日

收款人：河北阳光啤酒集团有限公司
金　额：10 000.00
用　途：备用

单位主管：孙丽丽　　会计：周宏伟

单据 16.1.1

业务 17

差旅费报销单

报销日期 2010 年 12 月 4 日　　　　附件 5 张（略）

出差地点	上海		出差人	李勤 李东	部门	物流部
出差原因	原材料市场调查					
交通费	出发地		目的地	单价	张数	小计
	万春		上海	450	2	900
	上海		万春	450	2	900
	小计					1800
住宿费	张数		金额	小计	报销金额合计人民币（大写）	
	1		1600	1600	肆仟陆佰元整	
包干补助	天数	人数	标准	小计	小写：¥4600	
	6	2	100	1200	预借差旅费	10000
其他	张数		金额	小计	应补款	
					应退款	5400

部门负责人签批：钱二国　　单位负责人签批：钱二国　　财务审核签字：周宏伟

单据 17.1.1

业务 16

中国农业银行
现金支票存根

$\frac{C}{0}\frac{K}{2}$ 12347876

附加信息

出票日期 2010 年 12 月 4 日

收款人：河北阳光塑料集团有限公司
金　额：10 000.00
用　途：备用

单位主管：孙丽丽　会计：周兰雨

单据 16-1-1

业务 17

差旅费报销单

报销日期 2010 年 12 月 4 日　　　　附件 5 张（略）

出差人员	王伟	出差人	李晓梅	部门	销售部
出差事由	联系原材料采购				
交通费	出发地	目的地	单价	张数	合计
	天津	上海	450	2	900
	上海	天津	450	2	900
	小计				1800
住宿费	张数	金额	小计	报销金额合计（人民币大写）	
	1	1600	1600	肆仟陆佰元整	
出差补助	天数　人数	标准	小计	小写：¥4600	
	6　2	100	1200	预借差旅费	10000
其他	张数	金额	小计	补领款	
				退还款	5400

部门负责人签批：赵二国　　单位负责人签批：赵二国　　财务审核签字：周文伟

单据 17-1-1

业务18

11453175 **北京增值税专用发票** No 16345478

抵扣联

开票日期：2010年12月4日

购货单位	名　　称：河北阳光啤酒集团有限公司 纳税人识别号：130620041011029 地 址、电 话：河北省万春市春江路8008号 89798969 开户行及账号：中国农业银行万春市支行 0145252834342333022	密码区	（本书略）				
货物或应税名称	规格型号	单位	数量	单价	金额	税率	税额
啤酒瓶盖		个	18 000 000	0.03	540 000.00	17%	91 800.00
合　计					¥540 000.00		¥91 800.00
价税合计（大写）	陆拾叁万壹仟捌佰元整				（小写）¥631 800.00		
销货单位	名　　称：北京市光华制盖厂 纳税人识别号：11010179861565 地址、电 话：北京市光明路36号 25762668 开户行及账号：中国工商银行北京市光明路支行 6847350125566	备注					

第一联：抵扣联 购货方扣税凭证

收款人：李志鹏　　复核：路梦遥　　开票人：梁启生　　销货单位：（章）

北京市光华制盖厂 11010179861565 发票专用章

单据18.3.1

11453175 **北京增值税专用发票** No 16345478

发票联

开票日期：2010年12月4日

购货单位	名　　称：河北阳光啤酒集团有限公司 纳税人识别号：130620041011029 地 址、电 话：河北省万春市春江路8008号 89798969 开户行及账号：中国农业银行万春市支行 0145252834342333022	密码区	（本书略）				
货物或应税名称	规格型号	单位	数量	单价	金额	税率	税额
啤酒瓶盖		个	18 000 000	0.03	540 000.00	17%	91 800.00
合　计					¥540 000.00		¥91 800.00
价税合计（大写）	陆拾叁万壹仟捌佰元整				（小写）¥631 800.00		
销货单位	名　　称：北京市光华制盖厂 纳税人识别号：11010179861565 地址、电 话：北京市光明路36号 25762668 开户行及账号：中国工商银行北京市光明路支行 6847350125566	备注					

第二联：发票联 购货方记账凭证

收款人：李志鹏　　复核：路梦遥　　开票人：梁启生　　销货单位：（章）

北京市光华制盖厂 11010179861565 发票专用章

单据18.3.2

中国农业银行 电汇凭证（回单）1

□普通　　□加急　　　　委托日期 2010 年 12 月 4 日

<table>
<tr><td rowspan="3">汇款人</td><td>全　称</td><td>河北阳光啤酒集团有限公司</td><td rowspan="3">收款人</td><td>全　称</td><td colspan="15">北京市光华制盖厂</td></tr>
<tr><td>账　号</td><td>0145252834342333022</td><td>账　号</td><td colspan="15">6847350125566</td></tr>
<tr><td>汇出地点</td><td>河北省万春市</td><td>汇入地点</td><td colspan="15">北京市</td></tr>
<tr><td colspan="2">汇出行名称</td><td>中国农业银行万春支行</td><td colspan="2">汇入行名称</td><td colspan="15">中国工商银行北京市光明路支行</td></tr>
<tr><td rowspan="2">金额</td><td rowspan="2">人民币（大写）</td><td rowspan="2" colspan="3">叁拾万元整</td><td>万</td><td>千</td><td>百</td><td>十</td><td>万</td><td>千</td><td>百</td><td>十</td><td>万</td><td>千</td><td>百</td><td>十</td><td>元</td><td>角</td><td>分</td></tr>
<tr><td></td><td></td><td></td><td></td><td></td><td></td><td></td><td>3</td><td>0</td><td>0</td><td>0</td><td>0</td><td>0</td><td>0</td><td>0</td></tr>
<tr><td colspan="5" rowspan="3">中国农业银行
万春市支行
20101204
转讫
汇出行签章</td><td colspan="15">支付密码</td></tr>
<tr><td colspan="15">附加信息及用途：货款</td></tr>
<tr><td colspan="15">复核　　　　记账</td></tr>
</table>

此联汇出行给汇款人的回单

单据 18.3.3

业务 19

资产评估报告

河北永春会计师事务所评报字【2010】第 384 号

河北永春会计师事务所接受永兴股份有限公司的委托，根据国家有关资产评估的规定，本着独立、公正、科学、客观的原则，按照公认的资产评估方法对永兴股份有限公司的全部资产和负债进行了实地查勘、市场调查与询证，现将资产评估情况及评估结果报告如下。

委托方简介

委托方：永兴股份有限公司

注册地址：万春市朝阳路 86 号

法定代表人：王遥

经济性质：股份有限公司

注册资金：3000 万元

工商登记号码：986067548957643

经营范围：机械制造

一、评估目的

永兴股份有限公司拟转让股份，为此需要进行评估，以评估后净资产的公允价值作为参考依据。

二、评估范围和对象

委托评估的账面价值和公允价值统计表　　　　**单位：万元**

项　　目	账面价值	公允价值
公司整体评估（可辨认净资产）	802	800

三、评估报告书的法律效力

本次评估结论是反映评估对象在本次评估目的下，根据公开市场的原则确定的现行公允市价，没有考虑将来可能承担的抵押、担保事宜，以及特殊的交易方可能追加付出的价格等对评估价格的影响，同时，本报告也未考虑国家宏观经济政策发生变化以及遇有自然力和其他不可抗力对资产价格的影响，本次评估有效期限为一年，自 2010 年 12 月 1 日起至 2011 年 11 月 30 日止，超过一年，需重新进行资产评估。

河北永春会计师事务所

法定代表人：陆永春

注册资产评估师：杨淳

2010 年 12 月 1 日

单据 19.6.1

永兴股份有限公司股权转让协议书

受让方/甲方：河北阳光啤酒集团有限公司

转让方/乙方：永兴股份有限公司

转让方与受让方经过充分协商，在平等自愿的基础上，就转让方永兴股份有限公司的股权转让给受让方事宜，达成以下协议。

一、转让方永兴股份有限公司（乙方）愿意将其公司的30%的股权，计100万股，以每股1.8元转让给河北阳光啤酒集团有限公司（甲方），股权转让后，受让方将派人参与生产经营决策。

二、受让方：河北阳光啤酒集团有限公司以其持有的股份，按照公司章程的规定，享有相应的责、权、利。

三、本协议书经甲乙双方签字、盖章并经公证处公证后（合营企业为外商投资企业的，报请审批机关批准后）生效。双方应于协议书生效后三十日内到工商行政管理机关办理变更登记手续。

四、本协议书正本一式三份，甲乙双方各执一份，并报工商登记机关备案一份。

甲方：河北阳光啤酒集团有限公司	乙方：永兴股份有限公司
法人代表：赵立强	法人代表：王涵
账号：中国农业银行万春市支行 0145252834342333022	账号：建行朝阳路支行 675873218794356
电话：89798969	电话：67887676
地址：河北省万春市春江路8008号	地址：万春市朝阳路86号
签约日期：2010年12月4日	签约日期：2010年12月4日

单据 19.6.2

股东持股证明书

股东：河北阳光啤酒集团有限公司

截止 2010 年 12 月 5 日依股东名册记载持有本公司股份总数为 100万股，股权比例30%。

此　致

永兴股份有限公司

2010年12月5日

单据 19.6.3

中国农业银行
转账支票存根

$\frac{C}{0}\ \frac{K}{2}$ 10346697

附加信息

出票日期 2010 年 12 月 5 日

收款人：永兴股份有限公司
金　额：1 800 000.00
用　途：购买永兴公司股票

单位主管：孙丽丽　　会计：周宏伟

单据 19.6.4

中国农业银行
转账支票存根

$\frac{C}{0}\ \frac{K}{2}$ 10346698

附加信息

出票日期 2010 年 12 月 5 日

收款人：河北省产权交易所
金　额：5400.00
用　途：支付交易费用

单位主管：孙丽丽　　会计：周宏伟

单据 19.6.5

河北省万春市产权交易专用发票

发票联

发票代码：213040256004

发票号码：00650080

付款单位（个人）：河北阳光啤酒集团有限公司　　机打编号：

项目	单位	数量	单价	金额 万	千	百	十	元	角	分	备注
交易费用					5	4	0	0	0	0	
合计（大写）　万伍仟肆佰零拾零元零角零分				（小写）¥5400.00							

第二联 发票联

收款单位（盖章有效）　　开票人：张星星　　2010 年 12 月5日

单据 19.6.6

业务20

12453175　　**天津增值税专用发票**　　No　16345478

抵扣联　　开票日期：2010 年 12 月 5 日

<table>
<tr><td>购货单位</td><td colspan="5">名　　称：河北阳光啤酒集团有限公司
纳税人识别号：130620041011029
地 址、电 话：河北省万春市春江路 8008 号 89798969
开户行及账号：中国农业银行万春市支行 0145252834342333022</td><td>密码区</td><td colspan="2">（本书略）</td></tr>
<tr><td colspan="2">货物或应税名称</td><td>规格型号</td><td>单位</td><td>数 量</td><td>单价</td><td>金 额</td><td>税率</td><td>税　额</td></tr>
<tr><td colspan="2">产品质量检测仪</td><td></td><td>台</td><td>1</td><td>200 000.00</td><td>200 000.00</td><td>17%</td><td>34 000.00</td></tr>
<tr><td colspan="2"></td><td></td><td></td><td></td><td></td><td></td><td></td><td></td></tr>
<tr><td colspan="2">合　　计</td><td></td><td></td><td></td><td></td><td>¥200 000.00</td><td></td><td>¥34 000.00</td></tr>
<tr><td colspan="2">价税合计（大写）</td><td colspan="4">贰拾叁万肆仟元整</td><td colspan="3">（小写）¥234 000.00</td></tr>
<tr><td>销货单位</td><td colspan="5">名　　称：天津仪器厂
纳税人识别号：120223598615541
地址、电 话：天津市滨江路 148 号 25982633
开户行及账号：中国工商银行天津市滨江路支行 6847350125678</td><td>备注</td><td colspan="2"></td></tr>
</table>

收款人：赵秀敏　　复核：张艳娇　　开票人：李彩云　　销货单位：（章）

第一联：抵扣联　购货方扣税凭证

单据 20.6.1

12453175　　**天津增值税专用发票**　　No　16345478

发票联　　开票日期：2010 年 12 月 5 日

<table>
<tr><td>购货单位</td><td colspan="5">名　　称：河北阳光啤酒集团有限公司
纳税人识别号：130620041011029
地 址、电 话：河北省万春市春江路 8008 号 89798969
开户行及账号：中国农业银行万春市支行 0145252834342333022</td><td>密码区</td><td colspan="2">（本书略）</td></tr>
<tr><td colspan="2">货物或应税名称</td><td>规格型号</td><td>单位</td><td>数 量</td><td>单价</td><td>金 额</td><td>税率</td><td>税　额</td></tr>
<tr><td colspan="2">产品质量检测仪</td><td></td><td>台</td><td>1</td><td>200 000.00</td><td>200 000.00</td><td>17%</td><td>34 000.00</td></tr>
<tr><td colspan="2"></td><td></td><td></td><td></td><td></td><td></td><td></td><td></td></tr>
<tr><td colspan="2">合　　计</td><td></td><td></td><td></td><td></td><td>¥200 000.00</td><td></td><td>¥34 000.00</td></tr>
<tr><td colspan="2">价税合计（大写）</td><td colspan="4">贰拾叁万肆仟元整</td><td colspan="3">（小写）¥234 000.00</td></tr>
<tr><td>销货单位</td><td colspan="5">名　　称：天津仪器厂
纳税人识别号：120223598615541
地址、电 话：天津市滨江路 148 号 25982633
开户行及账号：中国工商银行天津市滨江路支行 6847350125678</td><td>备注</td><td colspan="2"></td></tr>
</table>

收款人：赵秀敏　　复核：张艳娇　　开票人：李彩云　　销货单位：（章）

第二联：发票联　购货方记账凭证

单据 20.6.2

全国联运行业货运统一发票

发票代码　55566321

开票日期　2010 年 12 月 5 日　　　　发票号码　555789

机打代码	33336678	密码区	（本书略）
机打号码	555789		
机器编号	12		

发货人名称	天津仪器厂	运输费用	其他费用
		项目及金额	项目及金额
纳税人识别号	120223598615541	一、自备运输工具运输	仓储费 0.00
收货人名称	河北阳光啤酒集团有限公司	1 公路运输 0.00	包装整理费 0.00
纳税人识别号	130620041011029	2 水路运输 0.00	装卸费 0.00
发货站（港）　到站（港）　经由　中转			业务费 0.00
天津市　万春市			标签费 0.00
		二、代付运费	小计 0.00
		1 铁路运输 0.00	包干费 0.00
货物名称　件数　计费重量　包装		2 公路运输 3 000.00	垫付费用
		3 水路运输 0.00	项目及金额
产品质量		4 航空运输 0.00	保险费 800.00
产品质量检测仪　1　吨			邮寄费 0.00
		小计 3 000.00	小计 800.00

合计人民币（大写）叁仟捌佰元整			
承运人名称	顺利物流公司	主管税务机关及代码	6523144
纳税人识别号	120102060202779		

开票单位：（章）　　开票人：江　涛　　收款人：马阔明　　手写无效

第一联抵扣联　付款方留存

单据 20.6.3

全国联运行业货运统一发票

发票联

发票代码　55566321

开票日期　2010年12月5日　　　　发票号码　555789

机打代码 机打号码 机器编号	33336678 555789 12	密码区	（本书略）		
发货人名称	天津仪器厂	运输费用		其他费用	
		项目及金额		项目及金额	
纳税人识别号	178543598615541	一、自备运输工具运输		仓储费	0.00
收货人名称	河北阳光啤酒集团有限公司	1 公路运输	0.00	包装整理费	0.00
纳税人识别号	120223598615541	2 水路运输	0.00	装卸费	0.00
发货站（港）　到站（港）　经由　中转				业务费	0.00
天津市　万春市				标签费	0.00
		二、代付运费		小计	0.00
		1 铁路运输	0.00	包干费	0.00
货物名称　件数　计费重量　包装		2 公路运输	3 000.00	垫付费用	
产品质量检测仪　1　吨		3 水路运输	0.00	项目及金额	
		4 航空运输	0.00	保险费	800.00
				邮寄费	0.00
		小计	3 000.00	小计	800.00
合计人民币（大写）叁仟捌佰元整					
承运人名称	顺利物流公司	主管税务机关及代码	6523144		
纳税人识别号	110107255647789				

第二联发票联付款方记账

开票日期　2010年12月5日　　　发票号码　555789

开票单位：（章）　　　开票人：江　涛　　　收款人：马阔明　　　手写无效

单据20.6.4

固定资产移交使用报告单

2010年12月5日

名　称	规格型号	单位	数量	设备价款（元）	预计使用年限	移交单位
产品质量检测仪		台	1	203590.00	10年	品控部
备注						

使用部门主管：赵　涛　　　会计：周宏伟　　　制单：赵　丽

单据20.6.5

中国农业银行 电汇凭证（回单）1

■普通　　□加急　　　委托日期 2010 年 12 月 4 日

<table>
<tr><td rowspan="3">汇款人</td><td>全称</td><td>河北阳光啤酒集团有限公司</td><td rowspan="3">收款人</td><td>全称</td><td colspan="13">天津仪器厂</td></tr>
<tr><td>账号</td><td>0145252834342333022</td><td>账号</td><td colspan="13">6847350125678</td></tr>
<tr><td>汇出地点</td><td>河北省万春市</td><td>汇入地点</td><td colspan="13">天津市</td></tr>
<tr><td colspan="2">汇出行名称</td><td>中国农业银行万春市支行</td><td colspan="2">汇入行名称</td><td colspan="13">中国工商银行天津市滨江路支行</td></tr>
<tr><td rowspan="2">金额</td><td rowspan="2">人民币（大写）</td><td rowspan="2" colspan="3">贰拾叁万柒仟捌佰元整</td><td>万</td><td>千</td><td>百</td><td>十</td><td>万</td><td>千</td><td>百</td><td>十</td><td>万</td><td>千</td><td>百</td><td>十</td><td>元</td><td>角</td><td>分</td></tr>
<tr><td></td><td></td><td></td><td></td><td></td><td></td><td></td><td>2</td><td>3</td><td>7</td><td>8</td><td>0</td><td>0</td><td>0</td><td>0</td></tr>
<tr><td colspan="5" rowspan="3">中国农业银行万春市支行 2010.12.05 转
汇出行签章</td><td colspan="4">支付密码</td><td colspan="11"></td></tr>
<tr><td colspan="15">附加信息及用途：货款</td></tr>
<tr><td colspan="15">复核　　　　记账</td></tr>
</table>

此联汇出行给汇款人的

单据 20.6.6

业务 21

注：财务部会计人员报销

宏浮培训中心收费专用收据

付款单位（个人）	河北阳光啤酒集团有限公司		
收费项目	收费标准	数量	金额
会计、财税知识培训	1000.00	4	4000.00
合计金额 肆仟元整			¥ 4000.00

收款单位（印章）：　　收款人：张衡　　2010 年 12 月 5 日

（印章：培训中心 财务专用章）

单据 21.1.1

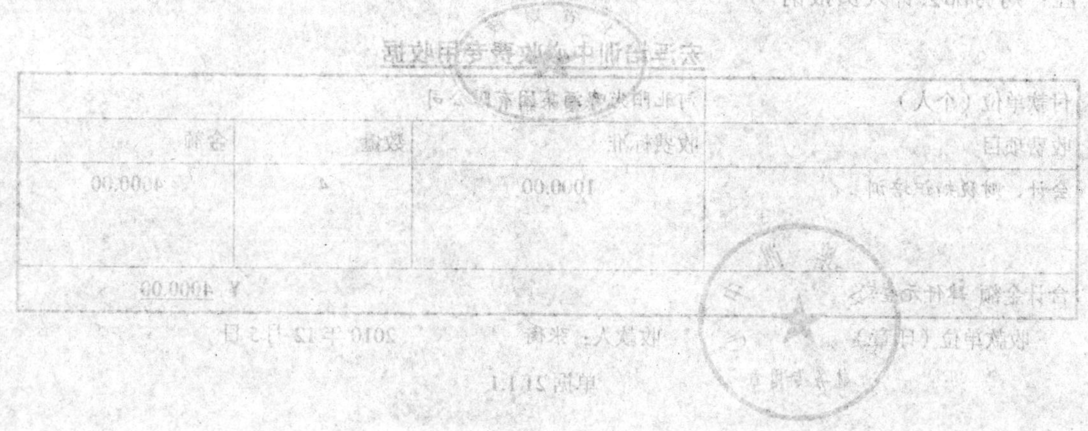

业务 22

中国农业银行
现金支票存根

$\frac{C}{0}\frac{K}{2}$ 12347877

附加信息

出票日期 2010 年 12 月 5 日

收款人：河北阳光啤酒集团有限公司
金　额：10 000
用　途：备用

单位主管：孙丽丽　　会计：周宏伟

单据 22.1.1

业务 23

河北省万春市石化加油站销售发票

2563888620422

客户名称：河北阳光啤酒集团有限公司　2010 年 12 月 5 日　　No：04487885

品　名	规格	单位	数量	单价	金额							
					十	万	千	百	十	元	角	分
汽油	93 号	升	5 000	8.00		4	0	0	0	0	0	0
合计人民币（大写）肆万元整					¥40 000.00							
销货单位纳税人登记号	130620041981027											
开户银行及账号	中国建设银行万春市支行　675843215556636											

第二联　报销凭证

销货单位（盖章）　电话：2255668　收款人：李银杆　开票：蔡静兰

河北省万春石化加油站 130620041981027 发票专用章

单据 23.2.1

中国农业银行
转账支票存根

$\frac{C}{0}\frac{K}{2}$ 10346699

附加信息

出票日期 2010 年 12 月 5 日

收款人：河北省万春市石化加油站
金　额：40 000
用　途：汽车用油

单位主管：孙丽丽　　会计：周宏伟

单据 23.2.2

业务 24

中国农业银行 信汇凭证（收账通知）4

委托日期 2010 年 12 月 1 日

<table>
<tr><td rowspan="3">汇款人</td><td>全　称</td><td>上海代理商</td><td rowspan="3">收款人</td><td>全　称</td><td colspan="12">河北阳光啤酒集团有限公司</td></tr>
<tr><td>账　号</td><td>770267425818973</td><td>账　号</td><td colspan="12">0145252834342333022</td></tr>
<tr><td>汇出地点</td><td>上海市</td><td>汇入地点</td><td colspan="12">河北省万春市</td></tr>
<tr><td colspan="2">汇出行名称</td><td>中国农业银行上海市虹口分行</td><td colspan="2">汇入行名称</td><td colspan="12">中国农业银行万春市支行</td></tr>
<tr><td rowspan="2">金额</td><td rowspan="2">人民币（大写）</td><td rowspan="2" colspan="3">壹佰万元整</td><td>万</td><td>千</td><td>百</td><td>十</td><td>万</td><td>千</td><td>百</td><td>十</td><td>万</td><td>千</td><td>百</td><td>十</td><td>元</td><td>角</td><td>分</td></tr>
<tr><td></td><td></td><td></td><td></td><td></td><td></td><td>1</td><td>0</td><td>0</td><td>0</td><td>0</td><td>0</td><td>0</td><td>0</td><td>0</td></tr>
<tr><td colspan="5" rowspan="2">中国农业银行万春市支行
2010.12.05
转讫
汇入行签章</td><td colspan="15">支付密码</td></tr>
<tr><td colspan="15">附加信息及用途：货款

复核　　记账</td></tr>
</table>

此联给收款人的收账通知

单据 24.1.1

中国农业银行
转账支票存根

$\frac{C\ X}{0\ 2}$ 10346699

附加信息

出票日期 2010年12月5日

收款人：河北省万春市石化加油站
金 额：40 000
用 途：汽车用油

单位主管：孙丽丽 会计：周文涛

单据23-2

业务24

中国农业银行 信汇凭证（收账通知）4

委托日期 2010年12月1日

汇款人	全称	上海代理商	收款人	全称	河北阳光汽车制造有限公司
	账号	710267425818978		账号	094525283434233022
	汇出地点	上海市		汇入地点	河北省万春市
汇出行名称		中国农业银行上海市虹口分行	汇入行名称		中国农业银行万春市支行

金额	人民币（大写）	壹拾万元整	亿	千	百	十	万	千	百	十	元	角	分
						¥	1	0	0	0	0	0	0

支付密码

附加信息及用途：货款

中国农业银行万春市支行 2010.12.05 转讫

汇入行签章

复核 记账

此联给收款人的收账通知

单据24-1

业务 25

中国农业银行 电汇凭证（回单）1

■普通 □加急 委托日期 2010 年 12 月 5 日

汇款人	全称	河北阳光啤酒集团有限公司	收款人	全称	北京利发啤酒物资供应公司
	账号	0145252834342333022		账号	1645350056686
	汇出地点	河北省万春市		汇入地点	北京市
汇出行名称		中国农业银行万春市支行	汇入行名称		中国工商银行北京市鲁谷大街支行
金额	人民币（大写）	陆佰肆拾万元整			万 千 百 十 万 千 百 十 元 角 分 6 4 0 0 0 0 0 0 0
		 汇出行签章			支付密码
					附加信息及用途：货款
					复核 记账

此联汇出行给汇款人的回

单据 25.1.1

业务 26

13061234 河北增值税专用发票 No 75745234

此联不作报销、扣税凭证使用 开票日期：2010 年 12 月 5 日

购货单位	名称：天津代理商 纳税人识别号：120116432328795 地址、电话：天津市滨河路 32 号 26347888 开户行及账号：中国建设银行天津市支行 584000535123654			密码区	（本书略）		
货物或应税名称	规格型号	单位	数量	单价	金额	税率	税额
纯生瓶装啤酒		吨	600	6 000	3 600 000.00	17%	612 000.00
普通瓶装啤酒		吨	2 000	2 800	5 600 000.00	17%	952 000.00
合计					¥9 200 000.00		¥1 564 000.00
价税合计（大写）	壹仟零柒拾陆万肆仟元整						（小写）¥10 764 000.00
销货单位	名称：河北阳光啤酒集团有限公司 纳税人识别号：130620041011029 地址、电话：河北省万春市春江路 8008 号 89798969 开户行及账号：中国农业银行万春市支行 0145252834342333022			备注			

收款人：李芳芳 复核：周宏伟 开票人：郑祥林 销货单位：（章）

第三联：记账联 销货方记账凭证

单据 26.2.1

中国农业银行 进账单（收账通知）3

2010 年 12 月 5 日

付款人	全　称	天津代理商	收款人	全　称	河北阳光啤酒集团有限公司
	账　号	584000535123654		账　号	0145252834342333022
	开户银行	建设银行天津市支行		开户银行	中国农业银行万春市支行
金额	人民币（大写）	壹仟零柒拾陆万肆仟元整		万千百十万千百十元角分	1 0 7 6 4 0 0 0 0 0
票据种类	银行汇票	票据张数	2		
票据号码					
	复核　记账			开户银行签章	中国农业银行 万春市支行 20101205 转

此联是开户银行交给收款人人收账通知

单据 26.2.2

业务 27

注：成本核算法

现金股利派发通知书　　6765 号

河北阳光啤酒集团有限公司：

根据股东大会决议，公司向全体股东每股派发上半年现金股利 0.1 元（含税），你公司控股额 1500 000 股，派发现金股利计 150 000 元（大写：拾伍万元整）。

河海公司（河海公司 财务专用章）

2010 年 12 月 6 日

单据 27.1.1

业务 28

13061234　　**河北增值税专用发票**　　No　75745235

此联不作报销、扣税凭证使用　　开票日期：2010 年 12 月 6 日

购货单位	名　称：济南代理商 纳税人识别号：370100432328795 地址、电话：济南市长青路 36 号 34347898 开户行及账号：中国建设银行济南市长青支行 675843215445536				密码区	（本书略）	
货物或应税名称	规格型号	单位	数量	单价	金额	税率	税额
纯生瓶装啤酒		吨	600	6 000	3 600 000.00	17%	612 000.00
普通瓶装啤酒		吨	2 000	2 800	5 600 000.00	17%	952 000.00
合　计					¥9 200 000.00		¥1 564 000.00
价税合计（大写）	壹仟零柒拾陆万肆仟元整					（小写）¥10 764 000.00	
销货单位	名　称：河北阳光啤酒集团有限公司 纳税人识别号：130620041011029 地址、电话：河北省万春市春江路 8008 号 89798969 开户行及账号：中国农业银行万春市支行 0145252834342333022				备注		

第三联：记账联　销货方记账凭证

收款人：　　复核：周宏伟　　开票人：郑祥林　　销货单位：（章）

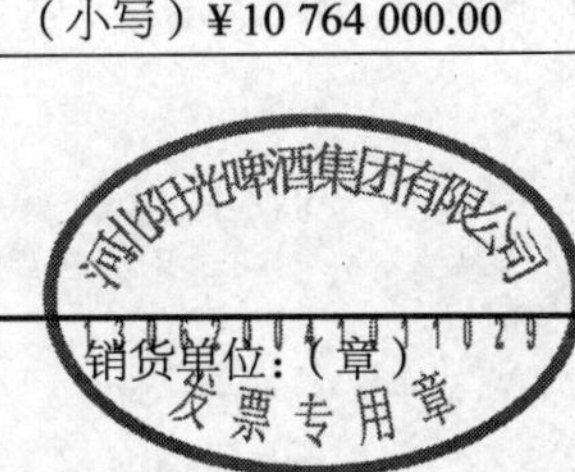

单据 28.2.1

托收凭证（受理回单）　1

委托日期 2010 年 12 月 06 日

业务类型	委托收款（☑邮划 □电划）			托收承付（□邮划□电划）			
付款人	全　称	济南代理商		收款人	全　称	河北阳光啤酒集团有限公司	
	账　号	675843215445536			账　号	0145252834342333022	
	地　址	山东省济南 市/县	开户行 建行长青支行		地　址	河北省万春 市/县	开户行 农行万春市支行
金额	壹仟零柒拾陆万肆仟元整			亿 千 百 十 万 千 百 十 元 角 分		1 0 7 6 4 0 0 0 0 0	
款项内容	货款、运费	托收凭据名称	增值税专用发票	附寄单证张数	贰张		
商品发运情况	已经发货			合同名称号码	2010－210		
备注：人民币（大写） 复核　记账		款项收妥日期 年　月　日		收款人开户银行签章 2010 年 12 月 06 日 农业银行万春市支行 业务专用章			

此联收款人开户行给收款人的受理回单

单据 28.2.2

业务 29

入　库　单

材料科目：周转材料　　　　收料单编号：字第 1205

供应单位：北京市光华制盖厂

发票号码：00673128　　　　2010 年 12 月 06 日　　　　收料仓库：2 号材料仓库

材料编号	材料名称	规格	单位	数量		买价		其他	实际成本	
				应收	实收	单价	金额		总成本	单位成本
	啤酒瓶盖		个	18 000 000	18 000 000	0.03	540000		540000	0.03
检验结果：合格				合计			540000		540000	0.03
备注										

第二联记账联

检验员 石晓光　　　　收料员 周丽影　　　　记账员：郑祥林

单据 29.1.1

托收凭证（受理回单）

委托日期 2010年12月06日

业务类型	委托收款（□邮划 □电划）		托收承付（□邮划 □电划）		
付款人 全称	[illegible]		收款人 全称	河北阳光华都集团有限公司	
账号	[illegible]		账号	[illegible]	
地址	[illegible]	开户行	地址	河北省石家庄市	开户行 [illegible]
金额	人民币（大写）[illegible]				
款项内容	销货款	托收凭据名称	增值税专用发票	附寄单证张数	
商品发运情况	已发货		合同名称号码	2010-210	
备注：人民币（大写）	款项收妥日期		收款人开户银行签章		
复核 记账	年 月 日		2010年12月06日		

单据 28.2.2

业务 29

入 库 单

材料科目：原材料　　　　材料单编号：第1205

供应单位：[illegible]

发票号码：00753125　　　2010年12月06日　　　收料仓库：2号材料仓库

材料编号	材料名称	规格	单位	数量 应收	数量 实收	单价	金额	运杂费	实际成本 总成本	实际成本 单位成本
	[illegible]		个	18 000 000	18 000 000	0.03	540000		540000	0.03
检验结果：合格					合计		540000		540000	0.03
备注										

检验员 [illegible]　　收料员 [illegible]　　记账员 [illegible]

单据 29.1.1

业务30

入 库 单

材料科目：周转材料　　　　收料单编号：字第1206

供应单位：北京市光明商标厂

发票号码：00673128　　　　2010年 12 月 06日　　　　收料仓库：2号材料仓库

材料编号	材料名称	规格	单位	数量		买价		其他	实际成本	
				应收	实收	单价	金额		总成本	单位成本
	纯生啤酒商标		个	6 000 000	6 000 000	0.05	300 000		300 000	0.05
	普通啤酒商标		个	12 000 000	12 000 000	0.05	600 000		600 000	0.05
检验结果：合格				合计			900 000		900 000	
备注										

第二联记账联

检验员 石晓光　　　　收料员 周丽影　　　　记账员：郑祥林

单据30.1.1

业务31

13061234　　　　**河北增值税专用发票**　　　　No 75745236

此联不作报销、扣税凭证使用　　开票日期：2010年12 月7 日

购货单位	名　　称：石家庄代理商 纳税人识别号：131102870703042 地址、电话：石家庄市永华路60号 5885688 开户行及账号：中国工商银行石家庄市永华路支行 584000586642312					密码区	（本书略）
货物或应税名称	规格型号	单位	数量	单价	金额	税率	税额
纯生啤酒		吨	600	6 000.00	3 600 000.00	17%	612 000.00
普通啤酒		吨	2 000	2 800.00	5 600 000.00	17%	952 000.00
合　　计					¥9 200 000.00		¥1 564 000.00
价税合计（大写）	壹仟零柒拾陆万肆仟元整						（小写）¥10 764 000.00
销货单位	名　　称：河北阳光啤酒集团有限公司 纳税人识别号：1306 2004 1011 029 地址、电话：河北省万春市春江路8008号 89798969 开户行及账号：中国农业银行万春市支行 0145252834342333022					备注	

第三联：记账联　销货方记账凭证

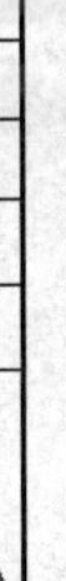

收款人：　　　复核：李方　　　开票人：周宏伟　　　销货单位：（章）

单据31.2.1

银行承兑汇票　　2

汇票号码 5668528

出票日期（大写）贰零壹零年壹拾贰月零柒日

<table>
<tr><td>出票人全称</td><td colspan="2">石家庄代理商</td><td rowspan="3">收
款
人</td><td>全　称</td><td colspan="11">河北阳光啤酒集团有限公司</td></tr>
<tr><td>出票人账号</td><td colspan="2">110228773681042</td><td>账　号</td><td colspan="11">0145252834342333022</td></tr>
<tr><td>付款行全称</td><td colspan="2">中国工商银行永华路支行</td><td>汇入地点</td><td colspan="11">中国农业银行万春市支行</td></tr>
<tr><td rowspan="2">出票金额</td><td rowspan="2">人民币
（大写）</td><td colspan="3" rowspan="2">壹仟零柒拾陆万肆仟元整</td><td>万</td><td>千</td><td>百</td><td>十</td><td>万</td><td>千</td><td>百</td><td>十</td><td>元</td><td>角</td><td>分</td></tr>
<tr><td></td><td>1</td><td>0</td><td>7</td><td>6</td><td>4</td><td>0</td><td>0</td><td>0</td><td>0</td><td>0</td></tr>
<tr><td>汇票到期日（大写）</td><td colspan="2">贰零壹壹年零壹月零伍日</td><td rowspan="2">付款人
开户行</td><td>行号</td><td colspan="11">3512</td></tr>
<tr><td>交易合同号码</td><td colspan="2">2010-168</td><td>地址</td><td colspan="11">石家庄市永华路60号</td></tr>
<tr><td colspan="2" rowspan="2">本汇票请你行承兑，到期无条件付款

出票人签章</td><td colspan="2">本汇票已经承兑，到期日由本行付款
承兑行签章
承兑日期 2010年12月7日</td><td colspan="12" rowspan="2">复核　　　　记账</td></tr>
<tr><td colspan="2">备注</td></tr>
</table>

此联收款人开户行随托收凭证寄付款行作借方凭证附件

单据 31.2.2

业务 32

领　料　单

材料科目：周转材料

领料车间（部门）：酿造部　　　　材料类别：低值易耗品

用途：生产产品　　　　2010年12月7日　　　　编号：12401

<table>
<tr><td rowspan="2">材料编号</td><td rowspan="2">材料名称</td><td rowspan="2">规格</td><td rowspan="2">计量单位</td><td colspan="2">数量</td><td colspan="2">实际成本</td></tr>
<tr><td>请领</td><td>实发</td><td>单位成本</td><td>金额</td></tr>
<tr><td></td><td>工作服</td><td></td><td>套</td><td>10</td><td>10</td><td>100.00</td><td>1 000.00</td></tr>
<tr><td></td><td>工作鞋</td><td></td><td>双</td><td>10</td><td>10</td><td>150.00</td><td>1 500.00</td></tr>
<tr><td></td><td>手套</td><td></td><td>双</td><td>10</td><td>10</td><td>2.00</td><td>20.00</td></tr>
<tr><td></td><td></td><td></td><td></td><td></td><td></td><td></td><td></td></tr>
<tr><td></td><td></td><td></td><td></td><td></td><td></td><td></td><td></td></tr>
<tr><td>备注</td><td colspan="7"></td></tr>
</table>

第三联记账联

记账：郑祥林　　发料：周丽影　　领料部门：酿造车间　　领料人：李 红

单据 32.3.1

领 料 单

材料科目：周转材料

领料车间（部门）：包装部 材料类别：低值易耗品

用途：生产产品 2010年12月7日 编号：12402

材料编号	材料名称	规格	计量单位	数量		实际成本	
				请领	实发	单位成本	金额
	工作服		套	20	20	100.00	2 000.00
	工作鞋		双	20	20	150.00	3000.00
	手套		双	20	20	2.00	40.00
备注							

第三联记账联

记账：郑祥林 发料：周丽影 领料部门：包装车间 领料人：李 莉

单据32.3.2

领 料 单

材料科目：周转材料

领料车间（部门）：工程部 材料类别：周转材料

用途：生产产品 2010年12月7日 编号：12403

材料编号	材料名称	规格	计量单位	数量		实际成本	
				请领	实发	单位成本	金额
	润滑油		千克	10	10	8.00	80.00
备注							

第三联记账联

记账：郑祥林 发料：周丽影 领料部门：包装车间 领料人：李 莉

单据32.3.3

业务 33

中　华　人　民　共　和　国　　　　国

税 收 通 用 缴 款 书

号

隶属关系：市属企业　　　　　　征收机关：万春市国家税务局

注册类型：股份制经济　　　　填制日期：　2010 年 12 月 7 日

缴款单位	代码	130620041011029	预算科目	编码	101010103
	全称	河北阳光啤酒集团有限公司		名称	增值税
	开户银行	中国农业银行万春市支行		级次	中央 75%省市 12.5%地市 12.5%
	账号	0145252834342333022	收缴国库		市金库
税款所属时期：2010 年 11 月			税收限缴日期：2010 年 12 月 15 日		

品目名称	课税数量	计税金额	税率或单位税额	已缴或扣除额	实缴金额
啤酒					1 000 000.00
金额合计	人民币（大写）壹佰万元整				1 000 000.00
缴款单位（盖章） 经办人（章）	税务机关（盖章） 填票人（章）	上列款项已收妥并划转国库 2010 年 12 月 7 日			备注：

逾期不缴按税法规定加收滞纳金

单据 33.7.1

中　华　人　民　共　和　国　　　　国

税 收 通 用 缴 款 书

号

隶属关系：市属企业　　　　　　征收机关：万春市国家税务局

注册类型：股份制经济　　　　填制日期：　2010 年 12 月 7 日

缴款单位	代码	130620041011029	预算科目	编码	101020103
	全称	河北阳光啤酒集团有限公司		名称	消费税
	开户银行	中国农业银行万春市支行		级次	中央 100%
	账号	0145252834342333022	收缴国库		市金库
税款所属时期：2010 年 11 月			税收限缴日期：2010 年 12 月 15 日		

品目名称	课税数量	计税金额	税率或单位税额	已缴或扣除额	实缴金额
消费税					2 000 000.00
金额合计	人民币（大写）贰佰万元整				2 000 000.00
缴款单位（盖章） 经办人（章）	税务机关（盖章） 填票人（章）	上列款项已收妥并划转国库 2010 年 12 月 7 日			备注：

逾期不缴按税法规定加收滞纳金

单据 33.7.2

中华人民共和国 国
税收通用缴款书
号

隶属关系：市属企业　　征收机关：万春市国家税务局

注册类型：股份制经济　　填制日期：2010年12月7日

缴款单位			预算科目		
	代码	130620041011029		编码	101043399
	全称	河北阳光啤酒集团有限公司		名称	企业所得税
	开户银行	中国农业银行万春市支行		级次	中央60%省市20%地市20%
	账号	0145252834342333022	收缴国库		市金库

税款所属时期：2010年11月			税收限缴日期：2010年12月15日		
品目名称	课税数量	计税金额	税率或单位税额	已缴或扣除额	实缴金额
企业所得税					3 200 000.00
金额合计	人民币（大写）叁佰贰拾万元整				3 200 000.00
缴款单位（盖章） 经办人（章）	税务机关（盖章） 填票人（章）		上列款项已收妥并划转国库 2010年12月7日		备注：

逾期不缴按税法规定加收滞纳金

单据33.7.3

中华人民共和国 地
税收通用缴款书
号

隶属关系：市属企业　　征收机关：万春市国家税务局

注册类型：股份制经济　　填制日期：2010年12月7日

缴款单位			预算科目		
	代码	130620041011029		编码	101090300、103020301
	全称	河北阳光啤酒集团有限公司		名称	城市维护建设税、教育费附加
	开户银行	中国农业银行万春市支行		级次	市级40%区级60%
	账号	0145252834342333022	收缴国库		市金库

税款所属时期：2010年11月			税收限缴日期：2010年12月15日		
品目名称	课税数量	计税金额	税率或单位税额	已缴或扣除额	实缴金额
城市维护建设税					210 000.00
教育费附加					90 000.00
合计					300 000.00
金额合计	人民币（大写）叁拾万元整				
缴款单位（盖章） 经办人（章）	税务机关（盖章） 填票人（章）		上列款项已收妥并划转国库 2010年12月7日		备注：

单据33.7.4

中华人民共和国 税收通用缴款书

隶属关系：市属企业　　征收机关：万泰市国家税务局

注册类型：股份制经济　　填制日期：2010年12月7日

缴款单位			预算科目		
	代码	1306200410411029		编码	101043399
	全称	河北阳光华通集团有限公司		名称	企业所得税
	开户银行	中国农业银行万泰市支行		级次	中央60%省市20%地市20%
	账号	01455283434233022	收缴国库		万泰市金库
税款所属时期：2010年11月			税款限缴日期：2010年12月15日		

品目名称	课税数量	计税金额	税率或单位税额	已缴或扣除额	实缴金额
企业所得税					3 200 000.00
金额合计	人民币（大写）叁佰贰拾万元整				3 200 000.00
缴款单位（人）（盖章）经办人（章）	税务机关（盖章）填票人（章）		上列款项已收妥并划转收款单位账户 国库（银行）盖章 2010年12月7日		备注：

逾期不缴按税法规定加收滞纳金

单据33.13

中华人民共和国 税收通用缴款书

隶属关系：市属企业　　征收机关：万泰市地方税务分局

注册类型：股份制经济　　填制日期：2010年12月7日

缴款单位			预算科目		
	代码	1305200410411029		编码	101090300、103020301
	全称	河北阳光华通集团有限公司		名称	城市维护建设税、教育费附加
	开户银行	中国农业银行万泰市支行		级次	市级40%省级60%
	账号	01455283434233022	收缴国库		万泰市金库
税款所属时期：2010年11月			税款限缴日期：2010年12月15日		

品目名称	课税数量	计税金额	税率或单位税额	已缴或扣除额	实缴金额
城市维护建设税					210 000.00
教育费附加					90 000.00
合计					300 000.00
金额合计	人民币（大写）叁拾万元整				
缴款单位（人）（盖章）经办人（章）	税务机关（盖章）填票人（章）		上列款项已收妥并划转收款单位账户 国库（银行）盖章 2010年12月7日		备注：

单据33.14

中 华 人 民 共 和 国 地

税收通用缴款书

号

隶属关系：市属企业　　征收机关：万春地方税务局

注册类型：股份制经济　　填制日期：2010 年 12 月 7 日

缴款单位	代码	130620041011029	预算科目	编码	101060109
	全称	河北阳光啤酒集团有限公司		名称	个人所得税
	开户银行	中国农业银行万春市支行		级次	中央 60%省市 20%地市 20%
	账号	0145252834342333022	收缴国库		市金库

税款所属时期：2010 年 11 月　　税收限缴日期：2010 年 12 月 15 日

项目	课税数量	计税金额	税率或单位税额	已缴或扣除额	实缴金额
工资薪金					6150.00
合计					6150.00
金额合计	人民币（大写）陆仟壹佰伍拾元整				
缴款单位（盖章） 经办人（章）	税务机关（盖章） 填票人（章）		上列款项已收妥并划转国库 2010 年 12 月 7 日		备注：

单据 33.7.5

中国农业银行

转账支票存根

$\frac{C}{0}\frac{K}{2}$ 10346700

附加信息

出票日期 2010 年 12 月 7 日

收款人：万春市国家税务局
金　额：6 200 000.00 元
用　途：缴纳增值税、消费税、企业所得税

单位主管：孙丽丽　　会计：周宏伟

单据 33.7.6

中国农业银行

转账支票存根

$\frac{C}{0}\frac{K}{2}$ 10346701

附加信息

出票日期 2010 年 12 月 7 日

收款人：万春市地方税务局
金　额：306 150.00 元
用　途：缴纳城建税、教育费附加、个人所得税

单位主管：孙丽丽　　会计：周宏伟

单据 33.7.7

中华人民共和国
税收通用缴款书

隶属关系：市县企业
注册类型：股份有限公司　　填发日期：2010年12月7日　　征收机关：丁香市地方税务局

缴款单位（人）	代码	1306200410210129	收款国库	编码	10106010
	全称	河北丁香药业集团有限公司		名称	个人所得税
	开户银行	中国农业银行丁香市支行		收款国库	[illegible]
	账号	[illegible]		预算级次	市级
税款所属时期 2010年11月			税款限缴日期 2010年12月15日		
品目名称	课税数量	计税金额	税率或单位税额	已缴或扣除额	实缴金额
工资薪金					6150.00
合计					6150.00
金额合计	人民币（大写）陆仟壹佰伍拾元整				

中国农业银行
转账支票存根

出票日期 2010年12月7日

中国农业银行
转账支票存根

出票日期 2010年12月7日

业务 34

中国农业银行电汇凭证（收账通知）1

■普通　　□加急　　　委托日期 2010 年 12 月 5 日

汇款人	全称	天津代理商	收款人	全称	河北阳光啤酒集团有限公司
	账号	584000535123654		账号	0145252834342333022
	汇出地点	天津市		汇入地点	河北省万春市
汇出行名称		中国建设银行天津市支行	汇入行名称		中国农业银行万春支行
金额	人民币（大写）	肆拾贰万壹仟贰佰元整	万千百十万千百十万千百十元角分		4 2 1 2 0 0 0 0
中国农业银行 万春市支行 20101208 转讫 汇出行签章			支付密码		
			附加信息及用途：货款 复核　　记账		

此联汇出行给汇款人的回单

单据 34.1.1

业务 35

通信公司河北有限公司收费专用发票（机打）

发票联

发票代码：211001041101

发票号码：21990955

客户名称：河北阳光啤酒集团有限公司

客户号码	
合同号码	
流水号码	316101201001133224
计费期间	2010.11.1-2010.11.30
计费金额	
收款合计（小写）	2500.00 元
收款合计（小写）	贰仟伍佰元

收款单位（盖章有效）　通信公司河北有限公司 发票专用章

开票人：fa010　　2010 年 12 月 08 日

消费明细

第二联　发票联

注：各部门 12 月 8 日报销电话费。此类凭证共 10 张，金额合计 13000 元。其中，管理部门 3000 元，销售、物流部门 8800 元，工程部 400 元，酿造部 400 元，包装部 400 元。

单据 35.1.1

业务34

中国农业银行电汇凭证（收账通知）1

委托日期 2010 年 12 月 9 日

汇款人	全称	天津代理商	收款人	全称	河北丹尼尔家用电器有限公司
	账号	58100005351273654		账号	0145232834234233022
	汇出地点	天津市		汇入地点	河北省石家庄市
汇出行名称		中国建设银行天津市支行	汇入行名称		中国农业银行石家庄支行
金额	人民币（大写）	肆拾贰万壹仟贰佰元整			¥421200.00
			支付密码		
			附加信息及用途：货款		
			复核	记账	

附件34-1

业务35

通信公司河北有限公司专用发票（机打）

发票联

发票代码：21001061[illegible]

发票号码：2195055

客户名称：河北丹尼尔家用电器有限公司

客户号码	
合同号码	
流水号码	16101201001133224
计费期间	2010.11.1-2010.11.30
计费金额	
收款合计（小写）	2500.00元
收款合计（大写）	贰仟伍佰元整

收款单位（盖章有效）

开票人：E010　　2010年12月08日

背面明细

注：各部门12月8日报销电话费，此类发票共10张，金额合计13000元。其中，管理部门3600元，销售、物流部门3800元，生产车间400元，质检部400元，仓储部400元。

附件35-1

业务 36

中国农业银行进账单（收账通知）3

2010 年 12 月 9 日

付款人	全称	北京代理商	收款人	全称	河北阳光啤酒集团有限公司
	账号	584000535123653		账号	0145252834342333022
	开户银行	中国建设银行北京市万寿路支行		开户银行	中国农业银行万春市支行

金额	人民币（大写）	贰拾捌万零捌佰元整	万	千	百	十	万	千	百	十	元	角	分
						2	8	0	8	0	0	0	0

票据种类	银行汇票	票据张数	2
票据号码	11045555		
复核	记账		

中国农业银行 万春市支行 20101209 转讫

收款人开户银行盖章

2010 年 12 月 9 日

单据 36.1.1

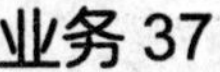

业务 37

万春市医疗保险基金汇（补）缴单凭证（缴费收据）

No 147448980

单位编号： 2010 年 12 月 10 日 结算期： 年 月

付款单位	全称	河北阳光啤酒集团有限公司	收款单位	全称	万春市医疗保险基金管理中心
	银行账户	0145252834342333022		专户账户	4576234455667798899
	开户银行	中国农业银行万春市支行		开户银行	中国工商银行天津市春江路支行

金额	人民币（大写）	贰拾壹万贰仟壹佰元整	千	百	十	万	千	百	十	元	角	分
					2	1	2	1	0	0	0	0

基本医疗保险费			城镇居民医疗保险	生育保险费	公务员医疗补助	滞纳金
小计	单位	个人				
199500	157500	42000		12600		

大病统筹保险费			意外伤害保险费			补缴社保费		
小计	单位	个人	小计	单位	个人	小计	单位	个人

备注

付款单位要完整填写上述内容，并在第二联此处加盖印鉴章作付款通知。

中国工商银行万春市春江路支行 2010.12.10 核算用章

银行盖章

会计 复核 记账

①银行盖章后退付款单位记账

单据 37.6.1

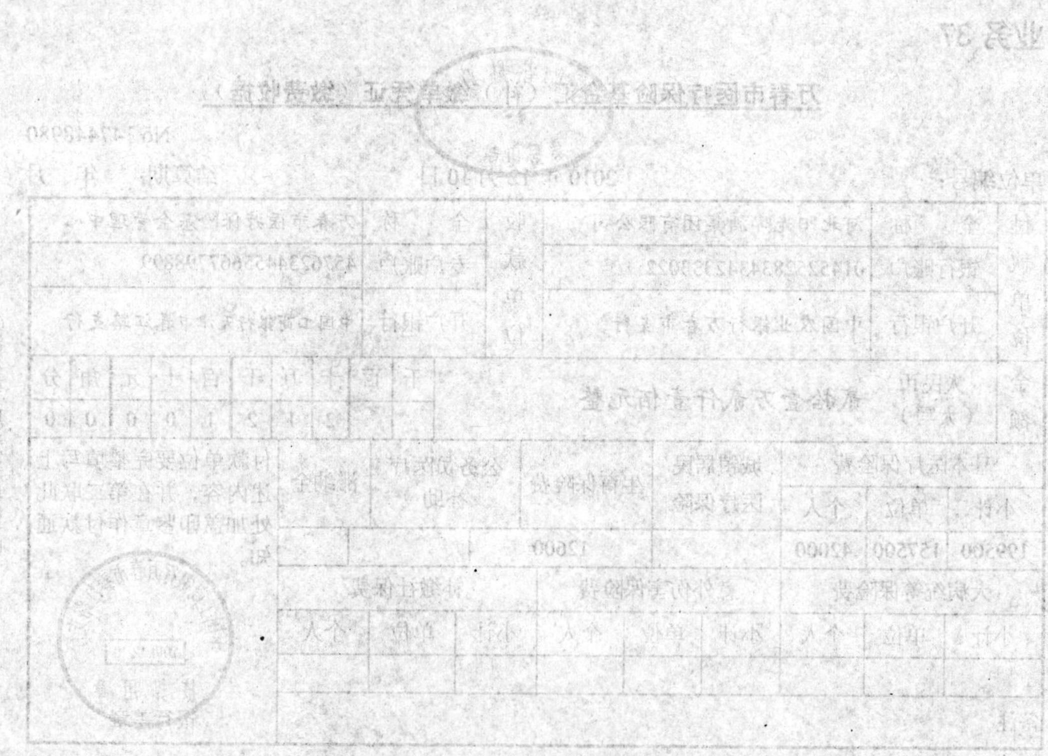

万春市住房公积金汇（补）缴单凭证（回单）

No 007448980

2010　年 12 月 10 日

付款单位	全　称	河北阳光啤酒集团有限公司	收款单位	全　称	万春市住房公积金管理中心
	银行账户	0145252834342333022		专户账户	5598765432134565 6
	开户银行	中国农业银行万春市支行		开户银行	中国工商银行万春市春江路支行

金额	人民币（大写）	千	百	十	万	千	百	十	元	角	分
	叁拾柒万捌仟元整			3	7	8	0	0	0	0	0

单位公积金账户	款项内容	缴存时间	附寄单证	变更清册　张 补缴清册　张	付款单位要完整填写上述内容。
	住房公积金	2010.12			

上月汇缴		本月增加汇缴		本月减少汇缴		本月汇缴	
人数	金　额	人数	金　额	人数	金　额	人数	金　额

中国工商银行万春市春江路支行　2010.12.10　核算用章

会计　　　　复核　　　　记账

单据 37.6.2

万春市住房公积金汇（补）缴单凭证（回单）

No 007448980

2010　年 12 月 10 日　　　　1

付款单位	全　称	河北阳光啤酒集团有限公司	收款单位	全　称	万春市住房公积金金管理中心
	银行账户	0145252834342333022		专户账户	5598765432134565 6
	开户银行	中国农业银行万春市支行		开户银行	中国工商银行万春市春江路支行

金额	人民币（大写）	千	百	十	万	千	百	十	元	角	分
	叁拾柒万捌仟元整			3	7	8	0	0	0	0	0

单位公积金账户	款项内容	缴存时间	附寄单证	变更清册　张 补缴清册　张	付款单位要完整填写上述内容。
	住房公积金	2010.12			

上月汇缴		本月增加汇缴		本月减少汇缴		本月汇缴		住房公积金管理中心盖章
人数	金　额	人数	金　额	人数	金　额	人数	金　额	

万春市住房公积金管理中心　2010.12.10　核算用章

此联住房公积金管理中心盖章后退付款单位记账

会计　　　　复核　　　　记账

单据 37.6.3

中国工商银行电子缴税付款凭证

转账日期：2010 年 12 月 10 日　　　　凭证字号：

纳税人全称及纳税人识别号：河北阳光啤酒集团有限公司 130620041011029

付款人全称：河北阳光啤酒集团有限公司

付款人账号：0145252834342333022　　　　征收机关名称：万春市地方税务局

付款人开户银行：中国农业银行万春市支行　　　　收缴国库（银行）名称：国家金库万春市春江路支库

小写（合计）金额：　￥588000.00　　　　缴款书交易流水号：BBJ20008889991

大写（合计）金额：伍拾捌万捌仟元整　　　　税款号码：BBJ20008889991

税（费）种名称：基本养老保险费　所属日期：20101101.20101130　实缴金额：￥588000.00

单据 37.6.4

中国工商银行电子缴税付款凭证

转账日期：2010 年 12 月 10 日　　　　凭证字号：

纳税人全称及纳税人识别号：河北阳光啤酒集团有限公司 130620041011029

付款人全称：河北阳光啤酒集团有限公司

付款人账号：0145252834342333022　　　　征收机关名称：万春市地方税务局

付款人开户银行：中国农业银行万春市支行　　　　收缴国库（银行）名称：国家金库万春市春江路支库

小写（合计）金额：￥63000.00　　　　缴款书交易流水号：BBJ20008889992

大写（合计）金额：陆万零叁仟元整　　　　税款号码：BBJ20008889992

税（费）种名称：失业保险　　所属日期：20101101-20101130　　实缴金额：63000.00

单据 37.6.5

委托收款凭证（付款通知）

委收号码

委邮　委托日期：2010 年 12 月 10 日　　付款期限　年　月　日　　第　号

付款人	全称	河北阳光啤酒集团有限公司	收款人	全称	万春国家南市区社会保险事业管理所
	账号	0145252834342333022		账号	66987654321345678
	开户银行	中国农业银行万春市支行		开户银行	中国工商银行万春市春江路支行

托收金额	人民币（大写）	贰万壹仟元整	千	百	十	万	千	百	十	元	角	分
						2	1	0	0	0	0	0

款项内容		委托收款凭据名称	劳务款项	附寄单证张数	

备注： 工伤保险	付款人注意： 1. 根据支付结算办法规定办理委托收款，在付款期限内未提出拒付，即视为同意付款。 2. 如需提前付款或多付款，应另写书面通知送银行办理。 3. 如需提出全部或部分拒付，应在付款期限内另填拒绝付款，将拒付理由书并附债务证明退交开户银行

此联付款人开会银行给付款人按时付款的通知

单位主管　　会计　　复核　　记账　　　　付款人开户银行盖章　　月　日

单据 37.6.6

中国工商银行电子缴税付款凭证

转账日期：2010年12月10日　　凭证字号：

纳税人全称及纳税人识别号：湖北阳光啤酒集团有限公司130620041011029
付款人全称：湖北阳光啤酒集团有限公司
付款人账号：0145252834342353022　　征收机关名称：万春市地方税务局
付款人开户银行：中国农业银行万春市支行　　收款国库（银行）名称：国家金库万春市存江路支库
小写（合计）金额：¥588000.00　　缴款书交易流水号：BBJ2000888991
大写（合计）金额：伍拾捌万捌仟元整　　税票号码：BBJ2000888991
税（费）种名称：基本养老保险费　　所属日期：20101101-20101130　　实缴金额：¥588000.00

单据37.6.4

中国工商银行电子缴税付款凭证

转账日期：2010年12月10日　　凭证字号：

纳税人全称及纳税人识别号：湖北阳光啤酒集团有限公司130620041011029
付款人全称：湖北阳光啤酒集团有限公司
付款人账号：0145252834342353022　　征收机关名称：万春市地方税务局
付款人开户银行：中国农业银行万春市支行　　收款国库（银行）名称：国家金库万春市存江路支库
小写（合计）金额：¥63000.00　　缴款书交易流水号：BBJ2000888992
大写（合计）金额：陆万叁仟元整　　税票号码：BBJ2000888992
税（费）种名称：失业保险　　所属日期：20101101-20101130　　实缴金额：¥63000.00

单据37.6.5

委托收款凭证（付款通知）

委收号码

委邮　委托日期：2010年12月10日　　付款期限　年　月　日　第　号

付款人	全称	湖北阳光啤酒集团有限公司	收款人	全称	万春市东南市区社会保险事业管理局
	账号	0145252834342353022		账号	669876543212345678
	开户银行	中国农业银行万春市支行		开户银行	中国工商银行万春市存江路支行
委收金额	人民币（大写）	壹万壹仟元整			¥11000.00
款项内容	[illegible]	委托收款凭据名称	[illegible]	附寄单证张数	

付款人注意：
1. 根据支付结算办法，上列委托收款，如在付款期限内未拒付时，即视同全部同意付款。
2. 如需提前付款或多付款时，应另写书面通知送银行办理。
3. 如系全部或部分拒付，应在付款期限内另填拒绝付款理由书送银行办理。

付款人开户银行盖章　年　月　日

单位主管　会计　复核　记账

单据37.6.6

业务 38

中国农业银行

转账支票存根

$\frac{C}{0}\frac{K}{2}$ 10346702

附加信息

出票日期 2010 年 12 月 8 日

收款人：顺发物流公司
金　额：150 000.00 元
用　途：预付运费及保险费

单位主管：孙丽丽　　会计：周宏伟

单据 38.1.1

业务 39

职工补助申请审批表

申请人姓名	申请原因	申请补助金额	审批补助金额	申请人签收
孙梅	父亲生病家庭困难	3000.00	3000.00	孙梅
李勤	医药费	6000.00	6000.00	李勤
合计金额人民币（大写）玖仟元整			小写：¥9000.00	

审查意见：　同意

现金付讫

单位负责人　钱二国

日期：2010 年 12 月 11 日

单据 39.3.1

河北省门诊统一收费收据

医院名称：万春市第二医院　　　No7200221

姓名：孙兴旺	科室：急诊	项目：烧伤药费等
应收额：12076 元	实收额：12076 元	
人民币大写：壹万零柒拾陆元整		

报销凭证

收费员：1003

注：孙兴旺为孙梅父亲

盖章有效　遗失不补

单据 39.3.2

河北省门诊统一收费收据

医院名称：万春市第二医院　　　No7200251

姓名：李勤	科室：外科	项目：手术费等
应收额：6000 元	实收额：6000 元	
人民币大写：陆仟元整		

收费员：1003

盖章有效　遗失不补

单据 39-3-3

业务 40

37223654　　山东增值税专用发票　　No 56645267

抵扣联　　开票日期：2010 年 12 月 11 日

购货单位	名　　称：河北阳光啤酒集团有限公司 纳税人识别号：130620041011029 地 址、电 话：河北省万春市春江路 8008 号 89798969 开户行及账号：中国农业银行万春市支行 0145252834342333022			密码区	（本书略）		
货物或应税名称	规格型号	单位	数 量	单价	金 额	税率	税　额
麦芽		吨	400	4500.00	1 800 000.00	17%	306 000.00
合　计					¥1 800 000.00		¥306 000.00
价税合计（大写）	贰佰壹拾万陆仟元整				（小写）¥2 106 000.00		
销货单位	名　　称：济南广发麦芽厂 纳税人识别号：370105560308066 地址、电 话：山东省济南市南坝路 45 号 6586288 开户行及账号：中国农业银行济南市南坝路支行 014403780105033			备注			

第二联：抵扣联　购货方扣税凭证

收款人：马玉强　　复核：刘 芳　　开票人：王秋菊　　销货单位：（章）

单据 40.3.1

37223654 **山东增值税专用发票** No 56645267

（发票联）

开票日期：2010 年 12 月 11 日

购货单位	名称：河北阳光啤酒集团有限公司 纳税人识别号：130620041011029 地址、电话：河北省万春市春江路8008号 89798969 开户行及账号：中国农业银行万春市支行 0145252834342333022					密码区	（本书略）
货物或应税名称	规格型号	单位	数量	单价	金额	税率	税额
麦芽		吨	400	4500.00	1 800 000.00	17%	306 000.00
合计					¥1 800 000.00		¥306 000.00
价税合计（大写）	贰佰壹拾万陆仟元整					（小写）¥2 106 000.00	
销货单位	名称：济南广发麦芽厂 纳税人识别号：370105560308066 地址、电话：山东省济南市南坝路45号 6586288 开户行及账号：中国农业银行济南市华南路支行 014403780105033					备注	济南广发麦芽厂 370105560308066 发票专用章

收款人：马玉强　复核：刘芳　开票人：王秋菊　销货单位（章）

第二联：发票联 购货方记账凭证

单据 40.3.2

中国农业银行

付款期限 壹个月

河北 CB 01 13062324

银行汇票（多余款收账通知）

出票日期（大写）：贰零壹零年壹拾贰月零贰日

代理付款行：农行南坝路支行　行号：XXXX

收款人：济南广发麦芽厂　账号：014403780105033											
出票金额	人民币（大写） 叁佰陆拾万元整　3600000.00										
实际结算金额	人民币（大写） 贰佰壹拾万零陆仟元整	千	百	十	万	千	百	十	元	角	分
			2	1	0	6	0	0	0	0	0

申请人：河北阳光啤酒集团有限公司　账号：0145252834342333022

出票行：中国农业银行万春市支行　行号：XXXX

备注：

凭票付款

出票行签章 中国农业银行万春市支行 汇票专用章

2010 年 12 月 2 日

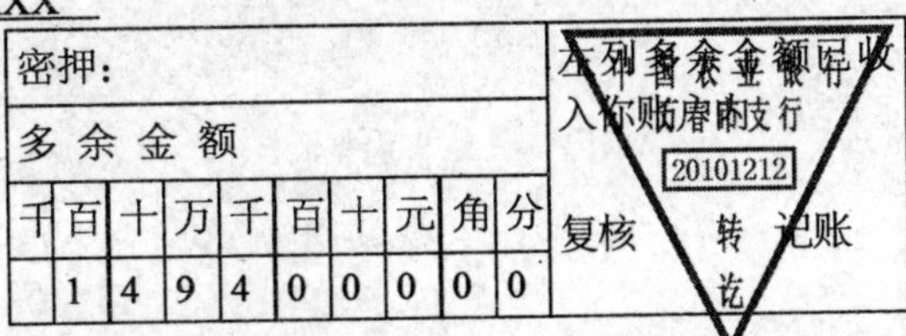

密押：										左列多余金额已收入你账户内
多余金额										
千	百	十	万	千	百	十	元	角	分	复核　记账
	1	4	9	4	0	0	0	0	0	

此联退回多余款金额已收入你账户内

单据 40.3.3

业务 41

入 库 单

材料科目：原材料　　　　收料单编号：字第 1207

供应单位：济南广发麦芽厂

发票号码：56645267　　　　2010 年 12 月 12 日　　　　收料仓库：2 号材料仓库

材料编号	材料名称	规格	单位	数量		买价		其他	实际成本	
				应收	实收	单价	金额		总成本	单位成本
	麦芽		吨	400	400	4500	1800000		1800000	4500
检验结果：合格				合计			1800000		1800000	
备注										

第二联记账联

检验员 石晓光　　收料员 周丽影　　记账员：郑祥林

单据 41.1.1

业务 42

差旅费报销单

报销日期 2010 年 12 月 12 日　　　　附件 21 张

出差地点	广州		出差人	赵海	部门	销售部
出差原因	市场调查					
交通费	出发地		目的地	单价	张数	小计
	万春		合肥	330	1	330
	合肥		万春	330	1	330
	合肥		增城	20	7	140
	增城		合肥	20	7	140
	小计					940
住宿费	张数		金额	小计	报销金额合计人民币（大写）壹万壹仟贰佰肆拾元整 小写：¥11240	
	1		1000	1000		
包干补助	天数	人数	标准	小计		
	13	1	100	1300	预借差旅费	10000
其他	张数		金额	小计	应补款	1240
招待费	4		2000.00	8000.00	退款	

现金付讫

部门负责人签批：钱二国　　单位负责人签批：钱二国　　财务审核签字：周宏伟

单据 42.1.1

业务43

托收凭证（汇款依据或收账通知）　4

委托日期 2010 年 11 月 29 日

<table>
<tr><td>业务类型</td><td colspan="8">委托收款（☑邮划 □电划）　托收承付（□邮划□电划）</td></tr>
<tr><td rowspan="3">付款人</td><td>全　称</td><td colspan="3">济南代理商</td><td rowspan="3">收款人</td><td>全　称</td><td colspan="2">河北阳光啤酒集团有限公司</td></tr>
<tr><td>账　号</td><td colspan="3">675843215445536</td><td>账　号</td><td colspan="2">0145252834342333022</td></tr>
<tr><td>地　址</td><td>山东省济南 市/县</td><td>开户行</td><td>建行长青支行</td><td>地　址</td><td>河北省万春 市/县</td><td>开户行 中国农业银行万春市支行</td></tr>
<tr><td>金额</td><td colspan="6">玖仟捌佰贰拾捌元整</td><td colspan="2">万 千 百 十 万 千 百 十 元 角 分
9 8 2 8 0 0</td></tr>
<tr><td>款项内容</td><td colspan="2">货款、运费</td><td>托收凭据名称</td><td colspan="2">商业承兑汇票</td><td>附寄单证张数</td><td colspan="2">壹张</td></tr>
<tr><td>商品发运情况</td><td colspan="3">已经发货</td><td colspan="2">合同名称号码</td><td colspan="3">2010－210</td></tr>
<tr><td colspan="3">备注：人民币
（大写）

复核　　记账</td><td colspan="4">上列款项已划入你方账户收妥
中国农业银行万春市支行 20101212 转讫
收款人开户银行签章
2010 年 12 月 12 日</td><td colspan="2"></td></tr>
</table>

此联收款人开户行给收款人的收账通知

单据 43.1.1

业务44

流动资金借款申请书

2010 年 12 月 9 日

企业名称：河北阳光啤酒集团有限公司　　所有制性质：股份制

申请借款金额	1000 000.00
借款用途	流动资金周转需要
借款期限	3 个月
还款资金来源	销货款
申请企业：河北阳光啤酒集团有限公司	负责人：刘立强
经办行审批意见：同意借款 农业银行万春市支行 业务专用章	

单据 44.3.1

信用借款合同

经中国农业银行万春市支行（下称贷款方）与河北阳光啤酒集团有限公司（下称借款方）充分协商，根据《借款合同条例》和中国农业银行的有关规定签订本合同，共同遵守。

第一条　自2010年12月12日起，由贷款方向借款方提供流动资金短期借款（种类）贷款（大写）壹佰万元，用于流动资金周转需要，还款期限至2011年3月11日止，利率按年息5.4%计算。如遇国家贷款利率调整，按调整后的新利率和计息方法计算。

第二条　贷款方应在符合国家信贷政策、计划的前提下，按期、按额向借款方提供贷款。否则，应按违约数额和延期天数付给借款方违约金。违约金数额的计算，与逾期贷款的加息相同。

第三条　借款方愿遵守贷款方的有关贷款办法规定，并按本合同规定用途使用贷款。否则，贷款方有权停止发放贷款、收回或提前收回已发放的贷款。对违约部分，按规定加收万分之五的罚息。

第四条　借款方保证按期偿还贷款本息。利息贷款到期偿还本金时一并支付。如需延期，借款方必须在贷款到期前提出书面申请，经贷款方审查同意，签订延期还款协议。借款方不申请延期或双方签订延期还款协议的，从逾期之日起，贷款方按规定加收万分之五的罚息，并可随时从借款方存款账户中直接扣收逾期贷款本息。

借款方：河北阳光啤酒集团有限公司　　贷款方：中国农业银行万春市支行

（印章：河北阳光啤酒集团有限公司 合同专用章）

法人代表：赵立强　　负责人：赵永福

经办人　崔胜利

（印章：中国农业银行万春市支行 合同专用章）

账号：中国农业银行万春市支行 0145252834342333022

电话：89798969　　电话：6785686

地址：河北省万春市春江路8008号　　地址：万春市春江路22号

签约日期：2010年12月11日　　签约日期：2010年12月11日

注：此凭据不作为记账依据。

单据44.3.2

贷款凭证（3）（收账通知）

2010年12　月12　日

<table>
<tr><td>贷款单位</td><td colspan="2">河北阳光啤酒集团有限公司</td><td>种类</td><td>短期</td><td>贷款户账号</td><td colspan="10">0145252834342333022</td></tr>
<tr><td rowspan="2">金　额</td><td colspan="4" rowspan="2">人民币
（大写）　壹佰万元整</td><td rowspan="2"></td><td>千</td><td>百</td><td>十</td><td>万</td><td>千</td><td>百</td><td>十</td><td>元</td><td>角</td><td>分</td></tr>
<tr><td></td><td>1</td><td>0</td><td>0</td><td>0</td><td>0</td><td>0</td><td>0</td><td>0</td><td>0</td></tr>
<tr><td rowspan="2">用　途</td><td rowspan="2">流动资金周转借款</td><td colspan="2">单位申请期限</td><td colspan="12">自2010年12月11日起至2011年3月11日</td></tr>
<tr><td colspan="2">银行核定期限</td><td colspan="12">2010年12月11日起至2011年3月11日</td></tr>
<tr><td colspan="5">上述贷款已核准发放。并已划入你单位账号。
（印章：中国农业银行 万春市支行 20101212 转讫）
年利率5.4%　　2010 年12 月12日
银行签章</td><td colspan="11">单位会计分录
收入
付出
复核　　记账
主管　　会计</td></tr>
</table>

单据44.3.3

业务45

中国农业银行　　收费凭条

2010年12月12日　　序号：

<table>
<tr><td>付款人户名</td><td colspan="3">河北阳光啤酒集团有限公司</td><td colspan="6">付款人账号</td><td>01452528343423330022</td></tr>
<tr><td rowspan="2">服务项目（凭证种类）</td><td rowspan="2">数量</td><td rowspan="2">工本费</td><td rowspan="2">手续费</td><td colspan="6">小计</td><td rowspan="7">上述款项请从我账户中支付。
预留印鉴：
河北阳光啤酒集团有限公司 财务专用章</td></tr>
<tr><td>千</td><td>百</td><td>十</td><td>元</td><td>角</td><td>分</td></tr>
<tr><td>现金支票</td><td>2</td><td>6</td><td></td><td></td><td></td><td>1</td><td>2</td><td>0</td><td>0</td></tr>
<tr><td>转账支票</td><td>3</td><td>7</td><td></td><td></td><td></td><td>2</td><td>1</td><td>0</td><td>0</td></tr>
<tr><td></td><td></td><td></td><td></td><td></td><td></td><td></td><td></td><td></td><td></td></tr>
<tr><td></td><td></td><td></td><td></td><td></td><td></td><td></td><td></td><td></td><td></td></tr>
<tr><td></td><td></td><td></td><td></td><td></td><td></td><td></td><td></td><td></td><td></td></tr>
<tr><td>合计</td><td></td><td></td><td></td><td></td><td></td><td>3</td><td>3</td><td>0</td><td>0</td><td></td></tr>
<tr><td>币种（大写）</td><td colspan="10">叁拾叁元整</td></tr>
<tr><td colspan="11">以下在购买凭证时填写</td></tr>
<tr><td rowspan="2">领购人姓名</td><td rowspan="2" colspan="3">李芳芳</td><td colspan="6">领购人证件类型</td><td>身份证</td></tr>
<tr><td colspan="6">领购人证件号码</td><td>130620197904124128</td></tr>
</table>

（印章：中国农业银行 万春市支行 20101212 转讫）

记账联附件

事后监督：

单据45.1.1

业务46

12498567　　天津增值税专用发票　　No 12285079

（天津 发票联）

开票日期：2010年12月13日

<table>
<tr><td rowspan="4">购货单位</td><td colspan="5">名　　称：河北阳光啤酒集团有限公司</td><td rowspan="4">密码区</td><td colspan="2" rowspan="4">（本书略）</td></tr>
<tr><td colspan="5">纳税人识别号：130620041011029</td></tr>
<tr><td colspan="5">地址、电话：河北省万春市春江路8008号 89798969</td></tr>
<tr><td colspan="5">开户行及账号：中国农业银行万春市支行 01452528343423330022</td></tr>
<tr><td colspan="2">货物或应税名称</td><td>规格型号</td><td>单位</td><td>数量</td><td>单价</td><td>金额</td><td>税率</td><td>税额</td></tr>
<tr><td colspan="2">恒利大米</td><td></td><td>吨</td><td>600</td><td>2 100</td><td>1 260 000</td><td>13%</td><td>163 800</td></tr>
<tr><td colspan="2">合　计</td><td></td><td></td><td></td><td></td><td>¥1260 000</td><td></td><td>¥163 800</td></tr>
<tr><td colspan="2">价税合计（大写）</td><td colspan="5">壹佰肆拾贰万叁仟捌佰元整</td><td colspan="2">（小写）¥1 423 800</td></tr>
<tr><td rowspan="4">销货单位</td><td colspan="5">名　　称：天津恒利公司</td><td rowspan="4">备注</td><td colspan="2" rowspan="4">（印章：天津恒利公司 120105710615063 发票专用章）</td></tr>
<tr><td colspan="5">纳税人识别号：120105710615063</td></tr>
<tr><td colspan="5">地址、电话：天津市灵雨寺街16号 35862665</td></tr>
<tr><td colspan="5">开户行及账号：中国工商银行天津市灵雨寺街支行 684535005567</td></tr>
</table>

第二联：发票联购货方记账凭证

收款人：　　复核：胡志军　　开票人：黎明　　销货单位：（章）

单据46.3.1

12498567 **天津增值税专用发票** No 12285079

抵扣联 开票日期：2010 年 12 月 13 日

购货单位	名　　称：河北阳光啤酒集团有限公司 纳税人识别号：130620041011029 地 址、电 话：河北省万春市春江路 8008 号 89798969 开户行及账号：中国农业银行万春市支行 0145252834342333022			密码区	（本书略）		
货物或应税名称	规格型号	单位	数 量	单价	金 额	税率	税 额
恒利大米		吨	600	2 100	1 260 000	13%	163 800
合 计					¥1 260 000		¥163 800
价税合计（大写）	壹佰肆拾贰万叁仟捌佰元整				（小写）¥1 423 800		
销货单位	名　　称：天津恒利公司 纳税人识别号：120105710615063 地址、电 话：天津市灵雨寺街 16 号 35862665 开户行及账号：中国工商银行天津市灵雨寺街支行 684535005567			备注	天津恒利公司 120105710615063 发票专用章		

收款人：　　复核：胡志军　　开票人：黎明　　销货单位：（章）

第一联：抵扣联 购货方扣税凭证

单据 46.3.2

入 库 单

材料科目：原材料　　收料单编号：字第 1208

供应单位：天津恒利公司

发票号码：12285079　　2010 年 12 月 12 日　　收料仓库：2 号材料仓库

材料编号	材料名称	规格	单位	数量		买价		其他	实际成本	
				应收	实收	单价	金额		总成本	单位成本
	恒利大米		吨	600	600	2100	1260000		1260000	2100
检验结果：合格				合计			1260000		1260000	2100
备注										

检验员 石晓光　　收料员 周丽影　　记账员：郑祥林

第二联记账联

单据 46.3.3

业务 47

投 资 协 议 书

甲方：（投资人）河北永华集团　　　　　　乙方：（被投资人）河北阳光啤酒集团有限公司

根据中华人民共和国法律、法规的相关规定，甲、乙双方本着互惠互利的原则，就甲方投资乙方一事，经过友好协商，现达成一致协议如下：

一、甲方以现金 16 000 000 元对乙方进行投资，其中 1 000 000 元为溢价，占有乙方 7.5%股份，以获取收益。

二、权利和义务

甲方必须及时足额把投资资金以及相关资料证明交给乙方。甲方享有股东的责、权、利，不得随意抽撤资金，否则，由此造成的损失由甲方负责。

乙方有责任对甲方资金进行科学管理和合理运用，以使甲方获得合理收益。

三、投资方式

投资方式为现金投资，年终按净收益获得红利。

四、违约责任

甲、乙双方任何一方的行为造成损失的，由责任方负责一切损失。

五、争议的解决

凡因执行本协议所发生的或与本协议有关的一切争议，双方通过友好协商解决，协商不成时，可向相关仲裁机构申请仲裁或向签署地人民法院提起诉讼。在诉讼过程中，除进入诉讼程序的部分外，本协议仍具有法律效力。

本协议经双方当事人签字盖章后生效。本协议一式两份，双方各执一份。

甲方：河北永华集团　　　　　　　　乙方：河北阳光啤酒集团有限公司

法人代表：王胜利　　　　　　　　　法人代表：赵志强

日期：2010 年 12 月 13 日　　　　　日期：2010 年 12 月 13 日

单据 47.5.1

股东持股证明书

股东：河北永华集团

截止 2010 年 12 月 13 日依股东名册记载持有本公司股份总数为 5000 万股，占股比例 7.5%

此　致

河北阳光啤酒集团有限公司

2010 年 12 月 13 日

单据 47.5.2

中国农业银行进账单（收账通知）3

2010 年 12 月 13 日

<table>
<tr><td rowspan="3">付款人</td><td>全　称</td><td>河北永华集团</td><td rowspan="3">收款人</td><td>全　称</td><td colspan="11">河北阳光啤酒集团有限公司</td></tr>
<tr><td>账　号</td><td>1230 0123 4567 7890</td><td>账　号</td><td colspan="11">01452528343423330 22</td></tr>
<tr><td>开户银行</td><td>中国建设银行保定市支行</td><td>开户银行</td><td colspan="11">中国农业银行万春市支行</td></tr>
<tr><td rowspan="2">金额</td><td rowspan="2">人民币（大写）</td><td colspan="3" rowspan="2">壹仟陆佰万元整</td><td>万</td><td>千</td><td>百</td><td>十</td><td>万</td><td>千</td><td>百</td><td>十</td><td>元</td><td>角</td><td>分</td></tr>
<tr><td></td><td>1</td><td>6</td><td>0</td><td>0</td><td>0</td><td>0</td><td>0</td><td>0</td><td>0</td><td>0</td></tr>
<tr><td colspan="2">票据种类</td><td>银行汇票</td><td>票据张数</td><td>贰张</td><td colspan="11" rowspan="3">中国农业银行 万春市支行 20101213 转讫
开户银行签章</td></tr>
<tr><td colspan="2">票据号码</td><td colspan="3"></td></tr>
<tr><td colspan="5">复核　　记账</td></tr>
</table>

此联是开户银行交给收款人的收账通知

单据 47.5.3

注册资本金变更的批复

万春工商【2010】51 号

河北阳光啤酒集团有限公司：

你公司《关于要求变更资质证书注册资本金的请示》已收悉。经审核，上报材料符合股份制企业资质管理有关规定，同意你公司注册资本金增加 5 00.00 万元。其中永华集团投资 1 500 万元，占股比例 7.5%；永浩集团投资 3 500 万元，占股比例 17.5%。

万春市工商行政管理局

2010 年 12 月 13 日

单据 47.5.4

验资报告

万春市大雁会计师事务所验报字【2010】第111号

河北阳光啤酒集团有限公司：

我们接受委托，审验了贵公司接受河北永华集团现金投资15 000 000元的实收情况。按照国家相关法律、法规的规定和协议、章程的要求出资，提供真实、合法、完整的验资资料，保护资产的安全、完整是全体股东及贵公司的责任。我们的责任是对贵公司接受投资的实收情况发表审验意见。我们的审验是依据《中国注册会计师审计准则第1602号—验资》进行的。在审验过程中，我们结合贵公司的实际情况，实施了检查等必要的审验程序。

据协议、章程的规定，贵公司接受河北永华集团现金投资15 000 000元，于2010年12月13日一次性缴足。经我们审验，截至2010年12月13日，贵公司已到收河北永华集团的货币投资壹仟陆佰万元整。

本验资报告仅供贵公司申请变更登记及据以向股东签发出资证明时使用，不应将其视为是对贵公司验资报告日后资本保全、偿债能力和持续经营能力等的保证，因使用不当所造成的后果，与执行本验资业务的注册会计师及本会计师事务所无关。

附件：

1. 注册资本实收情况明细表
2. 验资事项说明

万春市大雁会计师事务所（公章）　　　　中国注册会计师：李树仁

中国万春市　　　　中国注册会计师：赵海涛

报告日期 2010年12月13日

附件1

注册资本实收情况明细表

截至2010年12月13日

被审验单位：河北阳光啤酒集团有限公司　　注册资本币种：人民币　　单位：万元

股东名称	认缴资本	实际出资情况
		货币出资
河北永华集团	1500	1600
资产合计	1500	1600

附件2 验资事项说明（略）

单据47.5.5

业务 48

资产评估报告

万春市大雁会计师事务所评报字【2010】第 249 号

万春市大雁会计师事务所接受河北阳光啤酒集团有限公司的委托，根据国家有关资产的规定，本着独立、公正、科学、客观的原则，按照公认的资产评估方法对河北永浩公司投入的固定资产（生产流水线）进行了实地查勘、市场调查与查询、现将资产评估情况及评估结果报告如下：

一、委托方简介

委托方：河北阳光啤酒集团有限公司

注册地址：河北省万春市春江路 8008 号

法定代表人：赵立强

经济性质：万春市控股

注册资金：15 000 万元

工商登记号码：1306 2004 1011 029

经营范围：啤酒业

二、评估目的

河北永浩公司固定资产（生产流水线）投入，为此需要评估，以评估后的资产的公允价值作为参考依据。

三、评估范围和对象

委托评估的账面价值和公允价值统计表（单位：万元）

项　目	账面价值不含增值税	公允价值不含增值税
生产流水线	3700	3700

四、评估报告书的法律效力。

本次评估结论是反映评估对象在本次评估目的下，根据公开市场的原则确定的现行公允市价，没有考虑将来可能承担的抵押、担保事宜，以及特殊的交易方可能追加付出的价格等对评估价格的影响，同时，本报告也未考虑国家宏观经济政策发生变化以及遇有自然力和其他不可抗力对资产价格的影响，本次评估有效期限为一年，自 2010 年 12 月 13 日起至 2011 年 12 月 12 日止，超过一年，需重新进行资产评估。

万春市大雁会计师事务所
法定代表人：赵树仁
注册资产评估师：李秋生
2010 年 12 月 13 日

单据 48.7.1

股权投资协议

投资方：河北永浩公司

被投资方：河北阳光啤酒集团有限公司

投资方与被投资方经过充分协商，在平等自愿的基础上，投资方河北永浩公司以生产流水线投资，生产流水线公允价值（不含增值税）为 37 00 万元获河北阳光啤酒集团有限公司 17.5%股份。

甲方：河北永浩公司　　　　乙方：河北阳光啤酒集团有限公司

法人代表：张兴华　　　　法人代表：赵立强

签约日期：2010 年 12 月 13 日　　　　签约日期：2010 年 12 月 13 日

单据 48.7.2

股东持股证明书

股东：河北永浩公司

截止 2010 年 12 月 13 日依股东名册记载持有本公司股份总数为 5000 万股，占股比例 17.5%。

此　致

河北阳光啤酒集团有限公司

2010 年 12 月 13 日

单据 48.7.3

固定资产移交报告单

2010 年 12 月 13 日

名　称	规格型号	单位	数量	设备价款（不含税）	移交单位
生产流水线		条	1	37 000 000	物流部
备　注	河北永浩公司向我公司投入一条生产线				

使用部门主管：周立强　　会计：周宏伟　　制单：郑祥林

单据 48.7.4

1300132155

河北增值税专用发票

河北 抵扣联 国家税务总局监制

No 12285079

开票日期：2010 年 12 月 7 日

购货单位		密码区	
名　　称：河北阳光啤酒集团有限公司 纳税人识别号：130620041011029 地 址、电 话：河北省万春市春江路 8008 号 89798969 开户行及账号：中国农业银行万春市支行 0145252834342333022			（本书略）

货物或应税名称	规格型号	单位	数 量	单价	金 额	税率	税 额
生产流水线		条	1	37000000.00	37000000.00	17%	6 290 000.00
合　计					37000000.00		6 290 000.00
价税合计（大写）肆仟叁佰贰拾玖万元整					（小写）¥43 290 000		

销货单位		备注	
名　　称：河北永浩公司 纳税人识别号：130105710615063 地址、电 话：石家庄市裕华街 16 号 35862665 开户行及账号：中国工商银行石家庄市裕华街支行 040968453300507			河北永浩公司 130105710615063 发票专用章

收款人：王海燕　　复核：胡志丰　　开票人：杜明　　销货单位：（章）

第三联：抵扣联 购货方扣税凭证

单据 48.7.5

1300132155

河北增值税专用发票

河北 发票联 国家税务总局监制

No 12285079

开票日期：2010 年 12 月 7 日

购货单位		密码区	
名　　称：河北阳光啤酒集团有限公司 纳税人识别号：130620041011029 地 址、电 话：河北省万春市春江路 8008 号 89798969 开户行及账号：中国农业银行万春市支行 0145252834342333022			（本书略）

货物或应税名称	规格型号	单位	数 量	单价	金 额	税率	税 额
生产流水线		条	1	37000000.00	37000000.00	17%	6 290 000.00
合　计					37000000.00		6 290 000.00
价税合计（大写）肆仟叁佰贰拾玖万元整					（小写）¥43 290 000		

销货单位		备注	
名　　称：河北永浩公司 纳税人识别号：130105710615063 地址、电 话：石家庄市裕华街 16 号 35862665 开户行及账号：中国工商银行石家庄市裕华街支行 684535005567			河北永浩公司 130105710615063 发票专用章

收款人：王海燕　　复核：胡志丰　　开票人：杜明　　销货单位：（章）

第二联：发票联 购货方记账凭证

单据 48.7.6

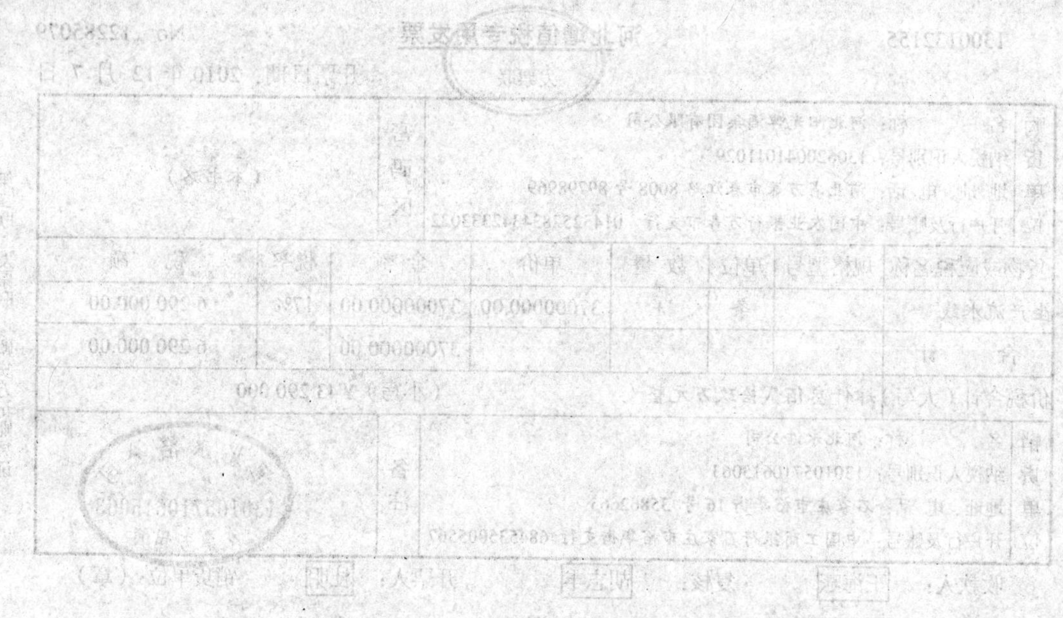

验资报告

万春市大雁会计师事务所验报字【2010】第112号

河北阳光啤酒集团有限公司：

我们接受委托，审验了贵公司河北永浩公司固定资产（生产流水线）投资的实收情况。按照国家相关法律、法规的规定和协议、章程的要求出资，提供真实、合法、完整的验资资料，保护资产的安全、完整是全体股东及贵公司的责任。我们的责任是对贵公司接受投资的实收情况发表审验意见。我们的审验是依据《中国注册会计师审计准则第1602号—验资》进行的。在审验过程中，我们结合贵公司的实际情况，实施了检查等必要的审验程序。

据协议、章程的规定，贵公司接受河北永浩集团固定资产（生产流水线）投资，生产流水线（不含税价）37 000 000元，于2010年12月13日一次性缴足。经我们审验，截至2010年12月13日，贵公司已到收河北永浩集团投入的固定资产（生产流水线）投资。

本验资报告仅供贵公司申请变更登记及据以向股东签发出资证明时使用，不应将其视为是对贵公司验资报告日后资本保全、偿债能力和持续经营能力等的保证，因使用不当所造成的后果，与执行本验资业务的注册会计师及本会计师事务所无关

附件：

1. 注册资本实收情况明细表
2. 验资事项说明

会计师事务所(公章)　　　　　　　　中国注册会计师：李树仁

中国万春市　　　　　　　　　　　　中国注册会计师：赵海涛

报告日期 2010年12月13日

附件1

注册资本实收情况明细表

截至2010年12月13日

被审验单位：河北阳光啤酒集团有限公司　　注册资本币种：人民币　　单位：万元

股东名称	认缴资本	实际出资情况
		实物（生产流水线）（含增值税）
河北永浩集团	3500	4329
资产合计	3500	4329

附件2 验资事项说明（略）

单据48.7.7

业务49

公告编号：临2010—039

河北阳光啤酒集团有限公司会议通知

会议决定对雪灾地区通过民政局捐款500 000.00元，直接捐郊区凤凰岭小学100000元用于校舍维修。

本次决议不属于公司重大变动事项，无须经过股东大会审批。免于按照相关规定披露和履行相应程序，符合有关规定。

河北阳光啤酒集团有限公司

二〇一〇年十二月十四日

单据49.5.1

公益性单位接受捐赠统一收据

UNIFIED INVOICE OF DONATION FOR PUBLIC WELFARE ORGANIZATION

2010 年 12 月 14 日

国财 00201　　　　　　　　　　NO 00137569

<table>
<tr><td>捐赠者
Dornor</td><td colspan="11">河北阳光啤酒集团有限公司</td></tr>
<tr><td>捐赠项目
For Purpose</td><td colspan="11">救灾</td></tr>
<tr><td rowspan="2">捐赠金额
Total</td><td rowspan="2">（实物价值）大写
Amounts in Words</td><td rowspan="2">肆拾万零仟零佰零拾零元零角零分</td><td>佰</td><td>拾</td><td>万</td><td>仟</td><td>佰</td><td>拾</td><td>元</td><td>角</td><td>分</td></tr>
<tr><td></td><td>4</td><td>0</td><td>0</td><td>0</td><td>0</td><td>0</td><td>0</td><td>0</td></tr>
<tr><td colspan="12">货币（实物）种类人民币</td></tr>
<tr><td colspan="12">Currency(material)object</td></tr>
<tr><td>备注
Note</td><td colspan="11"></td></tr>
</table>

接收单位（签章）　审核　　经手人 官　阳　　支票号 10346704

单据 49.5.2

河北省捐款捐物专用收据

日期：2010 年 12 月 14 日　　　　　　　　　　No 8139614

<table>
<tr><td colspan="2">捐赠人</td><td colspan="5">河北阳光啤酒集团有限公司</td><td rowspan="6">第二联收据</td></tr>
<tr><td rowspan="5">捐赠种类</td><td rowspan="4">实物</td><td>名　称</td><td>品　种</td><td>计量单位</td><td>单　价</td><td>折算金额</td></tr>
<tr><td></td><td></td><td></td><td></td><td></td></tr>
<tr><td></td><td></td><td></td><td></td><td></td></tr>
<tr><td></td><td></td><td></td><td></td><td></td></tr>
<tr><td>货币</td><td colspan="5">（大写）壹拾万元整　　　　　　¥100 000.00</td></tr>
</table>

捐收单位（章）:　　　　　　　　经手人：王泽东

单据 49.5.3

中国农业银行
转账支票存根

$\frac{C}{0}\frac{K}{2}$ 10346703

附加信息

出票日期 2010 年 12 月 14 日

收款人：凤凰岭小学
金　额：100 000
用　途：捐赠支出

单位主管：孙丽丽　　会计：周宏伟

单据 49.5.4

中国农业银行
转账支票存根

$\frac{C}{0}\frac{K}{2}$ 10346704

附加信息

出票日期 2010 年 12 月 14 日

收款人：万春市民政局
金　额：400 000
用　途：捐赠灾区

单位主管：孙丽丽　　会计：周宏伟

单据 49.5.5

业务 50

河北省万春市加工修理业专用发票

税务登记号：1306 2004 1011 029　　发票号：6547

收款单位：4S 店

付款单位：河北阳光啤酒集团有限公司

经营项目：内饰　修理　　金额：52 000

金额合计：伍万贰仟元整　　税控装置号：0012

机打票号：　　开票日期：2010 年 12 月 14 日

税控装置防伪码：

收款单位：

单据 50.2.1

中国农业银行
转账支票存根

$\frac{C}{0}\frac{K}{2}$ 10346705

附加信息

出票日期 2010 年 12 月 14 日

收款人：河北省万春市万春汽贸公司
金　额：52 000.00
用　途：支付汽车修理费

单位主管：孙丽丽　　会计：周宏伟

单据 50.2.2

业务 51

河北省万春市饮食业定额发票

发　票　联（2010）

发 票 代 码：213061070018

发 票 号 码：01054917

密　　　码：

付款单位（个人）：

壹 佰 元　¥ ：100.00

万春高新区佰草源餐饮服务部 发票专用章 13062087698743219876

收款单位（盖章有效）　开票日期 2010 年 12 月 14 日

第二联　发票联

注：12 月 14 日销售部门报销招待费此单据共计 120 张，金额合计 200 000 元。

单据 51.2.1

中国农业银行
转账支票存根

$\frac{C}{0}\ \frac{K}{2}$ 10346706

附加信息

出票日期 2010 年 12 月 14 日

收款人：万春高新区佰草源餐饮服务部
金　额：200 000.00
用　途：支付招待费

单位主管：孙丽丽　　会计：周宏伟

单据 51.2.2

业务 52

工资结算汇总表

	应发工资	养老保险 8%	失业保险 1%	医疗保险 2%	公积金 8%	个人所得税	实发工资
计提比例		8%	1%	2%	8%		
行政部	60 000.00					2 000.00	
财务部	20 000.00					250.00	
酿造部	200 000.00					500.00	
包装部	1 540 000.00					800.00	
品控部	40 000.00					250.00	
物流部	100 000.00					300.00	
工程部	40 000.00					250.00	
销售部	100 000.00					1 800.00	
合计	2 100 000.00					6 150.00	

注：学生操作时计算并填写空白项。

单据 52.2.1

中国农业银行
转账支票存根

$\frac{C}{0}\frac{K}{2}$ 10346707

附加信息

出票日期 2010 年 12 月 15 日

收款人：河北阳光啤酒集团有限公司
金　额：1 694 850.00
用　途：发放 11 月份工资

单位主管：孙丽丽　　会计：周宏伟

单据 52.2.2

业务 53

公告编号：临 2010—041

河北阳光啤酒集团有限公司会议通知

本公司将自产的普通啤酒作为福利发放给包装部和酿造部职工每人 1 箱，共 870 箱。

河北阳光啤酒集团有限公司
二〇一〇年十二月十五日

单据 53.2.1

职工非货币性职工福利分配表

2010 年 12 月 15　单位：件

部　　门	人数	数量	单价	总价	税（税率 17%）	价税合计
酿造部管理人员	10	10	16.8	168.00	28.56	196.56
包装部管理人员	20	20	16.8	336.00	57.12	393.12
酿造部工人	90	90	16.8	1 512.00	257.04	1 769.04
包装部工人	750	750	16.8	12 600.00	2 142.00	14 742.00
合　计	870	870		14 616.00	2 484.72	17 100.72

单据 53.2.2

业务54

13893654 **河北增值税专用发票** No 56645289

抵扣联

开票日期：2010年12月15日

购货单位	名　　称：河北阳光啤酒集团有限公司 纳税人识别号：130620041011029 地 址、电 话：河北省万春市春江路8008号 89798969 开户行及账号：中国农业银行万春市支行 0145252834342333022				密码区	（本书略）	
货物或应税名称	规格型号	单位	数 量	单价	金 额	税率	税 额
电费		度			612 000.00	17%	104 040.00
合　计					¥612 000.00		¥104 040.00
价税合计（大写）	柒拾壹万陆仟零肆拾元整				（小写）¥716 040.00		
销货单位	名　　称：万春市供电局 纳税人识别号：130620560308066 地址、电 话：河北省万春市华南路45号 65862880 开户行及账号：中国农业银行万春市华南路支行 030343218456650				备注	万春市供电局 130620560308066 发票专用章	

收款人：王敏　　复核：张淑英　　开票人：成昆　　销货单位（章）

第一联：抵扣联　购货方扣税凭证

单据 54.3.1

13893654 **河北增值税专用发票** No 56645289

发票联

开票日期：2010年12月15日

购货单位	名　　称：河北阳光啤酒集团有限公司 纳税人识别号：130620041011029 地 址、电 话：河北省万春市春江路8008号 89798969 开户行及账号：中国农业银行万春市支行 0145252834342333022				密码区	（本书略）	
货物或应税名称	规格型号	单位	数 量	单价	金 额	税率	税 额
电费		度			612 000.00	17%	104 040.00
合　计					¥612 000.00		¥104 040.00
价税合计（大写）	柒拾壹万陆仟零肆拾元整				（小写）¥716 040.00		
销货单位	名　　称：万春市供电局 纳税人识别号：130620560308066 地址、电 话：河北省万春市华南路45号 65862880 开户行及账号：中国农业银行万春市华南路支行 030343218456650				备注	万春市供电局 130620560308066 发票专用章	

收款人：王敏　　复核：张淑英　　开票人：成昆　　销货单位（章）

第二联：发票联　购货方记账凭证

单据 54.3.2

中国农业银行
转账支票存根

$\frac{C}{0}\frac{K}{2}$ 10346708

附加信息

出票日期 2010 年 12 月 15 日

收款人：万春市供电公司
金　额：1 328 040.00
用　途：支付电费（含上月未付的612000 元）

单位主管：孙丽丽　　会计：周宏伟

单据 54.3.3

业务 55

13453656　　**河北市增值税专用发票**　　No　16345468

发票联　　开票日期：2010 年 12 月 16 日

购货单位	名　　称：河北阳光啤酒集团有限公司 纳税人识别号：130620041011029 地 址、电 话：河北省万春市春江路 8008 号 89798969 开户行及账号：中国农业银行万春市支行 0145252834342333022				密码区	（本书略）	
货物或应税名称	规格型号	单位	数 量	单价	金 额	税率	税　额
水费		吨			436 800.00	13%	56 784.00
合　计					¥436 800.00		¥56 784.00
价税合计（大写）	肆拾玖万叁仟伍佰捌拾肆元整				（小写）¥493 584.00		
销货单位	名　　称：万春市自来水公司 纳税人识别号：13062077165566 地址、电 话：电谷大街 16 号 35862886 开户行及账号：中国工商银行万春市电谷大街支行 040923225555456				备注	万春市自来水公司 13062077165566 发票专用章	

第一联：发票联　购货方记账凭证

收款人：陈 平　　复核：王府府　　开票人：张茗铭　　销货单位（章）

单据 55.3.1

13453656　　**河北市增值税专用发票**　　No 16345468

抵扣联

开票日期：2010 年 12 月 16 日

购货单位	名　　称：河北阳光啤酒集团有限公司 纳税人识别号：130620041011029 地 址、电 话：河北省万春市春江路 8008 号 89798969 开户行及账号：中国农业银行万春市支行 0145252834342333022					密码区	（本书略）	
货物或应税名称	规格型号	单位	数 量	单价	金 额	税率	税 额	
水费		吨			436 800.00	13%	56 784.00	
合　计					¥436 800.00		¥56 784.00	
价税合计（大写）	肆拾玖万叁仟伍佰捌拾肆元整					（小写）¥493 584.00		
销货单位	名　　称：万春市自来水公司 纳税人识别号：13062077165566 地址、电 话：电谷大街 16 号 35862886 开户行及账号：中国工商银行万春市电谷大街支行 040923225555456					备注		

第一联：抵扣联　购货方扣税凭证

收款人：陈 平　　复核：王府府　　开票人：张茗铭　　销货单位：（章）

（印章：万春市自来水公司 13062077165566 发票专用章）

单据 55.3.2

中国农业银行

转账支票存根

$\frac{C}{0}\frac{K}{2}$ 10346709

附加信息

出票日期 2010 年 12 月 16 日

收款人：万春市自来水公司
金　额：930 384.00
用　途：支付水费（含上月未付的 436800 元）

单位主管：孙丽丽　　会计：周宏伟

单据 55.3.3

业务 56

冀财 0206

河北省政府非税收入通用票据

填制日期：2010 年 12 月 16 日

收到：河北阳光啤酒集团有限公司

项目名称	数量	单位	标准	金额								
				百	十	万	千	百	十	元	角	分
违规罚款							3	0	0	0	0	0
金额合计（大写）	⊗佰⊗拾⊗万叁仟零佰零拾零元零角零分						3	0	0	0	0	0

第二联 记账联

收款单位：（印章） 收款人：王东东 经手人：龚 丽

单据 56.4.1

中国农业银行

转账支票存根

$\frac{C}{0}\frac{K}{2}$ 10346710

附加信息

出票日期 2010 年 12 月 16 日

收款人：	环保局
金 额：	3000.00
用 途：	支付环保局违规罚款

单位主管：孙丽丽 会计：周宏伟

单据 56.4.2

冀财 0388

河北省政府非税收入通用票据

填制日期：2010 年 12 月 16 日

收到：河北阳光啤酒集团有限公司

项目名称	数量	单位	标准	金额								
				百	十	万	千	百	十	元	角	分
社区绿化赞助费							5	0	0	0	0	0
金额合计（大写）	⊗佰⊗拾⊗万伍仟零佰零拾零元零角零分						5	0	0	0	0	0

第二联 记账联

收款单位：（印章）　　收款人：孙 崇　　经手人：冯丽丽

单据 56.4.3

中国农业银行

转账支票存根

$\frac{C}{0}\frac{K}{2}$ 10346711

附加信息

出票日期 2010 年 12 月 16 日

收款人：永华社区
金　额：5000.00
用　途：支付社区绿化赞助费

单位主管：孙丽丽　　会计：周宏伟

单据 56.4.4

业务 57

商标使用权转让合同

转让方名称：河北阳光啤酒集团有限公司

受让方名称：石家庄光明啤酒厂

前言（鉴于条款）

—鉴于转让方河北阳光啤酒集团有限公司拥有阳光啤酒商标使用权，使用期限 2 年。

—鉴于受让方石家庄光明啤酒厂对上述的商标使用权了解，希望获得该商标使用权。使用期限 2 年。

—鉴于转让方同意将其拥有的商标使用权转让给受让方。双方一致同意签订本合同。

第一条 阳光啤酒商标使用权转让方向受让方交付商标使用权的全部相关资料。

第二条　交付资料的时间、地点及方式

1. 交付资料的时间

合同生效后，转让方收到受让方支付给转让方的转让费后 2 日内，转让方向受让方交付合同第一条所述的全部资料。

2. 交付资料的方式和地点

转让方将上述全部资料以面交方式递交给受让方。

第三条　转让费及支付方式

本合同涉及的阳光啤酒商标使用权的转让费为，每年使用费 600 000 元（每月 50 000 元），每年 12 月支付。

第四条　违约及索赔

对转让方：

转让方拒不交付合同规定的全部资料，办理阳光啤酒商标使用权转让手续的，受让方有权解除合同，要求转让方返还转让费，并支付违约金。

对受让方：

受让方拒付转让费，转让方有权解除合同要求返还全部资料，并要求赔偿其损失或支付违约金 30 万 。

第五条　争议的解决办法

1. 双方在履行合同中发生争执的，应按本合同条款，友好协商，自行解决。

2. 双方不能协商解决争议的，提请受让方所在地或合同签约地专利管理机关调处，对调处结果不服的，向法院起诉。

甲方：河北阳光啤酒集团有限公司	乙方：石家庄光明啤酒厂
法人代表：赵立强	法人代表：丁明伟
账号：中国农业银行万春市支行：0145252834342333022	账号：建设银行城北支行 1601020450018703
电话：89798969	电话：57869688
地址：河北省万春市春江路 8008 号	地址：石家庄幸福路 22 号
签约日期：2010 年 12 月 10 日	签约日期：2010 年 12 月 10 日

单据 57.3.1

中国农业银行信汇凭证（收账通知）

委托日期2010年 12 月 12日

汇款人	全称	石家庄光明啤酒厂	收款人	全称	河北阳光啤酒集团有限公司
	账号	564843218984689		账号	0145252834342333022
	汇出地点	河北省石家庄市		汇入地点	河北省万春市
汇出行名称		中国建设银行石家庄市城北支行	汇入行名称		中国农业银行万春市支行

金额	人民币（大写） 陆拾万元整	万	千	百	十	万	千	百	十	万	千	百	十	元	角	分
									6	0	0	0	0	0	0	0

中国农业银行 万春市支行 20101216 转讫 汇入行签章	支付密码
	附加信息及用途：商标使用权费
	复核 记账

此联给收款人的收账通知

单据57.3.2

河北省万春市货物销售发票

（第二发票联 冀万春市 记账联 地方税务局监制）

发票代码：213040253006

发票号码：00650090

机打编号：

付款单位（个人）：石家庄光明啤酒厂

项目	单位	数量	单价	万	千	百	十	万	千	百	十	元	角	分	备注
商标使用权费							6	0	0	0	0	0	0	0	
合计（大写）陆拾陆万零仟零佰零拾零元零角零分															（小写）¥60000.00

第一联 记账联

收款单位（盖章有效）（河北阳光啤酒集团有限公司 财务专用章） 开票人：王苏苏 2010年 12 月16日

单据57.3.3

业务 58

差旅费报销单

报销日期 2010 年 12 月 18 日　　　　附件 13 张（略）

出差地点	哈尔滨	出差人	李东	部门	物流部
出差原因	开会				
交通费	出发地	目的地	单价	张数	小计
	万春	哈尔滨	275	1	275
	哈尔滨	依蓝县	20	5	100
	依蓝县	哈尔滨	20	5	100
	哈尔滨	万春	275	1	275
住宿费	张数	金额	小计	报销金额合计人民币（大写）	
	1	600	600	壹仟玖佰伍拾元整 小写：¥1950.00	
包干补助	天数 / 人数	标准	小计		
	6 / 1	100	600	预借差旅费	5000
其他	张数	金额	小计	应补款	
				应退款	3050

部门负责人签批：钱二国　　单位负责人签批：钱二国　　财务审核签字：周宏伟

单据 58.1.1

业务 59

13061234　　　　**河北增值税专用发票**　　　　No 75745237

此联不做报销、扣税凭证使用　　开票日期：2010 年 12 月 18 日

购货单位	名　　称：万春市代理商 纳税人识别号：130605640321076 地址、电话：万春市东风路 8876844 开户行及账号：中国建设银行万春市支行 054584321800564					密码区	（本书略）	
货物或应税名称	规格型号	单位	数 量	单价	金 额	税率	税　额	
纯生瓶装啤酒		吨	600	6 000	3 600 000.00	17%	612 000.00	
普通瓶装啤酒		吨	2 000	2 800	5 600 000.00	17%	952 000.00	
合　计					¥9 200 000.00		¥1 564 000.00	
价税合计（大写）	壹仟零柒拾陆万肆仟元整					（小写）¥10 764 000.00		
销货单位	名　　称：河北阳光啤酒集团有限公司 纳税人识别号：130620041011029 地址、电话：河北省万春市春江路 8008 号 89798969 开户行及账号：中国农业银行万春市支行 014525283434233022					备注		

第三联：记账联　销货方记账凭证

收款人：李芳芳　　复核：周宏伟　　开票人：郑祥林　　销货单位：（章）

单据 59.2.1

业务58

差旅费报销单

报销日期 2010年12月18日　　附件13张（略）

出差地点	哈尔滨	出差人	李东	部门	销售部
出差原因	开会				
交通费	起始地	目的地	单价	张数	小计
	万春	哈尔滨	275	1	275
	哈尔滨	林甸县	20	5	100
	林甸县	哈尔滨	20	5	100
	哈尔滨	万春	275	1	275
住宿费	张数	金额	小计	报销金额合计人民币（大写）	
	1	600	600	壹仟玖佰伍拾元整	
出差补助	天数 / 人数	标准	小计	小写：￥1950.00	
	6 / 1	100	600	预借差旅费	5000
其他	张数	金额	小计	应补款	
				应退款	3050

部门负责人签批：段二国　　单位负责人签批：段二国　　财务审核签字：周宏伟

单据58.1.1

业务59

1306123 4　　　　**河北增值税专用发票**　　　　№ 73745237

此联不做报销、扣税凭证使用　　开票日期：2010年12月18日

购货单位	名　　称：万春市代理商 纳税人识别号：130602640321076 地址、电话：万春市长风路 8876844 开户行及账号：中国建设银行万春市支行 054584321800564	密码区	（本书略）				
货物或应税劳务名称	规格型号	单位	数量	单价	金额	税率	税额
纯生酿造啤酒		吨	600	6 000	3 600 000.00	17%	612 000.00
普通酿造啤酒		吨	2 000	2 800	5 600 000.00	17%	952 000.00
合　计					￥9 200 000.00		￥1 564 000.00
价税合计（大写）	壹仟零柒拾陆万肆仟元整				（小写）￥10 764 000.00		
销货单位	名　　称：河北[illegible]啤酒集团有限公司 纳税人识别号：[illegible] 地址、电话：河北省万春市泰山路 8008 号 89708969 开户行及账号：中国农业银行万春市支行 01452528134233022	备注					

收款人：李秀云　　复核：周宏伟　　开票人：郑伟林　　销货单位：（章）

第二联：发票联　购货方记账凭证

单据59.2.1

中国农业银行 进账单（收账通知）3

2010 年 12 月 18 日

<table>
<tr><td rowspan="3">付款人</td><td>全　　称</td><td>万春市代理商</td><td rowspan="3">收款人</td><td>全　　称</td><td colspan="11">河北阳光啤酒集团有限公司</td></tr>
<tr><td>账　　号</td><td>054584321800564</td><td>账　　号</td><td colspan="11">0145252834342333022</td></tr>
<tr><td>开户银行</td><td>中国建设银行万春市支行</td><td>开户银行</td><td colspan="11">中国农业银行万春市支行</td></tr>
<tr><td rowspan="2">金额</td><td rowspan="2">人民币（大写）</td><td rowspan="2" colspan="3">壹仟零柒拾陆万肆仟元整</td><td>万</td><td>千</td><td>百</td><td>十</td><td>万</td><td>千</td><td>百</td><td>十</td><td>元</td><td>角</td><td>分</td></tr>
<tr><td></td><td>1</td><td>0</td><td>7</td><td>6</td><td>4</td><td>0</td><td>0</td><td>0</td><td>0</td><td>0</td></tr>
<tr><td colspan="2">票据种类</td><td>转账支票</td><td>票据张数</td><td>1</td><td colspan="11" rowspan="3">中国农业银行 万春市支行 20101218 转讫
开户银行签章</td></tr>
<tr><td colspan="2">票据号码</td><td colspan="3"></td></tr>
<tr><td colspan="5">复核　　记账</td></tr>
</table>

此联是收款人开户银行交给收款人的收账通知

单据 59.2.2

业务 60

万春高速公路联网收费专用发票 2120001002291

发 票 联（2010） 20093563

路段代码：

放口站	出口站	车道	收费员
运城	万春	2	00011122

金额（元）			车重量（吨）	超重（吨）
500				
车型	1	时间	20101204781132	

电脑打印，手写无效　　2010 年 12 月 2 日前开具有效

盖章有效，一次有效

注：行政部 12 月 9 日报销过路费过桥费，此类发票共计 10 张，金额合计 5000 元整。

单据 60.2.1

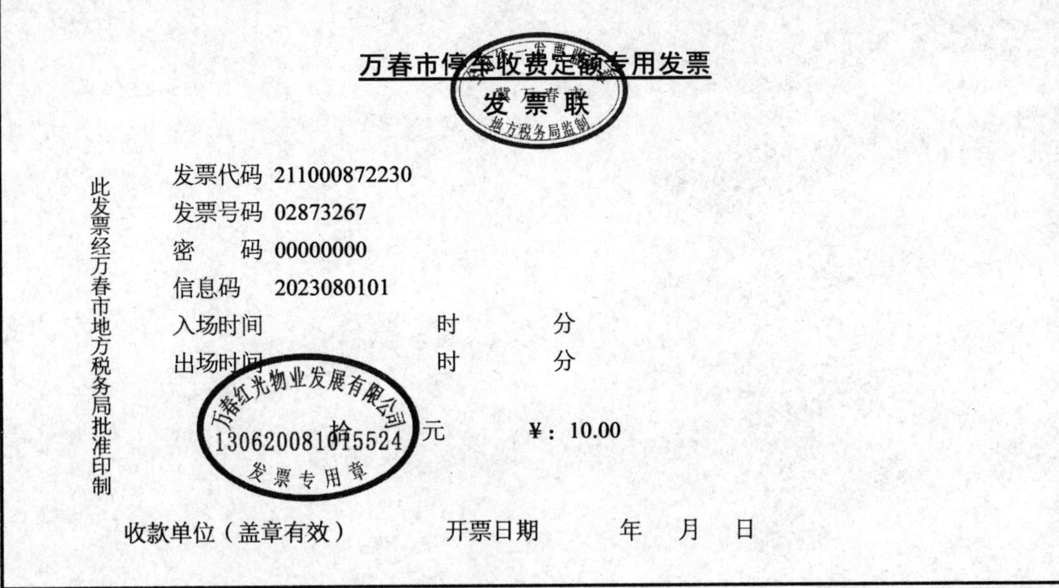

万春市停车收费定额专用发票

发票联

此发票经万春市地方税务局批准印制

发票代码 211000872230

发票号码 02873267

密　　码 00000000

信息码　2023080101

入场时间　　　　时　　分

出场时间　　　　时　　分

拾　　元　　¥：10.00

收款单位（盖章有效）　　开票日期　　年　月　日

注：行政部 12 月 12 日报销停车费，此类发票共计 160 张，金额合计 1600 元整。

单据 60.2.2

业务 61

公告编号：临 2010—042

河北阳光啤酒集团有限公司会议通知

本公司将品控部的 2001 年 11 月购入的一台旧质量检测仪计划变卖处置，原值 400 000 元，已提折旧 313 500 元，账面净值 86500 元，本月应提折旧 3300 元，预计残值 4 000 元。

本次决议不属于公司重大变动事项，无须经过股东大会审批。免于按照相关规定披露和履行相应程序，符合有关规定。

河北阳光啤酒集团有限公司董事会

二〇一〇年十二月十九日

单据 61.2.1

固定资产处置报告单

固定资产编号：　　2010 年 12 月 19 日　　固定资产卡账号： 6754

固定资产名称	规格型号	单位	数量	预计使用年限	原 值	已提折旧	当月应提折旧	预计净残值	备注
质量检测仪		台	1		400 000	313 500	3300	4 000	
使用部门：品控部									
固定资产状况	出 售								
处理意见	使用部门	技术鉴定小组	固定资产管理部门	主管部门审批					
	同意出售 赵涛	同意出售 王艳梅	同意出售 陈志红	同意出售 钱二国					

单据 61.2.2

业务 62

中国农业银行
转账支票存根

$\frac{C}{0}\frac{K}{2}$ 10346712

附加信息

出票日期 2010 年 12 月 19 日

收款人：万春百货大楼
金　额：105 000.00
用　途：支付职工福利费

单位主管：孙丽丽　　会计：周宏伟

单据 62.2.1

本发票防伪标志为"河北省国家税务局监制"

河北省万春市货物销售发票

发票联

发票代码 113061011011

客户名称：河北阳光啤酒有限公司　　2010 年 12 月 19 日　　发票号码 01091133

货物名称	规格	单位	数量	单价	金额							
					拾	万	仟	佰	拾	元	角	分
食用油					1	0	5	0	0	0	0	0
金额合计（大写）壹拾万零伍仟元整					¥105000.00							

第二联发票联（购货方收执）

开票单位：　　开票人：李奇

单据 62.2.2

业务 63

材料盘盈盘亏报告单

2010 年 12 月 20 日

编号	品名规格	单位	账面数量	实存数量	盘盈数		盘亏数		可抵扣（或转出）的进项税	原因
					数量	金额	数量	金额		
	大米	吨	360	359			1	2 100.00	（273）	
处理意见	保管部门		清查小组		审批部门					

供应部门负责人：李东　　保管：周丽影　　清点人：李东

单据 63.1.1

业务64

中国农业银行进账单（收账通知）3

2010年　12　月20日　　　　　　　　第　　号

<table>
<tr><td rowspan="3">出票人</td><td>全　称</td><td>海河公司</td><td rowspan="3">收款人</td><td>全　称</td><td colspan="11">河北阳光啤酒集团有限公司</td></tr>
<tr><td>账　号</td><td>58400053546234</td><td>账　号</td><td colspan="11">0145252834342333022</td></tr>
<tr><td>开户银行</td><td>中国工商银行石家庄市城北支行</td><td>开户银行</td><td colspan="11">中国农业银行万春市支行</td></tr>
<tr><td rowspan="2">金额</td><td rowspan="2">人民币（大写）</td><td colspan="3" rowspan="2">壹拾伍万元整</td><td>万</td><td>千</td><td>百</td><td>十</td><td>万</td><td>千</td><td>百</td><td>十</td><td>元</td><td>角</td><td>分</td></tr>
<tr><td></td><td></td><td></td><td>1</td><td>5</td><td>0</td><td>0</td><td>0</td><td>0</td><td>0</td><td>0</td></tr>
<tr><td colspan="2">票据种类</td><td>转账支票</td><td>票据张数</td><td>1</td><td colspan="11" rowspan="3">中国农业银行
万春市支行
20101220
转讫
收款人开户银行盖章
2010年　12月20日</td></tr>
<tr><td colspan="2">票据号码</td><td colspan="3"></td></tr>
<tr><td colspan="5">单位主管　　会计　　复核　　记账</td></tr>
</table>

此联是收款人开户银行交给收款人的收账通知

注：收到的款项为海河公司支付的股利

单据64.1.1

业务65

中国农业银行（贷款）利息清单

2010年12　月　21日

<table>
<tr><td rowspan="3">收款单位</td><td>账　号</td><td>769990510002876</td><td rowspan="3">付款单位</td><td>账　号</td><td colspan="2">0145252834342333022</td></tr>
<tr><td>户　名</td><td>中国农业银行万春市支行</td><td>户　名</td><td colspan="2">河北阳光啤酒集团有限公司</td></tr>
<tr><td>开户银行</td><td>中国农业银行万春市支行</td><td>开户银行</td><td colspan="2">中国农业银行万春市支行</td></tr>
<tr><td colspan="3">本金：　10 000 000.00</td><td colspan="2">利率：6.6%</td><td colspan="2">利息：55 000.00</td></tr>
<tr><td colspan="5">备注：归还长期借款利息
中国农业银行
万春市支行
20101221
转讫</td><td colspan="2">科目：
双方科目：
复核员：　　记账员：</td></tr>
</table>

单据65.1.1

业务 66

中国农业银行　（存款）利息清单

币别：　　2010 年 12 月 21 日　　流水号：

户名：河北阳光啤酒集团有限公司			账号 0145252834342333022		
计息项目	起息日	结息日	本金/积数	利率	利息
利息	2010.09.21	2010.12.21	193548387.10	0.465%	2500
合计（大写）贰仟伍佰元整					
上列存款利息，已照收你单位 0145252834342333022 账户。			中国农业银行 万春市支行 2010.12.21 转账 转讫 银行签章		

会计主管　　授权　　复核　　录入

单据 66.1.1

业务 67

中国农业银行 进账单（收账通知）3

2010 年 12 月 26 日

付款人	全称	利德啤酒厂	收款人	全称	河北阳光啤酒集团有限公司
付款人	账号	0145252834342333020	收款人	账号	0145252834342333022
付款人	开户银行	中国建设银行万春市支行	收款人	开户银行	中国农业银行万春市支行

金额	人民币（大写）	壹拾万零肆仟元整	万	千	百	十	万	千	百	十	元	角	分
						1	0	4	0	0	0	0	0

票据种类	转账支票	票据张数	1	中国农业银行 万春市支行 20101226 转讫
票据号码				
复核　记账				开户银行签章

此联是收款人开户行交给收款人的收账通知

单据 67.3.1

商品购销合同

合同号：2008-156
甲方（购货方）：利德啤酒厂
乙方（销货方）：河北阳光啤酒集团有限公司
本着平等互利的原则，经双方协商，共同订立如下合同：
一、双方必须有合法的营业执照，乙方所供商品必须有合法商标，根据不同商品分别提供生产、经营许可证、注册商标证、产品合格证、进口商品检验证等。
二、甲方向乙方订购以下商品：

序号	商品名称	规格型号	计量单位	数量	单价（含增值税）	金额（含增值税）
1	检测仪		台	1	104 000.00	104 000.00
	合计					104 000.00

三、到货时间：乙方在 5 日内发货，货物委托运输公司运输，费用由购货方承担。
四、货款结算：支票
五、合同一式 贰份，双方盖章后生效。如违约须赔偿对方损失，按价款 30%赔款，不可抗力除外。
本合同在履行过程中，若发生纠纷或异议，双方协调解决。

甲方：利德啤酒厂
法人代表：栗会丰
账号：建行万春市支行 0145252834342333020
电话：6685366
地址：万春市永顺路 88 号
签约日期：2010 年 12 月 26 日

乙方：河北阳光啤酒集团有限公司
法人代表：钱太国
账号：中国农业银行万春市支行 0145252834342333022
电话：89798969
地址：河北省万春市春江路 8008 号
签约日期：2010 年 12 月 26 日

注：此凭证不作为记账依据

单据 67.3.2

处置固定资产损益计算报告书

设备名称	单位	数量	设备原值	已提折旧	出售价格	应交增值税	损益
产品质量检测仪	台	1	400 000	316 800	104 000.00	2 000.00	18800
备注：购入时间为 2001 年 11 月，购入时本地区未进行消费型增值税试点							

单据 67.3.3

业务 68

中国农业银行（贷款）本息结算清单

2010 年 12 月 26 日

收款单位	账号	769990510002876	付款单位	账号	0145252834342333022
	户名	中国农业银行万春市支行		户名	河北阳光啤酒集团有限公司
	开户银行	中国农业银行万春市支行		开户银行	中国农业银行万春市支行
本金：1 200 000.00			利率：5%		利息：15 000.00
备注：逾期 4 天归还本息，另每日加收万分之五罚息，计 30 元					科目： 双方科目： 复核员：　记账员：

中国农业银行万春市支行 20101226 讫

单据 68.2.1

中国农业银行
转账支票存根

$\frac{C}{0}\frac{K}{2}$ 10346713

附加信息

出票日期 2010 年 12 月 26 日

收款人：中国农业银行万春市支行
金　额：1 215 030.00
用　途：支付借款本金和利息

单位主管：孙丽丽　　会计：周宏伟

单据 68.2.2

业务 69

航空证券公司营业部卖出交割凭证

成交日期	2010.12.28	证券名称	009003 银河科技
资金账号	675840051679213	成交数量	50 000
股东代码	18727	成交净价	5.50
股东姓名	河北阳光啤酒集团有限公司	成交金额	275 000.00
席位代码	66076	实收佣金	550.00
申请编号	71254	印花税	275.00
申报时间	14：21：36	过户费	50.00
成交时间	14：32：50	附加费	4.00
单位利息		结算价格	274 121.00
成交编号	50178	实付金额	274 121.00
上次资金		本次资金	274 121.00
上次余股		本次余股	0
委托来源		打印日期	2010.12.28

单据 69.1.1

业务 70

河北省万春市服务业发票

发票联

发票代码：213040244088

发票号码：00650090

付款单位（个人）：河北阳光啤酒集团有限公司　　　　机打编号：

项目	单位	数量	单价	金额											备注
				亿	千	百	十	万	千	百	十	元	角	分	
广告费						1	0	0	0	0	0	0	0	0	
合计（大写）壹佰零拾零万零仟零佰零拾零元零角零分										（小写）¥1 000 000.00					

第二联 发票联

收款单位（盖章有效）　　开票人：张嫚嫚　　2010 年 12 月28 日

单据 70.2.1

中国农业银行
转账支票存根

$\frac{C}{0}\ \frac{K}{2}$ 10346714

附加信息

出票日期 2010 年 12 月 26 日

收款人：河北省万春电视台
金　额：1 000 000.00
用　途：支付广告费

单位主管：孙丽丽　　会计：周宏伟

单据 70.2.2

业务 71

收据

2010 年 12 月 28 日　　字　No0007841

今 收 到　李勤

交　　来　违规操作罚款

人 民 币（大写）伍佰元整

收据

¥ 500.00

收款单位（河北阳光啤酒集团有限公司 财务专用章）

公　章

收款人：李芳芳　　交款人：李勤

第三联　记账联

单据 71.1.1

业务 72

申　　请

经查发现，供货商济南纸箱厂已注销，所欠其货款 100 000 元（大写：壹拾万元整）无法支付，特申请转作营业外收入。

同意

钱二国　　　　孙丽丽

2010 年 12 月 28 日　　2010 年 12 月 28 日

单据 72.1.1

业务 73

申　　请

经查，因天寒冷，仓库暖气管道出现细微漏水，造成大米发生霉变，发生损失 2373.00 元，特申请转作营业外支出。

同意

钱二国　　　　孙丽丽

2010 年 12 月 28 日　　2010 年 12 月 28 日

单据 73.4.1

材料盘盈盘亏报告单

2010 年 12 月 20 日

<table>
<tr><td rowspan="2">编号</td><td rowspan="2">品名规格</td><td rowspan="2">单位</td><td rowspan="2">账面数量</td><td rowspan="2">实存数量</td><td colspan="2">盘盈数</td><td colspan="2">盘亏数</td><td rowspan="2">可抵扣（或转出）的进项税</td><td rowspan="2">原因</td></tr>
<tr><td>数量</td><td>金额</td><td>数量</td><td>金额</td></tr>
<tr><td></td><td>大米</td><td>吨</td><td>360</td><td>359</td><td></td><td></td><td>1</td><td>2 100.00</td><td>（273</td><td>暖气漏水</td></tr>
<tr><td rowspan="2">处理意见</td><td colspan="3">保管部门</td><td colspan="2">清查小组</td><td colspan="5">审批部门</td></tr>
<tr><td colspan="3">计入营业外支出</td><td colspan="2">计入营业外支出</td><td colspan="5">同意清查小组意见
2010.12.28</td></tr>
</table>

供应部门负责人：李东　　　　保管：周丽影　　　　清点人：李东

单据 73.4.2

纳税人资产损失税前扣除申请表

企业名称：河北阳光啤酒集团有限公司　2010 年 12 月 25 日　金额（单位：元）

品名	损失类型	损失数量	账面价值	残值金额	责任人赔偿	保险赔偿	财政审批数	计税扣除金额
大米		1吨	2373					2373
合计			2373					2373

主管税务机关审核意见：

情况属实，同意税前扣除。

经办人：郎松

科　长：栗之花

2010 年 12 月 25 日

法定代表人（负责人）：　　　　财务负责人：　　　　联系

电话：

说明：1. 企业申报时按品名各栏分别列出，另附报损失主要原因说明、有关损失的有效证明资料。

2. 本表填报一式四份，经规定程序和权限报批后，有关地税相关各留存一份，退还企业一份备查。

单据 73.4.3

税前扣除审批表

企业名称：河北阳光啤酒集团有限公司　2010 年 12 月 28 日　（单位：元）

利润总额		预计应纳税所得额		
扣除项目及审批表				
项　目	本年度已核销（列支）金额	审核批准扣除金额	纳税调整金额	备　注
1. 固定资产				
其中：盘亏				
报废				
2. 流动资产				
其中：盘亏				
报废	2373.00	2373.00		
3. 其他损失				
合　计	2373.00	2373.00		
区国税局： 2010 年 12 月 25 日		市国税局： 同意 2010 年 12 月 28 日		

单据 73.4.4

业务 74

全国联运行业货运统一发票

冀万春市 抵扣联 地方税务局监制

发票代码　55566321

开票日期　2010 年 12 月 29 日　　　　发票号码　555804

机打代码 机打号码 机器编号	33336678 555789 12	密码区	（本书略）
发货人名称	河北阳光啤酒集团有限公司	运输费用 项目及金额	其他费用 项目及金额
纳税人识别号	130620041011029	一、自备运输工具运输	仓储费　0.00
收货人名称	石家庄代理商	1 公路运输　0.00	包装整理费　0.00
纳税人识别号	131102870703042	2 水路运输　0.00	装卸费　00.00
发货站（港）　到站（港）　经由　中转 万春市　石家庄市			业务费　0.00 标签费　0.00 小计　0 00 包干费　0.00
		二、代付运费	
货物名称　件数　计费重量　包装		1 铁路运输　0.00	垫付费用
产品质量		2 公路运输　60 000.00 3 水路运输　0.00	项目及金额
		4 航空运输　0.00	保险费　1 800.00 邮寄费　0.00
		小计　60 000.00	小计　1 800.00
合计人民币[illegible]佰元整			
承运人名称	顺发物流公司	主管税务机关及代码	6523136
纳税人识别号	130620346564773		

第一联抵扣联付款方留存

（印章：顺发物流公司 130620346564773 发票专用章）

开票单位：（章）　　开票人：赵宝柱　　收款人：杨博明　　手写无效

注：收到顺发物流公司开出的全国联运行业货运统一发票（抵扣联）共 5 份，收货人分别为石家庄代理商、北京代理商、天津代理商、济南代理商、万春市代理商，金额共计 265 500 元，其中运费合计 258 000 元，保险费等杂费 7 500 元。

单据 74.3.1

全国联运行业货运统一发票

发票代码　55566321

发票号码　555804

开票日期　2010 年 12 月 29 日

机打代码	33336678	密码区	（本书略）
机打号码	555789		
机器编号	12		

		运输费用 项目及金额		其他费用 项目及金额	
发货人名称	河北阳光啤酒集团有限公司	一、自备运输工具运输		仓储费	0.00
纳税人识别号	130620041011029	1 公路运输	0.00	包装整理费	0.00
收货人名称	石家庄代理商	2 水路运输	0.00	装卸费	00.00
纳税人识别号	131102870703042			业务费	0.00
发货站（港）万春市	到站（港）石家庄市　经由　中转			标签费	0.00
				小计	0 00
		二、代付运费		包干费	0.00
		1 铁路运输	0.00	垫付费用 项目及金额	
货物名称　件数	计费重量　包装	2 公路运输	60 000.00		
产品质量		3 水路运输	0.00		
		4 航空运输	0.00	保险费	1 800.00
				邮寄费	0.00
		小计	60 000.00	小计	1 800.00
合计人民币（大写）	陆万壹仟捌佰元整				
承运人名称	顺发物流公司	主管税务机关及代码	6523136		
纳税人识别号	130620346564773				

（印章：顺发物流公司 130620346564773 发票专用章）

第二联　发票联　付款方记账凭证

开票单位：（章）　　开票人：赵宝柱　　收款人：杨博明　　手写无效

注：收到顺发物流公司开出的全国联运行业货运统一发票（发票联）共 5 份，收货人分别为石家庄代理商、北京代理商、天津代理商、济南代理商、万春市代理商，金额共计 265 500 元，其中运费合计 258 000 元，保险费等杂费 7 500 元。

单据 74.3.2

中国农业银行
转账支票存根

$\frac{C}{0}\frac{K}{2}$ 10346715

附加信息

出票日期 2010 年 12 月 29 日

收款人：顺发物流公司
金　额：115 500.00
用　途：运费

单位主管：孙丽丽　　会计：周宏伟

单据 74.3.3

业务 75

借　款　单

2010 年 12 月 28 日

部　门	行政部	姓名	孙兵	借款用途	出差
借款金额	人民币（大写）肆仟元整				（小写）¥4 000.00
实际报销金额		结余金额	现金付讫	审核意见	同意借款 钱二国
		超支金额			
备注				结账日期	2010 年 12 月 30 日

财务主管 周宏伟　　会计 郑祥林　　出纳 李芳芳　　借款人签章 孙兵

单据 75.1.1

业务 76

现 金 盘 点 报 告 表

2010 年 12 月 30 日

<table>
<tr><td>项 目</td><td>票 面</td><td>数 量</td><td>金 额</td><td colspan="2">盘点异常及建议事项</td></tr>
<tr><td rowspan="5">现金
盘点
报告
表</td><td>¥100.00</td><td>10</td><td>1000.00</td><td colspan="2" rowspan="3">属正常范围内，计入管理费用</td></tr>
<tr><td>¥50.00</td><td>1</td><td>50.00</td></tr>
<tr><td>¥20.00</td><td>2</td><td>40.00</td></tr>
<tr><td>¥10.00</td><td>2</td><td>20.00</td><td colspan="2">盘点结果及要点报告</td></tr>
<tr><td></td><td></td><td></td><td colspan="2">盘亏</td></tr>
<tr><td colspan="2">小 计</td><td></td><td>1 110.00</td><td>总经理</td><td>财务经理</td></tr>
<tr><td colspan="2">账 面 数</td><td></td><td></td><td rowspan="3">钱二国</td><td rowspan="3">孙丽丽</td></tr>
<tr><td rowspan="2">处理结果</td><td>盘 盈</td><td></td><td></td></tr>
<tr><td>盘 亏</td><td></td><td>10.00</td></tr>
<tr><td colspan="6">保管人：李芳芳　　　盘点人：周宏伟</td></tr>
</table>

注：账面数根据现金日记账期末金额填列

单据 76.1.1

业务 77

中国农业银行

转账支票存根

$\frac{C}{0}\frac{K}{2}$ 10346716

附加信息

出票日期 2010 年 12 月 28 日

收款人：	河北阳光啤酒集团有限公司工会
金　额：	4 2000.00
用　途：	拨缴工会经费

单位主管：孙丽丽　　会计：周宏伟

单据 77.2.1

冀财 0305

河北省政府非税收入通用票据

填制日期：2010 年 12 月 28 日

单位：河北阳光啤酒集团有限公司

项目名称	数量	单位	标准	金额								
				百	十	万	千	百	十	元	角	分
工会经费						4	2	0	0	0	0	0
金额合计（大写）：⊗佰⊗拾肆万贰仟零佰零拾零元零角零分						4	2	0	0	0	0	0

第二联　记账联

收款单位：（印章）　　收款人：王晨东　　经手人：秦立丽

单据 77.2.2

业务 78

投资性房地产折旧计算表

2010 年 12 月 31 日　　（单位：元）

项　目	用　途	本月应提折旧额	备　注
房屋	出租	4165	

财务主管：孙丽丽　　复核：周宏伟　　制单：郑祥林

单据 78.1.1

业务 79

公允价值变动计算单

2010 年 12 月 31 日

股票/债券	数量	账面余额		公允价值	公允价值变动额（损益）
		成本	公允价值变动额		
长江电力		1 500 000.00		2 000 000.00	
黄河科技		1 000 000.00		900 000.00	
合　计					

财务主管：孙丽丽　　复核：周宏伟　　制单：郑祥林

单据 79.1.1

业务 80

长期股权投资损益调整计算表

2010 年 12 月 31 日　　（单位：元）

接受投资方	持股比例	接受投资方 2010 年净利润	应享有的权益份额	核算方法
永兴股份有限公司	30%	500 000.00	150 000.00	权益法
合计			150 000.00	

财务主管：孙丽丽　　复核：周宏伟　　制单：郑祥林

单据 80.1.1

业务 81

长期借款利息计提表

2010 年 12 月 31 日

借款日期	到期日	借款金额	利率	月利息	备　注
2010.10.20	2015.10.20	10 000 000	5.5‰		2011 年 1 月购买设备

财务主管：孙丽丽　　复核：周宏伟　　制单：郑祥林

单据 81.1.1

业务 82

国债利息收入计提表

2010 年 12 月 31 日

购买日期	到期日	国债金额	利率	月利息	备　注
2010.01.21	2015.1.21	200 000	7.2%		付息日为每年 1 月 21 日

财务主管：孙丽丽　　复核：周宏伟　　制单：郑祥林

单据 82.1.1

业务 83

坏账准备计算表

年末应收账款余额	计提比例	坏账准备期末余额	坏账准备期初余额	应计提或冲销坏账准备

财务主管：孙丽丽　　复核：周宏伟　　制单：郑祥林

单据 83.1.1

财务主管：赵丽丽 复核：周宏伟 制单：刘梓林

财务主管：赵丽丽 复核：周宏伟 制单：刘梓林

财务主管：赵丽丽 复核：周宏伟 制单：刘梓林

财务主管：赵丽丽 复核：周宏伟 制单：刘梓林

单据83.1.1

业务 84

工资分配表

2010 年 12 月 31 日　　　　（单位：元）

科　目	部门	产品	直接计入	分配计入			合　计
				工时	分配率	分配金额	
管理费用	管理部门		220 000.00				
生产成本	酿造部	纯生啤酒		2 160 000.00			
		普通啤酒		4 320 000.00			
		小　计		6 480 000.00			
生产成本	包装部	纯生啤酒		18 000 000.00			
		普通啤酒		12 000 000.00			
		小　计		30 000 000.00			
制造费用	酿造部		20 000.00				
制造费用	包装部		40 000.00				
辅助生产成本	工程部	工资	40 000.00				
销售费用	销售部	工资	100 000.00				
合　计			420 000.00			1 680 000.00	

财务主管：孙丽丽　　　　复核：周宏伟　　　　制单：郑祥林

单据 84.1.1

业务 85

职工福利费分配

2010 年 12 月 31 日

科　目	部　门	产　品	金　额	科　目	部　门	金　额
生产成本	酿造部	纯生啤酒	3 666.67	管理费用	管理部门	23 000.00
		普通啤酒	7 333.33	制造费用	酿造部	1 000.00
		小　计	11 000.00	制造费用	包装部	2 000.00
	包装部	纯生啤酒	45 000.00	辅助生产成本	工程部	2 000.00
		普通啤酒	30 000.00	销售费用	销售部	9 000.00
		小　计	75 000.00	计提职工福利费合计		123 000.00

财务主管：孙丽丽　　　　复核：周宏伟　　　　制单：郑祥林

单据 85.1.1

业务 86

职工教育经费计提表

2010 年 12 月 31 日　　　　（单位：元）

科　目	部　门	产　品	金　额	科　目	部　门	金　额
生产成本	酿造部	纯生啤酒		管理费用	管理部门	4 000.00
		普通啤酒		制造费用	酿造部	
		小　计		制造费用	包装部	
	包装部	纯生啤酒		辅助生产成本	工程部	
		普通啤酒		销售费用	销售部	
		小　计		合　　计		4 000.00

财务主管：孙丽丽　　　　复核：周宏伟　　　　制单：郑祥林

单据 86.1.1

业务 87

工会经费计算表

2012 年 12 月 31 日　　　　（单位：元）

科　目	部　门	产　品	工　资	计提比例	金　额
管理费用	管理部门				
生产成本	酿造部	纯生啤酒			
		普通啤酒			
		小　计			
生产成本	包装部	纯生啤酒			
		普通啤酒			
		小　计			
制造费用	酿造部				
制造费用	包装部				
辅助生产成本	工程部	工会经费			
销售费用	销售部	工会经费			
合　计				2%	

财务主管：孙丽丽　　　　复核：周宏伟　　　　制单：郑祥林

注：表内第四列“工资”下数据根据实训时计算填列的单据 84-1-1 最后一列金额填写。

单据 87.1.1

业务 88

五险一金计提表

2010 年 12 月 31 日　　（单位：元）

科目	部门	产品	工资	单位缴纳部分						
				养老保险 20%	失业保险 2%	工伤保险 1%	医疗保险 7.5%	生育保险 0.6%	公积金 10%	合　计
管理费用	管理部门									
生产成本	酿造部	纯生啤酒								
		普通啤酒								
		小　计								
生产成本	包装部	纯生啤酒								
		普通啤酒								
		小　计								
制造费用	酿造部									
制造费用	包装部									
辅助生产成本	工程部	社保								
销售费用	销售部	社保								
合　计										

财务主管：孙丽丽　　复核：周宏伟　　制单：郑祥林

单据 88.1.1

业务 89

职工非货币性福利计提表

2010 年 12 月 31 日　　（单位：元）

会计科目	部　门	产　品	金　额	科　目	部　门	金　额
生产成本	酿造部	纯生啤酒	589.68	制造费用	酿造部	196.56
		普通啤酒	1 179.36	制造费用	包装部	393.12
		小　计	1 769.04			
	包装部	纯生啤酒	8 845.20			
		普通啤酒	5 896.80			
		小　计	14 742.00	计提职工非货币性福利合计		17 100.72

财务主管：孙丽丽　　复核：周宏伟　　制单：郑祥林

单据 89.1.1

业务 90

外购水费分配表

2010 年 12 月 31 日

会计科目	部门或产品	项　目	金　额	备　注
生产成本	纯生啤酒	直接材料	80 000.00	
		其他直接支出	100 000.00	
		小　计	180 000.00	
	普通啤酒	直接材料	150 000.00	
		其他直接支出	150 000.00	
		小　计	300 000.00	
辅助生产成本	工程部	水费	49 800.00	
管理费用	管理部门	水费	9 000.00	
制造费用	酿造部	水费	168 000.00	
制造费用	包装部	水费	210 000.00	
合计			916 800.00	

财务主管：孙丽丽　　复核：周宏伟　　制单：郑祥林

单据 90.1.1

业务 91

外购电费分配表

2010 年 12 月 31 日　　（单位：元）

会计科目	部门或产品	项　目	金　额	备　注
生产成本	纯生啤酒	其他直接支出	192 000.00	
生产成本	普通啤酒	其他直接支出	320 000.00	
辅助生产成本	工程部	电费	480 000.00	
管理费用	管理部门	电费	18 000.00	
制造费用	酿造部	电费	36 000.00	
制造费用	包装部	电费	78 000.00	
合　计			1 124 000.00	

财务主管：孙丽丽　　复核：周宏伟　　制单：郑祥林

单据 91.1.1

业务 92

累计摊销计算表

2010 年 12 月 31 日　　（单位：元）

项　目	原　值	使用年限	月摊销额
土地使用权	240 000 000.00	50	400 000.00
商标权	3 600 000.00	10	30 000.00
专利权	1 020 000.00	10	8 500.00
小　计	244 620 000.00		438 500.00

财务主管：孙丽丽　　复核：周宏伟　　制单：郑祥林

单据 92.1.1

业务 93

固定资产折旧计算表

2010 年 12 月 31 日　　（单位：元）

大　类	管理部门	工程部	酿造部	包装部	销　售	合　计
房屋、建筑物	412 335.00		300 000.00	100 000.00		812 335.00
机器设备	4 950.00	56 466.67	277 588.89	1 333 266.67		1 672 272.23
运输工具	24 920.00			24 920.00		49 840.00
办公设备家具	10 754.29	2 265.48	2 265.48	2 265.48	4 861.77	22 412.50
合　计	452 959.29	58 732.15	579 854.37	1 460 452.15	4 861.77	2 556 859.73

财务主管：孙丽丽　　复核：周宏伟　　制单：郑祥林

单据 93.1.1

业务 91

外购电费分配表

2010年12月31日　　（单位：元）

会计科目	部门或产品	项目	金额	备注
生产成本	纯生啤酒	其他直接支出	192 000.00	
生产成本	普通啤酒	其他直接支出	320 000.00	
辅助生产成本	工程部	电费	480 000.00	
管理费用	管理部门	电费	18 000.00	
制造费用	酿造部	电费	36 000.00	
制造费用	包装部	电费	78 000.00	
合计			1 124 000.00	

财务主管：　审核：　制单：

单据91.1.1

业务 92

累计摊销计算表

2010年12月31日　　（单位：元）

项目	原值	使用年限	月摊销额
土地使用权	240 000 000.00	50	400 000.00
商标权	3 600 000.00	10	30 000.00
专利权	1 020 000.00	10	8 500.00
小计	244 620 000.00		438 500.00

财务主管：　审核：　制单：

单据92.1.1

业务 93

固定资产折旧计算表

2010年12月31日　　（单位：元）

大类	管理部门	工程部	酿造部	包装部	销售	合计
房屋、建筑物	412 335.00		300 000.00	100 000.00		812 335.00
机器设备	4 950.00	56 466.67	277 588.89	1 333 266.67		1 672 272.23
运输工具	24 920.00			24 920.00		49 840.00
办公设备家具	10 754.29	2 265.48	2 265.48	2 265.48	4 861.77	22 412.50
合计	452 959.29	58 732.15	579 854.37	1 460 452.15	4 861.77	2 556 859.73

财务主管：　审核：　制单：

单据93.1.1

业务 94

限额领料单

领料部门：酿造部　　　　　　　　　　　　　　　　领料编号：12301

领料用途：生产普通啤酒　　　　2010 年 12 月　　　　发料仓库：1 号

材料类别	材料编号	材料名称及规格	计量单位	领用限额	实际领用	单　价	金　额	备　注
辅助材料	01	酒花	吨	4	4			

供应部门负责人：李东　　　　　　　　　　　　　　生产计划部门负责人：李强

日期	数　量		领料人签章	发料人签章	扣除代用数量	退　料			限额结余
	请购	实发				数　量	收料人	发料人	
1	2	2	李　红	周丽影					2
2	2	2	李　红	周丽影					0
合计	4	4							

单据 94.9.1

限额领料单

领料部门：酿造部　　　　　　　　　　　　　　　　领料编号：12302

领料用途：生产普通啤酒　　　　2010 年 12 月　　　　发料仓库：1 号

材料类别	材料编号	材料名称及规格	计量单位	领用限额	实际领用	单　价	金　额	备　注
辅助材料	01	酒花	吨	58	58			

供应部门负责人：李东　　　　　　　　　　　　　　生产计划部门负责人：李强

日期	数　量		领料人签章	发料人签章	扣除代用数量	退　料			限额结余
	请购	实发				数　量	收料人	发料人	
3	2	2	李　红	周丽影					56
4	2	2	李　红	周丽影					54
30	1	1	李　红	周丽影					2
31	1	1	李　红	周丽影					0
合计	58	58							

单据 94.9.2

限额领料单

领料部门：酿造部 领料编号：12303

领料用途：生产纯生啤酒 2010 年 12 月 发料仓库：1 号

材料类别	材料编号	材料名称及规格	计量单位	领用限额	实际领用	单价	金额	备注
辅助材料	01	酒花	吨	31	31			

供应部门负责人：李东 生产计划部门负责人：李强

日期	数量		领料人签章	发料人签章	扣除代用数量	退料			限额结余
	请购	实发				数量	收料人	发料人	
1	1	1	李红	周丽影					30
2	1	1	李红	周丽影					29
30	1	1	李红	周丽影					1
31	1	1	李红	周丽影					0
合计	31	31							

单据 94.9.3

限额领料单

领料部门：酿造部 领料编号：12304

领料用途：生产普通啤酒 2010 年 12 月 发料仓库：1 号

材料类别	材料编号	材料名称及规格	计量单位	领用限额	实际领用	单价	金额	备注
原料及主要材料	01	麦芽	吨	496	496			

供应部门负责人：李东 生产计划部门负责人：李强

日期	数量		领料人签章	发料人签章	扣除代用数量	退料			限额结余
	请购	实发				数量	收料人	发料人	
1	16	16	李红	周丽影					480
2	16	16	李红	周丽影					464
30	16	16	李红	周丽影					16
31	16	16	李红	周丽影					0
合计	496	496							

单据 94.9.4

限额领料单

领料部门：[illegible]　　　　领料编号：12305

领料用途：[illegible]　　　　2010 年 12 月　　　　发料仓库：1 号

材料类别	材料编号	材料名称及规格	计量单位	领用限额	实际领用	单　价	金　额	备　注
辅助材料	01	[illegible]	[illegible]	31	31			

供应部门负责人：[illegible]　　　　生产计划部门负责人：[illegible]

日期	数量		领料人签章	发料人签章	扣除代用数量	退料			限额结余
	请领	实发				数量	收料人	发料人	
1	1	1	[illegible]	[illegible]					30
2	1	1	[illegible]	[illegible]					29
30	1	1	[illegible]	[illegible]					1
31	1	1	[illegible]	[illegible]					0
合计	31	31							

单据94.9.3

限额领料单

领料部门：[illegible]　　　　领料编号：12304

领料用途：[illegible]　　　　2010 年 12 月　　　　发料仓库：1 号

材料类别	材料编号	材料名称及规格	计量单位	领用限额	实际领用	单　价	金　额	备　注
原料及主要材料	01	[illegible]	吨	496	496			

供应部门负责人：[illegible]　　　　生产计划部门负责人：[illegible]

日期	数量		领料人签章	发料人签章	扣除代用数量	退料			限额结余
	请领	实发				数量	收料人	发料人	
1	16	16	[illegible]	[illegible]					480
2	16	16	[illegible]	[illegible]					464
30	16	16	[illegible]	[illegible]					16
31	16	16	[illegible]	[illegible]					0
合计	496	496							

单据94.9.4

限额领料单

领料部门：酿造部　　　　　　　　　　　　　　　　领料编号：12305

领料用途：生产纯生啤酒　　　　2010 年 12 月　　　　发料仓库：1 号

材料类别	材料编号	材料名称及规格	计量单位	领用限额	实际领用	单　价	金　额	备　注
原料及主要材料	01	麦芽	吨	248	248			

供应部门负责人：李东　　　　　　　　　　　　　　生产计划部门负责人：李强

日期	数　量		领料人签章	发料人签章	扣除代用数量	退　料			限额结余
	请购	实发				数　量	收料人	发料人	
1	8	8	李　红	周丽影					240
2	8	8	李　红	周丽影					232
30	8	8	李　红	周丽影					8
31	8	8	李　红	周丽影					0
合计	248	248							

单据 94.9.5

限额领料单

领料部门：酿造部　　　　　　　　　　　　　　　　领料编号：12306

领料用途：生产普通啤酒　　　　2010 年 12 月　　　　发料仓库：1 号

材料类别	材料编号	材料名称及规格	计量单位	领用限额	实际领用	单　价	金　额	备　注
原料及主要材料	01	大米	吨	434	434			

供应部门负责人：李东　　　　　　　　　　　　　　生产计划部门负责人：李强

日期	数　量		领料人签章	发料人签章	扣除代用数量	退　料			限额结余
	请购	实发				数　量	收料人	发料人	
1	14	14	李　红	周丽影					420
2	14	14	李　红	周丽影					406
30	14	14	李　红	周丽影					14
31	14	14	李　红	周丽影					0
合计	434	434							

单据 94.9.6

限额领料单

领料部门：酿造部　　　　领料编号：12307

领料用途：生产纯生啤酒　　2010 年 12 月　　发料仓库：1 号

材料类别	材料编号	材料名称及规格	计量单位	领用限额	实际领用	单　价	金　额	备　注
原料及主要材料	01	大米	吨	217	217			

供应部门负责人：李东　　　　生产计划部门负责人：李强

日期	数　量		领料人签章	发料人签章	扣除代用数量	退　料			限额结余
	请购	实发				数　量	收料人	发料人	
1	7	7	李　红	周丽影					210
2	7	7	李　红	周丽影					203
30	7	7	李　红	周丽影					7
31	7	7	李　红	周丽影					0
合计	217	217							

单据 94.9.7

材料发出汇总表

材料类别：原材料　　2010 年 12 月 31 日

会计科目 / 领用材料		产　品		合　计
		纯生啤酒	普通啤酒	
酒花	数量（吨）			
	金额（元）			
麦芽	数量（吨）			
	金额（元）			
大米	数量（吨）			
	金额（元）			
合　计				

财务主管：孙丽丽　　复核：周宏伟　　制单：郑祥林

单据 94.9.8

材料分配明细表

材料类别：原材料　　2010 年 12 月 31 日

会计科目 / 领用材料	生产成本		合　计
	纯生啤酒	普通啤酒	
酒花			
麦芽			
大米			
合　计			

财务主管：孙丽丽　　复核：周宏伟　　制单：郑祥林

单据 94.9.9

业务 95

限额领料单

领料部门：包装部　　　　　　　　　　　　　　　　　　领料编号：12308

领料用途：生产普通啤酒　　　　2010 年 12 月　　　　发料仓库：2 号

材料类别	材料编号	材料名称及规格	计量单位	领用限额	实际领用	单　价	金　额	备　注
周转材料	01	酒瓶	个	12400000	12400000			

供应部门负责人：李东　　　　　　　　　　　　　　　　生产计划部门负责人：李强

日期	数　量		领料人签章	发料人签章	扣除代用数量	退　料			限额结余
	请购	实发				数　量	收料人	发料人	
1	400 000	400 000	李　红	周丽影					12 000 000
2	400 000	400 000	李　红	周丽影					11 600 000
30	400 000	400 000	李　红	周丽影					400 000
31	400 000	400 000	李　红	周丽影					0
合计	12 400 000	12 400 000							

单据 95.12.1

限额领料单

领料部门：包装部　　　　　　　　　　　　　　　　　　领料编号：12309

领料用途：生产纯生啤酒　　　　2010 年 12 月　　　　发料仓库：2 号

材料类别	材料编号	材料名称及规格	计量单位	领用限额	实际领用	单　价	金　额	备　注
周转材料	01	酒瓶	个	6 200 000	6 200 000			

供应部门负责人：李东　　　　　　　　　　　　　　　　生产计划部门负责人：李强

日期	数　量		领料人签章	发料人签章	扣除代用数量	退　料			限额结余
	请购	实发				数　量	收料人	发料人	
1	200 000	200 000	李　红	周丽影					6 000 000
2	200 000	200 000	李　红	周丽影					5 800 000
30	200 000	200 000	李　红	周丽影					200 000
31	200 000	200 000	李　红	周丽影					0
合计	6 200 000	6 200 000							

单据 95.12.2

限额领料单

领料部门：酿造部　　　　　　　　　　　　　　　　　　　　　领料编号：12310

领料用途：生产普通啤酒　　　　2010 年 12 月　　　　　　　发料仓库：2 号

材料类别	材料编号	材料名称及规格	计量单位	领用限额	实际领用	单　价	金　额	备　注
周转材料	02	瓶盖	个	12 400 000	12 400 000			

供应部门负责人：李东　　　　　　　　　　　　　　　　　生产计划部门负责人：李强

日期	数　量		领料人签章	发料人签章	扣除代用数量	退　料			限额结余
	请领	实发				数　量	收料人	发料人	
1	400 000	400 000	李　红	周丽影					12 000 000
2	400 000	400 000	李　红	周丽影					11 600 000
30	400 000	400 000	李　红	周丽影					400 000
31	400 000	400 000	李　红	周丽影					0
合计	12 400 000	12 400 000							

单据 95.12.3

限额领料单

领料部门：酿造部　　　　　　　　　　　　　　　　　　　　　领料编号：12311

领料用途：生产纯生啤酒　　　　2010 年 12 月　　　　　　　发料仓库：2 号

材料类别	材料编号	材料名称及规格	计量单位	领用限额	实际领用	单　价	金　额	备　注
周转材料	02	瓶盖	个	6 200 000	6 200 000			

供应部门负责人：李东　　　　　　　　　　　　　　　　　生产计划部门负责人：李强

日期	数　量		领料人签章	发料人签章	扣除代用数量	退　料			限额结余
	请领	实发				数　量	收料人	发料人	
1	200 000	200 000	李　红	周丽影					6 000 000
2	200 000	200 000	李　红	周丽影					5 800 000
30	200 000	200 000	李　红	周丽影					200 000
31	200 000	200 000	李　红	周丽影					0
合计	6 200 000	6 200 000							

单据 95.12.4

限额领料单

领料部门：酿造部　　　　　　　　　　　　　　　　　　领料编号：12312

领料用途：生产普通啤酒　　　　010 年 12 月　　　　　　发料仓库：2 号

材料类别	材料编号	材料名称及规格	计量单位	领用限额	实际领用	单　价	金　额	备　注
周转材料	03	标签	个	12 400 000	12 400 000			

供应部门负责人：李东　　　　　　　　　　　　　　　生产计划部门负责人：李强

日期	数　量		领料人签章	发料人签章	扣除代用数量	退　料			限额结余
	请领	实发				数　量	收料人	发料人	
1	400 000	400 000	李　红	周丽影					12 000 000
2	400 000	400 000	李　红	周丽影					11 600 000
30	400 000	400 000	李　红	周丽影					400 000
31	400 000	400 000	李　红	周丽影					0
合计	12 400 000	12 400 000							

单据 95.12.5

限额领料单

领料部门：酿造部　　　　　　　　　　　　　　　　　　领料编号：12313

领料用途：生产纯生啤酒　　　　2010 年 12 月　　　　　　发料仓库：2 号

材料类别	材料编号	材料名称及规格	计量单位	领用限额	实际领用	单　价	金　额	备　注
周转材料	03	标签	个	6 200 000	6 200 000			

供应部门负责人：李东　　　　　　　　　　　　　　　生产计划部门负责人：李强

日期	数　量		领料人签章	发料人签章	扣除代用数量	退　料			限额结余
	请领	实发				数　量	收料人	发料人	
1	200 000	200 000	李　红	周丽影					6 000 000
2	200 000	200 000	李　红	周丽影					5 800 000
30	200 000	200 000	李　红	周丽影					200 000
31	200 000	200 000	李　红	周丽影					0
合计	6 200 000	6 200 000							

单据 95.12.6

限额领料单

领料部门：酿造部　　　　　　　　　　　　　　　　　　领料编号：12314

领料用途：生产普通啤酒　　　　2010 年 12 月　　　　　发料仓库：2 号

材料类别	材料编号	材料名称及规格	计量单位	领用限额	实际领用	单　价	金　额	备　注
周转材料	04	胶带	卷	34 472	34 472			

供应部门负责人：李东　　　　　　　　　　　　　　生产计划部门负责人：李强

日期	数　量		领料人签章	发料人签章	扣除代用数量	退　料			限额结余
	请领	实发				数　量	收料人	发料人	
1	1 112	1 112	李　红	周丽影					33 360
2	1 112	1 112	李　红	周丽影					32 248
30	1 112	1 112	李　红	周丽影					1 112
31	1 112	1 112	李　红	周丽影					0
合计	34 472	34 472							

单据 95.12.7

限额领料单

领料部门：酿造部　　　　　　　　　　　　　　　　　　领料编号：12315

领料用途：生产纯生啤酒　　　　2010 年 12 月　　　　　发料仓库：2 号

材料类别	材料编号	材料名称及规格	计量单位	领用限额	实际领用	单　价	金　额	备　注
周转材料	04	胶带	卷	17 236	17 236			

供应部门负责人：李东　　　　　　　　　　　　　　生产计划部门负责人：李强

日期	数　量		领料人签章	发料人签章	扣除代用数量	退　料			限额结余
	请领	实发				数　量	收料人	发料人	
1	556	556	李　红	周丽影					16 680
2	556	556	李　红	周丽影					16 124
30	556	556	李　红	周丽影					556
31	556	556	李　红	周丽影					0
合计	17 236	17 236							

单据 95.12.8

限额领料单

领料部门：酿造部　　　　　　　　　　　　　　　　领料编号：12316

领料用途：生产普通啤酒　　　　2010 年 12 月　　　　发料仓库：2 号

材料类别	材料编号	材料名称及规格	计量单位	领用限额	实际领用	单　价	金　额	备　注
周转材料	05	纸箱	个	465 000	465 000			

供应部门负责人：李东　　　　　　　　　　　　　　生产计划部门负责人：李强

日期	数　量		领料人签章	发料人签章	扣除代用数量	退　料			限额结余
	请领	实发				数　量	收料人	发料人	
1	15 000	15 000	李　红	周丽影					450 000
2	15 000	15 000	李　红	周丽影					435 000
30	15 000	15 000	李　红	周丽影					15 000
31	15 000	15 000	李　红	周丽影					0
合计	465 000	465 000							

单据 95.12.9

限额领料单

领料部门：酿造部　　　　　　　　　　　　　　　　领料编号：12317

领料用途：生产纯生啤酒　　　　2010 年 12 月　　　　发料仓库：2 号

材料类别	材料编号	材料名称及规格	计量单位	领用限额	实际领用	单　价	金　额	备　注
周转材料	05	纸箱	个	516 770	516 770			

供应部门负责人：李东　　　　　　　　　　　　　　生产计划部门负责人：李强

日期	数　量		领料人签章	发料人签章	扣除代用数量	退　料			限额结余
	请领	实发				数　量	收料人	发料人	
1	16 670	16 670	李　红	周丽影					500 100
2	16 670	16 670	李　红	周丽影					483 430
30	16 670	16 670	李　红	周丽影					16 670
31	16 670	16 670	李　红	周丽影					0
合计	516 770	516 770							

单据 95.12.10

材料发出汇总表

材料类别：周转材料　　　　2010年12月31日

领用材料 \ 会计科目		产品		合计
		纯生啤酒	普通啤酒	
啤酒瓶	数量（个）			
	金额（元）			
瓶盖	数量（个）			
	金额（元）			
标签	数量（个）			
	金额（元）			
胶带	数量（卷）			
	金额（元）			
纸箱	数量（个）			
	金额（元）			
合计				

财务主管：孙丽丽　　　　复核：周宏伟　　　　制单：郑祥林

单据95.12.11

材料分配明细表

材料类别：周转材料　　　　2010年12月31日

领用材料 \ 会计科目	生产成本		合计
	纯生啤酒	普通啤酒	
啤酒瓶			
瓶盖			
标签			
胶带			
纸箱			
合计			

财务主管：孙丽丽　　　　复核：周宏伟　　　　制单：郑祥林

单据95.12.12

业务 96

辅助生产成本分配表

2010 年 12 月 31 日

应借账户	生产工时	分配率	金额
生产成本——纯生啤酒			
生产成本——普通啤酒			
合　计			

财务主管：孙丽丽　　复核：周宏伟　　制单：郑祥林

单据 96.1.1

业务 97

制造费用分配表

2010 年 12 月 31 日

应借账户	包装部			酿造部			合计
	生产工时	分配率	金额	生产工时	分配率	金额	
生产成本——纯生啤酒							
生产成本——普通啤酒							
合计							

财务主管：孙丽丽　　复核：周宏伟　　制单：郑祥林

单据 97.1.1

业务 98

产品成本计算单

原材料陆续投入　　2010 年 12 月 31 日

产品名称：纯生啤酒

摘　要	直接材料	直接人工	制造费用	其他直接支出	合　计
期初在产品成本					
本月发生费用					
费用合计					
在产品约当产量	3 000.00	1 800.00	1 800.00	1 800.00	
完工产品产量	4 500.00	4 500.00	4 500.00	4 500.00	
产量合计	7 500.00	6 300.00	6 300.00	6 300.00	
单位成本					
完工产品成本					
在产品成本					

财务主管：孙丽丽　　复核：周宏伟　　制单：郑祥林

单据 98.3.1

产品成本计算单

原材料陆续投入　　2010 年 12 月 31 日

产品名称：普通啤酒

摘　要	直接材料	直接人工	制造费用	其他直接支出	合　计
期初在产品成本					
本月发生费用					
费用合计					
在产品约当产量	3 200.00	1 800.00	1 800.00	1 800.00	
完工产品产量	12 400.00	12 400.00	12 400.00	12 400.00	
产量合计	15 600.00	14 200.00	14 200.00	14 200.00	
单位成本					
完工产品成本					
在产品成本					

财务主管：孙丽丽　　复核：周宏伟　　制单：郑祥林

单据 98.3.2

完工入库产品统计表

单位：仓库　　2010 年 12 月 31 日

品　名	单　位	单　价	数　量	金　额	备　注
纯生瓶装啤酒	吨				
普通瓶装啤酒	吨				
合　计					

二、记账凭证

负责人　　经手人

（注：此处省略入库单，入库单每天一份，共 31 份）

单据 98.3.3

业务 99

产品出库单

单位：　　2010 年 12 月 2 日

品　名	单　位	单　价	数　量	金　额	备　注
纯生瓶装啤酒	吨		600		
普通瓶装啤酒	吨		2 000		

二、记账凭证

负责人　　经手人

单据 99.7.1

产品出库单

单位：

2010 年 12 月 5 日

品名	单位	单价	数量	金额	备注
纯生瓶装啤酒	吨		600		
普通瓶装啤酒	吨		2 100		

负责人　　经手人

二、记账凭证

单据 99.7.2

产品出库单

单位：

2010 年 12 月 6 日

品名	单位	单价	数量	金额	备注
纯生瓶装啤酒	吨		600		
普通瓶装啤酒	吨		2 100		

负责人　　经手人

二、记账凭证

单据 99.7.3

产品出库单

单位：

2010 年 12 月 7 日

品名	单位	单价	数量	金额	备注
纯生瓶装啤酒	吨		600		
普通瓶装啤酒	吨		2 100		

负责人　　经手人

二、记账凭证

单据 99.7.4

产品出库单

单位：

2010 年 12 月 18 日

品名	单位	单价	数量	金额	备注
纯生瓶装啤酒	吨		600		
普通瓶装啤酒	吨		2 100		

负责人　　经手人

二、记账凭证

单据 99.7.5

产品出库单

单位：职工福利

2010 年 12 月 15 日

品名	单位	单价	数量	金额	备注
普通瓶装啤酒	吨		5.22		

负责人　　经手人

二、记账凭证

单据 99.7.6

产品销售成本计算表

2010 年 12 月 31 日

产品名称	销售数量（吨）	单位成本（元）	总成本（元）	备注
普通瓶装啤酒				
纯生瓶装啤酒				
合计				

财务主管：孙丽丽　　复核：周宏伟　　制单：郑祥林

单据 99.7.7

产品出库单

2010年12月5日

单位：

品名	单位	单价	数量	金额	备注
纯生瓶装啤酒	吨		600		
普通瓶装啤酒	吨		2 100		

负责人 经手人

单据99.7.2

产品出库单

2010年12月6日

单位：

品名	单位	单价	数量	金额	备注
纯生瓶装啤酒	吨		600		
普通瓶装啤酒	吨		2 100		

负责人 经手人

单据99.7.3

产品出库单

2010年12月7日

单位：

品名	单位	单价	数量	金额	备注
纯生瓶装啤酒	吨		600		
普通瓶装啤酒	吨		2 100		

负责人 经手人

单据99.7.4

产品出库单

2010年12月18日

单位：

品名	单位	单价	数量	金额	备注
纯生瓶装啤酒	吨		600		
普通瓶装啤酒	吨		2 100		

负责人 经手人

单据99.7.5

产品出库单

2010年12月15日

单位：职工福利

品名	单位	单价	数量	金额	备注
普通瓶装啤酒	吨		5.22		

负责人 经手人

单据99.7.6

产品销售成本计算表

2010年12月31日

产品名称	销售数量（吨）	单位成本（元）	总成本（元）	备注
普通瓶装啤酒				
纯生瓶装啤酒				
合计				

财务主管：孙丽丽 记账：[illegible] 制单：[illegible]

单据99.7.7

业务 100

增值税计算简表

2010 年 12 月 31 日　　（单位：元）

进项税额	销项税额	进项税额转出	应纳税额	备注
合计				

财务主管：孙丽丽　　复核：周宏伟　　制单：郑祥林

注：为避免重复，在此省略增值税纳税申报表，该表见附录三附表 3.1

单据 100.1.1

业务 101

消费税计算简表

2010 年 12 月 31 日　　（单位：元）

销售数量	税率	扣减税额	应纳税额	备注
合计				

财务主管：孙丽丽　　复核：周宏伟　　制单：郑祥林

注：为避免重复，在此省略消费税纳税申报表，该表见附录三附表 3.4

单据 101.3.1

营业税计算简表

2010 年 12 月 31 日　　（单位：元）

项目	营业额	税率	应纳税额	备注
合计				

财务主管：孙丽丽　　复核：周宏伟　　制单：郑祥林

注：为避免重复，在此省略营业税纳税申报表，该表见附录三附表 3.7

单据 101.3.2

城建税和教育费附加计算表

2010 年 12 月 31 日　　（单位：元）

税种	计税依据	税率	应交税费	备注
城建税				
教育费附加				
合计				

财务主管：孙丽丽　　复核：周宏伟　　制单：郑祥林

注：为避免重复，在此省略城建税和教育费附加纳税申报表，该表见附录三附表 3.8

单据 101.3.3

业务 102

本期损益类账户发生额计算表

2010 年 12 月 31 日　　（单位：元）

科　目	借方发生额	贷方发生额
主营业务收入		
其他业务收入		
投资收益		
公允价值变动损益		
营业外收入		
主营业务成本		
其他业务成本		
营业税金及附加		
管理费用		
财务费用		
销售费用		
资产减值损失		
营业外支出		
合　计		

财务主管：孙丽丽　　复核：周宏伟　　制单：郑祥林

单据 102.1.1

业务 103

纳税调整明细简表

2010 年 12 月 31 日　　　　（单位：元）

项　　目	调增金额	调减金额
合　　计		

财务主管：孙丽丽　　　　复核：周宏伟　　　　制单：郑祥林

单据 103.2.1

2010年企业所得税计算简表

2010年12月31日　　　　（单位：元）

项　　目	金　　额	项　　目	金　　额
2010年会计利润		企业所得税税率	
纳税调整增加项目金额		应纳企业所得税额	
纳税调整减少项目金额		已预缴所得税	
应纳税所得额		应补缴企业所得税	

财务主管：孙丽丽　　复核：周宏伟　　制单：郑祥林

注：为避免重复，在此省略企业所得税纳税申报表，该表见附录三附表3.9

单据103.2.2

业务104

净利润计算表

2010年12月31日　　　　（单位：元）

项目	金额	项目	金额
2010年1～11月税后利润		2010年利润总额	
2010年1～11月所得税费用		2010年企业所得税	
2010年12月初本年利润（税前）		2010年税后利润	
2010年12月税前利润			

财务主管：孙丽丽　　复核：周宏伟　　制单：郑祥林

单据104.1.1

业务105

净利润分配表

2010年12月31日　　　　（单位：元）

项　　目	金　　额	备　　注
2010年度税后利润		
提取盈余公积金		本年税后利润的10%
2010年度利润可供投资者分配金额		本年税后利润的90%
留存利润		当年可供分配利润的40%
对外分配股利：		当年可供分配利润的60%
长江公司（股权比例80%）		按股权比例80%分配
黄河公司（股权比例20%）		按股权比例20%分配
2010年12月初未分配利润		
2010年末累计未分配利润		

财务主管：孙丽丽　　复核：周宏伟　　制单：郑祥林

单据105.1.1